ŒUVRES
DE
DENIS DIDEROT.
TOME I.

ESSAI SUR LE MÉRITE ET LA VERTU.
PENSÉES PHILOSOPHIQUES.
INTRODUCTION AUX GRANDS PRINCIPES, OU RÉCEPTION D'UN PHILOSOPHE.
OBSERVATIONS SUR L'INSTRUCTION PASTORALE DE M. L'ÉVÊQUE D'AUXERRE.
LETTRE A MON FRÈRE.
ENTRETIEN D'UN PHILOSOPHE AVEC LA MARÉCHALE DE ✱✱✱.

A VERSAILLES, DE L'IMPRIMERIE DE LEBLANC.

ŒUVRES
DE
DENIS DIDEROT,

publiées sur les manuscrits de l'Auteur,

PAR JACQUES-ANDRÉ NAIGEON,

de l'Institut national des sciences, etc.

TOME PREMIER.

A PARIS,

Chez DETERVILLE, Libraire, rue
du Battoir, N.° 16.

AN VIII.

PRÉFACE DE L'ÉDITEUR.

CETTE édition des Œuvres de Diderot étoit attendue depuis long-temps de ses amis, et de ce petit nombre de bons esprits qui, sans avoir fait d'ailleurs une étude particulière des arts ou des sciences, s'intéressent vivement à leurs progrès, en suivent curieusement l'histoire dans chaque siècle, et se plaisent à s'instruire dans les écrits de ceux qui en ont reculé les limites. Je ne me proposois cet utile emploi de mon loisir, qu'après avoir publié un ouvrage (1) qui m'occupe en ce moment tout entier, et que je m'efforce, peut-être en vain, de rendre digne du philosophe célèbre qui en est l'objet. Mais je l'avoue, je n'ai pu voir sans indignation des hommes sanguinaires et féroces (2)

---

(1) Mémoires historiques et philosophiques sur la vie et les ouvrages de Diderot.

(2) Voyez le Recueil des pièces du procès de

autoriser du nom de Diderot leurs monstrueuses extravagances ; lui attribuer publiquement, et citer en fa-

Babœuf, en deux volumes in-8°. On trouve dans ce recueil plusieurs lettres de ce conspirateur à Antonelle, et les réponses de ce dernier. Ces lettres sont semées de passages extraits du *Code de la Nature*, qu'on cite par-tout comme un ouvrage de Diderot. Qu'un homme, aussi ignorant que Babœuf, ne se connoisse ni en raisonnemens, ni en style ; et qu'il attribue à un auteur célèbre un livre imprimé dans ses œuvres, cela se conçoit ; personne n'est étonné de cette méprise ; et chacun se dit que Babœuf n'est pas obligé d'en savoir davantage. Mais que le professeur Fontanes, qui donne des leçons ; que l'Aristarque Fontanes, qui se croit un fin connoisseur, un critique d'un goût exquis et sûr, fasse la même faute que Babœuf ; que, sur la parole seule de cet homme atroce, et pour dénigrer Diderot, il cite un passage du *Code de la Nature*, au bas duquel, sans aucun examen préalable, il inscrive avec affectation le nom de Diderot ; et qu'il ne sente pas au style lâche et flasque de ce livre, à la mauvaise logique qui y règne par-tout, aux principes qu'on y établit, aux conséquences qu'on en tire, que Diderot n'en a pas écrit une ligne ; voilà ce qu'il est difficile d'excuser, ce qui a révolté contre Fontanes tous les lecteurs judicieux, et ce qui décèle évidemment en lui un juge partial, coupable d'ignorance ou de mauvaise foi.

veur de leur opinion, un livre (*) qu'il n'avoit jamais ouvert, dont il ne connoissoit pas même le titre ; et traduire ainsi devant leurs juges, et aux yeux de l'Europe étonnée, un des hommes qui ont pensé avec le plus de profondeur, raisonné avec le plus de justesse, écrit avec le plus d'éloquence, comme un misérable sophiste et un froid déclamateur. Ces considérations, jointes à d'autres motifs non moins puissans, suffisoient pour me déterminer à m'acquitter enfin d'un devoir que l'amitié m'imposoit, et à donner des Œuvres de Diderot une édition correcte, et que ses amis pussent du-moins avouer. Ils ne cessoient de m'en presser, par des raisons dont je sentois toute la force : et cependant, je ne pouvois me résoudre à interrompre encore une fois la composition de l'ou-

―――――――

(*) Le Code de la Nature, ou le véritable esprit de ses loix. C'est un *in*-12 de 236 pages, imprimé en 1755.

vrage dont j'ai parlé ci-dessus (*). Je goûtois d'ailleurs, en me livrant à ce travail que j'avois repris depuis plusieurs mois, cette satisfaction intérieure, ce plaisir si doux et si pur qu'on éprouve à faire une bonne action : car c'en est une, sans doute, que d'honorer publiquement la mémoire d'un ami qui n'est plus ; de la rendre chère à tous les gens de bien ; de constater ses droits à l'estime, à la reconnoissance de ses contemporains, et au respect de la postérité ; de couvrir de mépris ses obscurs détracteurs, et de les montrer ainsi marqués, flétris du sceau de l'ignominie, et chargés de la haine publique à tous ceux qui seroient tentés désormais de les imiter. Mais, lorsque j'appris que des libraires avoient dessein de réimprimer cette mauvaise rapsodie déjà connue sous le titre imposant d'*Œuvres de Diderot*; et d'y joindre indistinctement les divers opuscules

---

(*) *Voyez* la note première, page v.

que le public, mauvais juge dans ces matières, comme dans beaucoup d'autres, attribue à ce philosophe; lorsque je pus craindre de voir se reproduire sous son nom, et se multiplier dans toute la France et chez les étrangers un livre conçu par l'ignorance en délire, et dont les principes sont dangereux; non parce qu'ils sont hardis et contraires aux opinions reçues, mais parce qu'ils sont faux; je ne crus pas devoir balancer un moment à différer encore de quelques mois l'impression d'un ouvrage souvent annoncé, trop attendu peut-être, mais qui du moins ne sera pas sans quelque intérêt pour la famille et les amis de Diderot. Rassuré par cette idée consolante, je m'occupai aussi-tôt à mettre en ordre les matériaux que j'avois déjà recueillis pour l'édition que je projetois. Ce sont ces mêmes matériaux, revus depuis sur les manuscrits de l'auteur, avec tout le soin dont je suis capable, qui forment cette nouvelle édition de ses Œuvres. J'y ai

PREFACE

seulement ajouté çà et là, outre plusieurs avertissemens que j'ai jugés nécessaires en qualité d'éditeur, quelques notes qui expliquent certains passages obscurs, en rectifient d'autres peu exacts, et empêchent le lecteur de s'égarer sur les traces d'un guide plus exercé, plus habile dans l'art de donner à ses raisonnemens toute la précision, la force et la clarté dont ils sont susceptibles, que sévère et difficile sur le choix des faits ou des autorités dont il les appuie.

Si l'on en excepte les Œuvres de Voltaire, monument immortel du génie de cet homme extraordinaire, je dirois presque, unique, il n'a paru dans aucun siècle et chez aucun peuple, sur des matières d'arts, de littérature, de morale et de philosophie, une collection qu'on puisse, je ne dis pas préférer, mais seulement comparer à celle que je publie aujourd'hui. Condillac et Rousseau, loués avec exagération et souvent sur parole, par quelques enthousiastes, n'ont pas, selon l'expression énergique de Montaigne, *les reins assez fermes, pour marcher front à front avec cet homme-là : ils ne vont que de loing après.* J'ose même assurer que, dans leurs ouvrages réunis, où, comme je l'ai observé ailleurs, parmi une foule d'erreurs très-subtiles, on remarque quelques vérités fécondes qu'il suffit de généraliser pour arriver à des résultats très-philosophiques et très-différens des leurs, on ne trouveroit pas, par l'analyse la plus exacte, de quoi refaire les quinze volumes des Œuvres de Diderot. Cette assertion paroîtra, sans-doute, très-paradoxale, et une espèce de blasphême à ces juges prévenus, dont l'opinion est formée long-temps avant d'avoir examiné les pièces instructives du procès dont ils doivent connoître : peut-être même trouvera-t-elle aussi quelques contradicteurs parmi les hommes très-éclairés, et dont le jugement, dans ces matières, peut entraîner celui de beaucoup d'autres : mais avant de prononcer définitivement sur une question qu'on ne résout point, ou qu'on résout mal, lorsqu'on ne l'embrasse pas dans toute sa généralité, je les invite à lire avec attention le *Prospectus* et le *projet d'une Encyclopédie*, la *lettre sur les Aveugles*, celles *sur les Sourds*, les *Principes sur la matière et le mouvement*, l'*Entretien d'un père avec ses enfans*, celui *avec la Maréchale de Broglie*, le *Supplément au voyage de Bougainville*, les trois volumes des *Opinions des philosophes*, la *Vie de Sénèque*, qui a donné lieu à tant de déclamations vagues et insignifiantes, les divers opuscules, la plupart inédits, qui terminent le second volume de cette Vie, et les Salons de 1765 et de 1767, avec les pièces fugitives imprimées à la suite de ces Salons et de *la Religieuse*. Ce que ces divers ouvrages, tous écrits d'un style facile, et quelquefois même un peu négligé, mais qui dans ce simple appareil et cet abandon pittoresque a toujours du mouvement, de l'élégance et de la grâce, supposent d'études, d'instruction, de connoissances, d'imagination, de verve, de sagacité, de profondeur et d'étendue dans l'esprit, étonne d'autant plus, qu'on a soi-même plus réfléchi sur les différens sujets que Diderot a traités. C'est alors que, suivant d'un œil attentif et pénétrant la marche rapide de cet homme de génie, on apperçoit l'espace immense qu'il a parcouru, les pas qu'il a fait faire à la raison, et la forte impulsion qu'il a donnée à son siècle.

C'est néanmoins l'auteur de tant d'excellens écrits dans des genres très-divers ; c'est le philosophe à qui nous devons l'Encyclopédie, ce dépôt vaste et imposant des connoissances humaines, et le fruit de trente années d'études et de travaux ininterrompus ; c'est l'éditeur de ce livre, au succès duquel il a eu encore tant de part comme collaborateur (*), dont quelques écrivains, que leur folie, plus piquante, plus originale que leur raison, a pu seule tirer de l'oubli où leurs noms et leurs ouvrages étoient déjà ensevelis, osent aujourd'hui déprécier le mérite et parler même avec dédain : c'est lorsque Diderot, également soustrait par la mort à la faveur et à la haine, n'a plus rien à redouter de la fureur des intolérans et des fanatiques ; c'est au moment même où sa cendre insensible et froide, devenue sacrée pour l'homme de bien, pour l'ami sincère et éclairé des lettres et de la vertu, repose en paix, que l'envie, cette passion inquiète et sombre, toujours la caractéristique d'une ame commune et souvent celle d'un cœur pervers, répand sur sa vie ses plus noirs

───────────

(*) Les articles de Diderot sur les arts mécaniques, la grammaire, la politique, la morale et la philosophie, réunis sous le titre général de *Mélanges*, formeroient seuls plus de trois volumes *in-4°*; et j'ajoute qu'il y auroit peu de lecture plus variée, plus agréable et plus instructive.

poisons. C'est lui sur-tout, que ces fougueux déclamateurs, ces lâches transfuges de la philosophie, s'efforcent de rendre odieux. Ils veulent accoutumer le peuple, que la superstition rend partout presque aussi féroce que le prêtre dont il est l'instrument, à ne voir dans les philosophes, dans ces hommes d'un jugement si sain, d'une raison si perfectionnée, pour lesquels le mystère de la croix est un scandale et une folie, que les ennemis de sa religion et de son dieu ; et c'est ainsi qu'ils lui désignent les victimes qu'il peut frapper désormais sans scrupule et sans remords. Eh ! quels sont ces hardis contempteurs de la philosophie, de cette *science*, dit très-bien Montaigne, *qui faict estat de sereiner les tempestes de l'ame, et d'apprendre la faim et les fiebures à rire ?* Quels sont ces calomniateurs publics des philosophes ? Deux poëtes ; l'un, correct et froid ; l'autre, verbeux et ampoulé, dont les vers, souvent vides

PREFACE

d'idées, chargés d'épithétes oiseuses (*) et d'ornemens ambitieux, ne laissent dans l'oreille que de vains bruits, et dans l'esprit que des mots : des littérateurs, dont, malgré les éloges qu'ils

---

(*) Je ne parle ici que du poëme de *la Grèce sauvée*, dont le citoyen Fontanes a lu plusieurs fragmens dans des séances particulières et publiques de l'institut national. J'ignore si ce poëme, dont il se promet une grande renommée, est bien avancé : mais si tous les chants sont écrits du même style que ceux dont j'ai entendu la lecture ; s'ils n'ont pas plus de mouvement, plus d'intérêt ; s'ils n'offrent pas quelquefois de ces images, tantôt douces, riantes et voluptueuses ; tantôt sombres, lugubres, pathétiques et terribles, dont les anciens ont orné leurs descriptions, j'ose lui prédire, dût-il aussi m'appeler *prophète*, qualité qu'il donne de même à Diderot, par une ironie qui est vraisemblablement très-plaisante, puisqu'il l'emploie, mais dont j'avoue que je ne sens pas la finesse, j'ose, dis-je, lui prédire que son poëme n'aura aucun succès, ou n'en aura qu'un très-éphémère. La partie dramatique, qui seule peut soutenir un ouvrage de ce genre, et le sauver de l'oubli, en sera toujours très-foible. La nature a refusé à ce poëte cette imagination vive et forte, cette mobilité d'organes et cette sensibilité d'ame qui font trouver les situations pathétiques, les scènes touchantes, et dans ces instans de trouble

se prodiguent (*) réciproquement, il ne restera pas dix pages sur lesquelles les regards de la postérité sévère, mais

---

et de désordre, les mots de nature, le véritable accent des passions, des caractères qu'on fait parler, et des personnages qu'on fait agir. Il n'a aucun de ces secrets si importans de l'art divin qu'il cultive ;

. . . . Lævâ in parte mamillæ
Nil salit Arcadico juveni.

(*) Le cit. Fontanes appelle la Harpe *le plus grand de nos critiques*. J'observerai à ce sujet que *grand* et *petit* n'expriment rien d'absolu, mais seulement de pures et simples relations. Dire que tel homme est plus *grand* que tel autre, sans avoir assigné auparavant la mesure précise de celui qu'on prend pour terme de comparaison, c'est ne dire autre chose, si-non que tel homme est *moins petit* que tel autre qui l'est davantage; ou, en alternant, que tel homme est *plus petit* que tel autre qui l'est moins : ce qui, en laissant, comme on le voit, la vraie valeur de chaque quantité également indéterminée, ne fait connoître la grandeur ni de l'un, ni de l'autre. Ainsi, lorsque le cit. Fontanes appelle La Harpe *le plus grand de nos critiques*, cette expression très-équivoque, ne peut être celle de la louange, qu'autant que Fontanes, après avoir reconnu et constaté nos richesses en ce genre de littérature, et nommé un

PREFACE

juste (*), daignent un jour s'arrêter; des hommes qui, tandis que tous les bons esprits de leur siècle, emportés, pour ainsi dire, d'un mouvement accéléré vers la lumière qui se réfléchit de toutes les sciences successivement perfectionnées, ont reculé de toutes parts les bornes de nos connoissances, n'ont montré qu'une raison foible, commune, et dont les pas timides et mal assurés ont été plutôt rétrogrades que progressifs...... Tels sont les titres littéraires de ceux qui se permettent aujourd'hui de

---

certain nombre d'excellens critiques, auroit ajouté que La Harpe leur est encore supérieur. Car, si, par exemple, nous n'en avions que de médiocres, ou même que de mauvais, il est évident que la phrase de Fontanes se réduiroit à dire que La Harpe est le moins médiocre ou le moins mauvais de nos critiques. Or, quoiqu'il soit très-modeste, je doute fort qu'il fût flaté de cet éloge, qui, en dernière analyse, ne le placeroit dans l'ordre des critiques qu'un peu plus ou un peu moins au-dessus de zéro.

(*) « Suum cuique decus posteritas rependit » *Cremut. Cordus*, apud Tacit.

juger Diderot et Helvétius (*) ; de critiquer, avec morgue et cette suffisance qui les caractérisent, ce qu'ils n'entendent pas ; d'écrire sur des matières qu'ils n'ont pas étudiées, et dont ils ne savent pas même la langue ; ce qui les expose souvent, comme le dauphin de la fable, à prendre le Pirée pour leur ami.

Au reste la philosophie n'a jamais eu et n'aura jamais que des adversaires de cette espèce. Ceux qui, à l'époque de l'Encyclopédie, écrivoient contre les

---

(*) Le public ne sait pas, mais il est bon qu'il sache que la diatribe, ou plutôt le galimatias théologique de la Harpe contre Helvétius, ne lui a point été inspiré par le saint zèle dont il est animé pour la cause de Dieu, depuis qu'il est, comme Voltaire le disoit de *Cahusac, attaqué dans la* pie-mère. Le projet de défendre la religion, et ce que les ames pieuses appellent *les bons principes*, contre l'auteur du livre *de l'esprit*, n'est que le motif secondaire et ostensible. Celui qu'on ignore, et qui est le vrai, mais que ce chrétien si pieux ne dit pas, c'est le désir de se venger d'un mot qui échappa un jour à Helvétius, dans un de ces momens de liberté et d'enjouement, où l'on ne court pas après un trait

-philosophes, les calomnioient périodiquement, ou les insultoient avec audace dans de misérables farces accueillies, protégées publiquement par un gouvernement sans goût, comme sans pudeur et sans dignité, étoient aussi vains que les auteurs du *Mémorial*, et n'étoient pas plus instruits. Comme eux, ils parloient, avec cette assurance qui en impose à la plupart des lecteurs,

___

plaisant et malin, mais où on le laisse partir, quand il se présente. Quelqu'un parloit devant Helvétius de la tragédie de Warwik : La Harpe *a beau faire*, repartit vivement le philosophe; *il ne sera jamais que le Campistron de Voltaire : c'est le chef-d'œuvre d'un homme de cinquante ans*. Mot très-gai, très-fin, et d'autant meilleur, qu'il met La Harpe à sa vraie place. INDÈ IRÆ.

A l'égard du citoyen Fontanes, le ton dédaigneux et insultant dont il parle à Diderot, dans plusieurs numéros de *la Clef du Cabinet*, ne s'explique pas aussi facilement. On se demande le motif de cette indécente satyre contre un homme qui n'avoit jamais entendu parler de lui; on le cherche; et l'on n'en trouve aucun, si ce n'est peut-être le desir de sortir enfin de son obscurité, et de s'illustrer, comme Erostrate, en brûlant le temple d'Ephèse. (*Voyez les* N°s. 14 et 52.)

de choses dont il n'avoient que des notions superficielles, confuses ou fausses; et ils se rendoient également ridicules.

Que sont devenus aujourd'hui toutes ces feuilles éphémères, tous ces pamphlets satyriques publiés depuis cent ans contre les philosophes; et quel effet ont-ils produit à l'époque même où ils ont paru ? Condamnés aussi-tôt à un éternel oubli par cette partie saine et éclairée du public, la seule dont le jugement reste et fasse autorité quand les passions éteintes ou calmées permettent à la raison de se faire entendre, ces libelles calomnieux, remplis du fiel le plus amer, n'ont servi qu'à déshonorer (*) leurs auteurs, et à rendre plus

---

(*) C'est une imitation très-foible de cette réflexion de Tacite sur la condamnation de Cremutius Cordus, dont les livres furent brûlés par un décret du sénat.

« Libros per ædiles cremandos censuere patres:
» sed mansuerunt occultati, et editi. Quò magis
» socordiam eorum inridere libet, qui præsenti po-
» tentiâ credunt extingui posse, etiam sequentis ævi

illustres parmi leurs concitoyens même et chez les étrangers, les grands hommes dont ils auroient voulu étouffer dans les flammes les ouvrages, la liberté et la voix (*).

» memoriam; nam contrà, punitis ingeniis gliscit
» auctoritas; neque aliud externi reges, aut qui eâ-
» dem sævitiâ usi sunt, nisi dedecus sibi, atque illis
« gloriam peperêre.

(*) Appliquez ici ce que Tacite dit de la persécution qui fit périr tant de grands hommes, sous le règne sanguinaire de Domitien, et dont les philosophes furent également les victimes.

» Neque in ipsos modò auctores, sed in libros quo-
» que eorum sævitum, delegato triumviris minis-
» terio, ut monumenta clarissimorum ingeniorum
» in comitio ac foro urerentur. Scilicet illo igne
» vocem populi romani et libertatem senatûs et cons-
» cientiam generis humani aboleri arbitrabantur,
» expulsis insuper sapientiæ professoribus, atque
» omni bonâ arte in exsilium actâ, ne quid usquam
» honestum occurreret ».

Il y a, comme on le voit, dans ce tableau effrayant de ce règne, que Tacite appelle *Sæva et infesta virtutibus tempora*, plusieurs traits qui conviennent aux ennemis des philosophes. On y trouve l'esprit qui les anime, ce qu'ils ont fait autrefois, et ce qu'ils feroient encore de nos jours, s'ils étoient les plus forts.

Que ceux donc qui, au moment même où j'écris, font des efforts aussi coupables que vains pour flétrir la mémoire de Diderot, d'Helvétius, du baron d'Holbach, etc., se transportent par la pensée à quelque distance de leur siècle; qu'ils lisent les lignes graves et impartiales de l'histoire; et ils y verront par-tout la honte et le mépris attachés à leurs noms; et la gloire de ces mêmes philosophes, qu'ils décrient sans pudeur, assurée sur des fondemens que le temps et les progrès de l'esprit humain ne feront qu'affermir. Des hommes qui ont consacré leurs veilles à la recherche de la vérité, et dont la vie et les écrits ont été si utiles au bonheur de leurs semblables, n'ont rien à redouter des cris importuns de ces littérateurs, dont l'autorité dans les matières philosophiques est absolument nulle, et qui n'ayant pas, sur cet objet si important des connoissances humaines, le droit d'avoir un avis, ne peuvent ni flatter par leur éloge, ni affliger par leur critique. On ne lit point ce que ces hommes passionnés et jaloux ont écrit contre Diderot et l'auteur de *l'Esprit*, sans se rappeler la fable du serpent et de la lime ; et l'on finit, en les abandonnant au juste ressentiment de la postérité, par leur dire avec le poëte inimitable :

Vous vous tourmentez vainement.
Croyez-vous que vos dents impriment leurs outrages
A tant de beaux ouvrages !
Ils sont pour vous d'airain, d'acier, de diamant.

On trouvera dans cette édition, outre un grand nombre d'ouvrages plus ou moins étendus, qui n'avoient point encore été imprimés, tous ceux que Diderot a publiés : parmi ces derniers, on en remarquera plusieurs, dont on ne soupçonnoit pas qu'il fût l'auteur, et qu'à l'époque où il les composa il n'auroit pu avouer sans se compromettre. Mes relations suivies avec ce philosophe, la tendre amitié qui nous unissoit, et cette confiance sans réserve qu'elle établit nécessairement, et qui en est même un des fruits les plus doux, m'avoient mis à portée de m'instruire très-exactement de l'histoire de ses ouvrages, et de quelques particularités de sa vie qui seront mieux placées ailleurs. Il ne m'a rien laissé ignorer, à ces divers égards, de ce qui pouvoit m'intéresser comme ami et comme éditeur. Ces détails curieux et peu connus m'ont servi à expliquer plusieurs passages de ses écrits, auxquels on n'auroit rien compris sans les éclaircissemens que j'y ai joints. Quoique la plupart de ces passages n'aient au fond qu'une obscurité purement relative, puisqu'ils sont très-clairs pour les amis de Diderot, j'ai pensé que, me déterminant à publier les divers opuscules où ils se trouvent, il n'y falloit rien laisser d'énigmatique, et qui fît perdre au lecteur quelque chose de la finesse d'une plaisanterie, de la justesse d'une application ou de la force d'un raisonnement.

De tous les ouvrages de Diderot, il n'en est aucun qui ait plus souffert

PREFACE

de la malveillance des éditeurs, que son Essai d'une histoire critique de la philosophie ancienne et moderne. L'édition qu'on en a faite à Bouillon (1) est si incorrecte ; on a retranché, de ses meilleurs articles, un si grand nombre de passages, et parmi ceux mêmes qu'on a laissé subsister, il s'en trouve où le sens de l'auteur est si étrangement corrompu, si inintelligible, qu'il est bien difficile de ne pas croire que ces fautes aient été commises à dessein. Elles ne sont pas du genre de celles qui échappent à un compositeur, ou à la révision du prote même le plus inattentif. On remarque, dans cette collection, plusieurs articles dont on a supprimé plus de la moitié : cela ne se fait pas par inadvertance : d'autres sont entièrement omis. Enfin les éditeurs de ce recueil ont eu assez peu de tact et de goût pour y insérer divers articles qui ne sont pas de Diderot :

---

(1) En trois vol. in-8°.

faute d'autant plus inexcusable, qu'aucun homme de lettres, peut-être, n'a imprimé à ses pensées, à son style, et en général à tous ses écrits, un caractère plus distinct, plus original, et, pour me servir de l'expression des peintres, un *faire* plus facile à reconnoître. Quelque critique que l'on puisse faire du travail de ces éditeurs, on restera toujours à cet égard fort au-dessous de la vérité. On peut citer leur édition de cette Histoire philosophique comme le plus parfait modèle que puissent se proposer ceux qui veulent perfectionner l'art de déprécier un grand homme, et de le rendre absurde et ridicule aux yeux de tous ses lecteurs.

J'ai rétabli par-tout le texe de cet ouvrage, dont la partie historique, la seule qui soit à la portée des gens du monde, est écrite avec beaucoup d'intérêt, et semée de réflexions philosophiques, qui compensent, par leur extrême clarté, ce que les grandes abstractions de la partie dogmatique peuvent avoir d'obscur pour ceux qui n'ont pas approfondi ces matières. Diderot avoit fait à cette Histoire des dogmes des anciens philosophes, diverses corrections que j'ai suivies très-exactement. Son dessein étoit, comme je l'ai dit ailleurs (1), de la refondre entièrement, d'en changer le plan et la forme, et d'y appliquer tout ce que de nouvelles lectures, et un examen plus exact des mêmes objets, avoient pu ajouter à cet égard à ses connoissances. Il vouloit sur-tout restituer dans les endroits affoiblis, mutilés sans pitié par le censeur, mais plus encore par l'imprimeur (2), la vraie leçon de son manuscrit. La franchise, la véracité de son caractère, autant peut-être que la hardiesse et l'indépendance de son esprit, s'indignoient de ces passages,

---

(1) *Voyez* la préface du premier volume du Dictionnaire de la philosophie ancienne et moderne, qui fait partie de l'Encyclopédie méthodique, pag. 6, 7 et 8.

(2) Les dix derniers volumes de discours de l'Encyclopédie n'ont été soumis à l'animadversion d'aucun censeur nommé *ad hoc* ; mais Le Breton, chez «q uel ces volumes s'imprimoient clandestinement,

de ces expressions orthodoxes dont il avoit été obligé de s'envelopper, pour ne point irriter de nouveau la haine mal assoupie de ses persécuteurs, et pour se ménager, dans le danger imminent d'une accusation légale, un moyen de la rendre nulle, et d'en rejeter tout l'odieux sur ses ennemis. Mais dans ses principes, il n'en regardoit

---

par l'ordre exprès du ministère, effrayé par la hardiesse des articles de Diderot, les mutiloit à son insu, lorsque ce philosophe avoit renvoyé les épreuves avec la formule ordinaire, *corrigez et tirez*. On sent que ces remanimens, qui se faisoient la nuit, et avec beaucoup de précipitation, ont dû constituer Le Breton dans de grands frais, et sur-tout nuire beaucoup à l'ouvrage. Mais quoique ce libraire fût fort avare, il aimoit encore mieux, disoit-il, conserver sa tête que son argent, parce qu'avec l'une il étoit à-peu-près sûr de regagner l'autre. Diderot ne s'apperçut que très-tard de ce cruel abus de confiance, que rien ne peut excuser. Il en témoigna à Le Breton, dans les termes les plus énergiques, toute son indignation; il ne se rappeloit jamais cette circonstance, une des plus critiques de sa vie, sans frémir des excès auxquels un ressentiment, d'ailleurs très-juste, peut quelquefois porter l'homme le plus honnête, et du caractère le plus doux.

pas moins cet assentiment public donné à l'erreur commune, comme un désaveu formel de ses opinions dans une matière grave, et comme une foiblesse que ce qu'il devoit au repos, au bonheur, à l'âge, aux besoins de sa femme et à l'éducation de son enfant pouvoit peut-être expliquer, justifier même aux yeux de ses amis, mais dont il ne s'absolvoit pas à son propre tribunal. En effet, l'usage de la double doctrine convient mieux à un hiérophante dont l'intérêt est d'obscurcir les notions les plus claires, les plus distinctes, et qui vit de l'ignorance et de la crédulité des peuples, qu'à un philosophe qui, même au péril de sa vie, ne doit pas refuser à la vérité un aveu et un sacrifice que cent fanatiques ont faits au mensonge. Cet acte de fermeté donne une sanction plus forte aux discours. Les lignes tracées avec le sang du philosophe sont bien d'une autre éloquence !

Ce projet, que Diderot avoit formé de retrancher de ses recherches sur la philosophie des anciens, et en général de ses autres ouvrages, tout ce qu'il avoit écrit, contre sa pensée, en faveur des préjugés religieux, et sur-tout de s'expliquer nettement sur deux dogmes que l'ignorance, la crainte et le besoin de croire, plus ou moins impérieux dans tous les hommes, ont consacrés dans l'esprit des peuples ; ce projet si digne d'un vrai philosophe pratique, n'a été exécuté qu'en partie. Il reste encore dans la plupart des articles dont il a enrichi l'Encyclopédie, et dans les divers ouvrages qu'il a publiés à différentes époques, un assez grand nombre de passages de doctrine purement exotérique. Mais, d'un autre côté, sa haine et son mépris pour toutes les religions, particulièrement pour la chrétienne, qu'il regardoit, avec les meilleurs esprits de ce siècle, comme la plus absurde et la plus dangereuse des superstitions, sont consignés si souvent, et en termes si positifs et si énergiques dans ses manuscrits, qu'ils ne laissent à cet égard aucun doute sur ses sentimens; et ces passages, où il s'exprime (1) avec cette éloquence qu'inspire une vive et profonde conviction des vérités qu'on énonce, donnent avec précision la vraie valeur de ceux où il parle avec respect du système religieux des chrétiens, de son fondateur, et de toute sa famille (2).

Les corrections qu'on pourra remarquer dans plusieurs ouvrages de ce recueil, sont les seules qui se soient trouvées parmi les papiers que Diderot m'a remis quelques mois avant sa mort. La plupart de ces corrections, plus ou moins importantes, étoient sur des papiers volans, avec des renvois en général assez exacts, qui m'ont été très-utiles pour insérer à leur place ces

---

(1) *Voyez*, à la suite du Salon de 1765, l'*Essai sur la peinture*, et le chapitre de cet ouvrage où Diderot traite de l'expression. Tom. 13 de cette édition, pag. 388, 389.
(2) *Voyez*, à ce sujet, ce que j'ai dit dans l'addition à l'article MOSAÏQUE ET CHRÉTIENNE PHILOSOPHIE, tom. 6 de cette édition, pag. 307 et suiv.

changemens et ces additions. Diderot avoit fort à cœur qu'aucun de ces passages, destinés à corriger et à suppléer ceux où, pour me servir de son expression, il avoit trahi lâchement la cause de la vérité, ne fût oublié. C'est même un des articles qu'il me recommandoit avec plus d'instance, toutes les fois qu'il me parloit de l'édition de ses Œuvres, dont il m'avoit depuis long-temps confié le soin, par un écrit qui ne s'est jamais offert à mes yeux, sans me causer la plus tendre émotion (*).

En me chargeant de la fonction dé-

(*) Je ne puis me refuser au plaisir de consigner ici une copie de cet écrit, dont je conserve précieusement la minute, comme le seul titre qui puisse un jour sauver mon nom de l'oubli, et peut-être même le transmettre, non sans quelque gloire, aux vrais amis des lettres, et aux jeunes gens qui s'appliquent à l'étude de la philosophie rationnelle.

« Comme je fais un long voyage, et que j'ignore
» ce que le sort me prépare, s'il arrivoit qu'il disposât de ma vie, je recommande à ma femme et
» à mes enfants de remettre tous mes manuscripts à
» monsieur Naigeon, qui aura pour un homme qu'il

licate d'éditeur, je n'ai point ignoré les devoirs que ce titre m'imposoit ; et je crois n'en avoir négligé aucun. J'ai sur-tout rempli le plus difficile et le plus pénible, soit qu'on haïsse ou qu'on aime, celui d'être juste. L'amitié ne m'a point fait illusion: peut-être même trouvera-t-on qu'elle m'a rendu quelquefois trop sévère. Il est du-moins certain que j'ai été, pour plusieurs ouvrages de Diderot, un censeur (1) plus rigoureux que le public, espèce de tribunal dont on sait assez que l'indulgence n'est pas le défaut.

« a tendrement aimé, et qui l'a bien payé de retour, le soin d'arranger, de revoir et de publier tout ce qui lui paroîtra ne devoir nuire ni à ma mémoire, ni à la tranquillité de personne. C'est ma volonté, et j'espère qu'elle ne trouvera aucune contradiction ». A Paris, ce 7 juin 1773.

DIDEROT.

(*) *Voyez*, entre autres, tom. XII de cette édition, l'Avertissement de l'éditeur, imprimé à la suite de *la Religieuse*, et les notes que j'ai jointes à l'écrit qui a pour titre: *Principes de politique des souverains*.

A MON FRÈRE.

. . . .
. . . . . . Oui, mon frère, la religion bien entendue et pratiquée avec un zèle éclairé, ne peut manquer d'élever les vertus morales. Elle s'allie même avec les connoissances naturelles ; et quand elle est solide, les progrès de celle-ci ne l'allarment point pour ses droits. Quelque difficile qu'il soit de discerner les limites qui séparent l'empire de la foi de celui de la raison, le philosophe n'en confond pas les objets : sans aspirer au chimérique honneur de les concilier, en bon citoyen, il a pour eux de l'attachement et du respect. Il y a, de la philosophie à l'impiété, aussi loin que de la religion au fanatisme ; mais du fanatisme à la barbarie, il n'y a qu'un pas. Par *barbarie*, j'entends, comme vous, cette sombre disposition qui rend un homme insensible aux charmes de la nature

et de l'art, et aux douceurs de la société. En effet, comment appeler ceux qui mutilèrent les statues qui s'étoient sauvées des ruines de l'ancienne Rome, si-non des *barbares* ? Et quel autre nom donner à des gens qui, nés avec cet enjouement qui répand un coloris de finesse sur la raison, et d'aménité sur les vertus, l'ont émoussé, l'ont perdu, et sont parvenus, rare et sublime effort ! jusqu'à fuir comme des monstres ceux qu'il leur est ordonné d'aimer ? Je dirois volontiers que les uns et les autres n'ont connu de la religion que *le spectre*. Ce qu'il y a de vrai, c'est qu'ils ont eu des terreurs paniques, indignes d'elle; terreurs qui furent jadis fatales aux lettres, et qui pouvoient le devenir à la religion même. « Il est
» certain qu'en ces premiers temps,
» *dit Montaigne*, que notre religion
» commença de gagner autorité par
» les loix, le zèle en arma plusieurs
» contre toutes sortes de livres payens;
» de quoi les gens de lettres souffrent une

» merveilleuse perte. J'estime que ce
» désordre ait porté plus de nuisance
» aux lettres que tous les feux des bar-
» bares. Cornelius Tacitus en est un
» bon témoin ; car quoique l'empéreur
» Tacitus son parent en eût peuplé par
» ordonnances expresses toutes les li-
» brairies du monde, toute-fois un seul
» exemplaire entier n'a pu échapper à
» la curieuse recherche de ceux qui
» désiroient l'abolir pour cinq ou six
» vaines clauses contraires à notre
» croyance ». Il ne faut pas être grand raisonneur pour s'appercevoir que tous les efforts de l'incrédulité étoient moins à craindre que cette inquisition. L'incrédulité combat les preuves de la religion ; cette inquisition tendoit à les anéantir. Encore, si le zèle indiscret et bouillant ne s'étoit manifesté que par la délicatesse gothique des esprits foibles, les fausses allarmes des ignorans, ou les vapeurs de quelques atrabilaires! mais rappelez-vous l'histoire de nos troubles civils; et vous verrez la moitié de la nation se baigner, par piété, dans

le sang de l'autre moitié, et violer, pour soutenir la cause de Dieu, les premiers sentimens de l'humanité; comme s'il falloit cesser d'être homme pour se montrer *religieux* ! La religion et la morale ont des liaisons trop étroites pour qu'on puisse faire contraster leurs principes fondamentaux. Point de vertu, sans religion ; point de bonheur, sans vertu : ce sont deux vérités que vous trouverez approfondies dans ces réflexions que notre *utilité commune* m'a fait écrire. Que cette expression ne vous blesse point; je connois la solidité de votre esprit et la bonté de votre cœur. Ennemi de l'enthousiasme et de la bigotterie, vous n'avez point souffert que l'un se rétrécît par des opinions singulières, ni que l'autre s'épuisât par des affections puériles. Cet Ouvrage sera donc, si vous voulez, un anti-dote destiné à réparer en moi un tempérament affoibli, et à entretenir en vous des forces encore entières. Agréez-le, je vous prie, comme le présent d'un philosophe et le gage de l'amitié d'un frère. D. D......

DISCOURS PRÉLIMINAIRE.

Nous ne manquons pas de longs traités de morale ; mais on n'a point encore pensé à nous en donner des élémens ; car je ne peux appeler de ce nom ni ces conclusions futiles qu'on nous dicte à la hâte dans les écoles, et qu'heureusement on n'a pas le temps d'expliquer, ni ces recueils de maximes sans liaisons et sans ordre, où l'on a pris à tâche de déprimer l'homme, sans s'occuper beaucoup de le corriger. Ce n'est pas qu'il n'y ait quelque différence à faire entre ces deux sortes d'ouvrages : j'avoue qu'il y a plus à profiter dans une page de la Bruyère que dans le volume entier de Pourchot ; mais il faut convenir aussi qu'ils sont les uns et les autres incapables de rendre un lecteur vertueux par principes.

La science des mœurs faisoit la partie principale de la philosophie des anciens, en cela, ce me semble, beaucoup plus sages que nous. On croiroit, à la façon (*) dont nous la traitons,

___

(*) You must allow me, PALEMON, thus to bemoan *Philosophy* ; since you have forc'd me to ingage with her at a time when her Credit runs so low. She is no longer *active* in the World ; nor can

ou qu'il est moins essentiel maintenant de connoître ses devoirs, ou qu'il est plus aisé de s'en acquitter. Un jeune homme, au sortir de son cours de philosophie; est jeté dans un monde d'athées, de déistes, de sociniens, de spinosistes et d'autres impies ; fort instruit des propriétés de la matière subtile et de la formation des tourbillons, connoissances merveilleuses qui lui deviennent parfaitement inutiles ; mais à peine sait-il des avantages de la vertu ce que lui en a dit un précepteur, ou des fondemens de sa religion ce qu'il en a lu dans son catéchisme. Il faut espérer que ces professeurs éclairés, qui ont purgé la logique des *universaux* et des *catégories*, la métaphysique des *entités* et des *quiddités*, et qui ont substitué dans la phy-

---

hardly, wit any advantage, be brougt upon the publick *Stage*. We have immur'd her (poor Lady !) in Colleges and Cells ; and have set her servilely to such Works as those in the Mines. Empirics, and pedantick Sophists are her chief Pupils. The *school yllogism*, and the *Elixir*, are the choicest of her Products. So far is she from producing Statesmen, as of old, that hardly any Man of Note in the publick cares to own the least Obligation to her. If some few maintien their Acquaintance, et come now and then to her Recesses, 'tis as the disciple of Quality *came* to his Lord ad Master; « *secretly*, and *by night* ». Peinture admirable du triste état de la philosophie parmi nous, mais qu'on ne peut rendre dans notre langue avec toute sa force.

sique l'expérience et la géométrie aux *hypothèses frivoles*, seront frappés de ce défaut, et ne refuseront pas à la morale quelques-unes de ces veilles qu'ils consacrent au bien public. Heureux, si cet Essai trouve place dans la multitude des matériaux qu'ils rassembleront.

Le but de cet ouvrage est de montrer que la vertu est presque indivisiblement attachée à la connoissance de Dieu, et que le bonheur temporel de l'homme est inséparable de la vertu. Point de vertu, sans croire en Dieu; point de bonheur, sans vertu : ce sont les deux propositions de l'illustre philosophe dont je vais exposer les idées. Des athées qui se piquent de probité, et des gens sans probité qui vantent leur bonheur : voilà mes adversaires. Si la corruption des mœurs est plus funeste à la religion que tous les sophismes de l'incrédulité; et s'il est essentiel au bon ordre de la société que tous ses membres soient vertueux; apprendre aux hommes que la vertu seule est capable de faire leur félicité présente, c'est rendre à l'une et à l'autre un service important. Mais, de crainte que des préventions fondées sur la hardiesse de quelques propositions mal examinées n'étouffent les fruits de cet écrit, j'ai cru devoir en préparer la lecture par un petit nombre de réflexions, qui suffiront, avec les notes que j'ai répandues par-tout où je les ai jugées nécessaires, pour lever les scrupules de tout lecteur attentif et judicieux.

1. Il n'est question dans cet Essai que de la vertu morale ; de cette vertu que les saints pères même ont accordée à quelques philosophes payens; vertu, que le culte qu'ils professoient, soit de cœur, soit en apparence, tendoit à détruire de fond en comble, bien loin d'en être inséparable; vertu, que la Providence n'a pas laissée sans récompense, s'il est vrai, comme on le prouvera dans la suite, que l'intégrité morale fait notre bonheur en ce monde. Mais qu'est-ce que *l'intégrité ?*

2. L'homme est intègre ou vertueux, lorsque, sans aucun motif bas et servile, tel que l'espoir d'une récompense ou la crainte d'un châtiment, il contraint toutes ses passions à conspirer au bien général de son espèce : effort héroïque, et qui toute-fois n'est jamais contraire à ses intérêts particuliers. *Honestum id intelligimus, quod tale est, ut, detractâ omni utilitate, sine ullis præmiis fructibusve, per seipsum possit jure laudari. Quod, quale sit, non tàm definitione quâ sum usus intelligi potest, quanquam aliquantùm potest, quàm communi omnium judicio et optimi cujusque studiis atque factis, qui per multa ob eam unam causam faciunt, quia decet, quia rectum, quia honestum est, etsi nullum consecuturum emolumentum vident. Cicer. de Orat.* Mais ne pourroit-on pas inférer de cette définition, que l'espoir des biens futurs et l'effroi des peines éternelles anéantissent le mérite et la vertu ? C'est

une objection à laquelle on trouvera des réponses dans la section troisième du premier livre. C'est là que, sans donner dans les visions du quiétisme, ou faire de la dévotion un trafic, on relève tous les avantages d'un culte qui préconise cette croyance.

3. Après avoir déterminé en quoi consistoit la vertu, (entendez par-tout vertu morale), nous prouverons, avec une précision vraîment géométrique, que, de tous les systêmes concernant la divinité, le *théisme* est le seul qui lui soit favorable. « Le *théisme*, dira-t-on ! quel blasphême! » Quoi ! ces ennemis de toute révélation seroient » les seuls qui pussent être bons et vertueux »? A Dieu ne plaise que je me rende jamais l'écho d'une pareille doctrine ; aussi n'est-ce point celle de M. S., qui a soigneusement prévenu la confusion qu'on pourroit faire des termes de *déiste* et de *théiste*. Le *déiste*, dit-il, est celui qui croit en Dieu, mais qui nie toute révélation : le *théiste*, au contraire, est celui qui est prêt d'admettre la révélation, et qui admet déjà l'existence d'un Dieu. Mais en anglais, le mot de *théist* désigne indistinctement *deiste* et *théiste*. Confusion odieuse contre laquelle se récrie M. S., qui n'a pu supporter qu'on prostituât à une troupe d'impies le nom de *théistes*, le plus auguste de tous les noms. Il s'est efforcé d'effacer les idées injurieuses qui y sont attachées dans sa langue, en marquant,

avec toute l'exactitude possible, l'opposition du *théisme* à l'*athéisme*, et ses liaisons étroites avec le *christianisme*. En effet, quoiqu'il soit vrai de dire que tout *théiste* n'est pas encore chrétien, il n'est pas moins vrai d'assurer que, pour devenir *chrétien*, il faut commencer par être *théiste*. Le fondement de toute religion, c'est le *théisme*. Mais pour détromper le public de l'opinion peu favorable qu'il peut avoir conçue de cet illustre auteur, sur le témoignage de quelques écrivains, intéressés apparemment à l'entraîner dans un parti qui sera toujours trop foible, la probité m'oblige de citer à son honneur et à leur honte ses propres paroles :

« Quelque horreur que j'aie, dit-il, (vol. II, p. 209.) du déisme, ou de cette hypothèse opposée à la révélation, toute-fois je considère le théisme comme le fondement de toute religion. Je crois que, pour être bon chrétien, il faut commencer par être bon théiste ; et conséquemment, je ne peux souffrir qu'en opposant l'un à l'autre, on décrie injustement le plus sacré de tous les noms, le

As averse as I am to the Cause of *Theisme*, or Name of *DEIST*, when taken in a sense exclusive of revelation ; I consider still that, in strictness, the Root of all is *THEISM* ; and that to be a settled Christian, it is necessary to be first of all *a good THEIST*. . . . .
. . . .
. . . .
. . . . . . Nor have I patience to hear the Name of *THEIST* (the highest of all Names) decry'd,

« nom de théiste ; comme « si notre religion étoit « une espèce de culte ma- « gique, et qu'elle eût « d'autre base que la « croyance d'un seul Être « suprême ; ou que la « croyance d'un seul Être « suprême, fondée sur des « raisonnemens philoso- « phiques, fût incompa- « tible avec notre religion. « Certes, ce seroit donner « beau jeu à ceux qui, soit « par scepticisme, soit par « vanité, ne sont déjà que « trop enclins à rejeter « toute révélation.

and set in opposition to *Christianity*. As if our Religion was a kind of *Magick*, which depended not on the Belief of a single supreme Being. Or as if the firm et rational Belief of such a Being, on philosophical grounds, was an improper Qualification for believing any thing further. Excellent presomption, for those who naturally incline to the Disbelief of revelation, or who thrô Vanity affect a Freedom of this kind!

Et ailleurs, voici comment il s'exprime encore:

« Quant à la foi et à l'or- « thodoxie de ma croyan- « ce, je me sens, dit-il, « (vol. III. p. 315.) dans « une sécurité parfaite et « raisonnable, et je me « flatte de n'avoir sur ces « articles, ni reproches, « ni censures équitables à « craindre. Tel est le reli- « gieux respect, telle est « la vénération profonde, « que je porte à la révéla-

THE only Subject on which we are perfectly secure, and without fear of any just Censure or Reproach, is that of *FAITH*, and *Orthodox BELIEF*. For in the first place, it will appear, that thro' a profound respect, and religious veneration, we have forborn so much as to name any of the sacred and solemn *Myste-*

« tion, que dans le cours de cet ouvrage je me suis scrupuleusement abstenu, je ne dis pas de discuter, mais même de nommer les divins mystères qu'elle nous a transmis. C'est avec toute la confiance que donne la vérité, que je déclare n'avoir jamais fait, de ces propositions sublimes, la matière de mes écrits publics ou particuliers; et que je proteste, quant à ma conduite, qu'elle a toujours été conforme aux préceptes de l'église, autorisée par nos loix. En-sorte qu'on peut dire avec la dernière exactitude, que, fortement attaché au culte de mon pays, j'en embrasse les dogmes dans toute leur étendue, sans que cette profondeur dont mon esprit est étonné, ait le plus légèrement altéré ma croyance ».

rys of *Revelation*. And, in the next place, as we can with confidence declare, that we have never in any Writing, publick or private, attempted such high Researches, nor have ever in practice acquitted our-selves otherwise than as just *Conformist* to the lawful Church; so we may, in a proper sense, be said faithfully and dutifully *to embrace* those holy *Mysterys*, even in their minutest particulars, and without the least exception on account of their amazing Depth.

Je ne conçois pas comment, après des protestations aussi solemnelles d'une entière soumission de cœur et d'esprit aux mystères sacrés de sa religion, il s'est trouvé quelqu'un assez injuste pour compter M. S. au nombre des *Asgils*, des *Tindales* et des *Tolands*, gens aussi décriés dans leur église en qualité de chrétiens, que dans la république des lettres en qualité d'auteurs : mauvais protestans et misérables écrivains. Swift, qui s'y connoît sans-doute, en porte ce jugement dans son chef-d'œuvre de plaisanterie : « Auroit-on jamais soupçonné, dit-il, qu'Asgil fût un beau génie et Toland un philosophe, si la religion, ce sujet inépuisable, ne les avoit pourvus abondamment d'esprit et de syllogismes ? Quel autre sujet, renfermé dans les bornes de la nature et de l'art, auroit été capable de procurer à Tindale le nom d'auteur profond, et de le faire lire ? Si cent plumes de cette force avoient été employées pour la défense du christianisme, elles auroient été d'abord livrées à un oubli éternel ».

4. Enfin, tout ce que nous dirons à l'avantage de la connoissance du Dieu des nations, s'appliquera avec un nouveau dégré de force à la connoissance du Dieu des chrétiens. C'est une réflexion que chaque page de cet ouvrage offrira à l'esprit. Voilà donc le lecteur conduit à la porte de nos temples. Le missionnaire n'a qu'à l'attirer maintenant aux pieds de nos autels : c'est sa tâche. Le philosophe a rempli la sienne.

Il ne me reste qu'un mot à dire sur la manière dont j'ai traité M. S.... Je l'ai lu et relu : je me suis rempli de son esprit ; et j'ai, pour ainsi dire, fermé son livre, lorsque j'ai pris la plume. On n'a jamais usé du bien d'autrui avec tant de liberté. J'ai resserré ce qui m'a paru trop diffus, étendu ce qui m'a paru trop serré, rectifié ce qui n'étoit pensé qu'avec hardiesse ; et les réflexions qui accompagnent cette espèce de texte sont si fréquentes, que l'Essai de M. S...., qui n'étoit proprement qu'une démonstration métaphysique, s'est converti en élémens de morale assez considérables. La seule chose que j'aye scrupuleusement respectée, c'est l'ordre, qu'il étoit impossible de simplifier : aussi cet ouvrage demande-t-il encore de la contention d'esprit. Quiconque n'a pas la force ou le courage de suivre un raisonnement étendu, peut se dispenser d'en commencer la lecture ; c'est pour d'autres que j'ai travaillé.

ESSAI

SUR

LE MÉRITE ET LA VERTU,

traduit de l'anglois de mylord SHAFTESBURY.

ESSAI
SUR
LE MÉRITE ET LA VERTU.

LIVRE PREMIER.

PARTIE PREMIÈRE.

SECTION PREMIÈRE.

La religion et la vertu sont unies par tant de rapports, qu'on les regarde communément comme deux inséparables compagnes. C'est une liaison dont on pense si favorablement, qu'on permet à-peine d'en faire abstraction dans le discours et même dans l'esprit. Je doute cependant que cette idée scrupuleuse soit confirmée par la connoissance du monde ; et nous ne manquons pas d'exemples qui paroissent contredire cette union prétendue. N'a-t-on pas vu des peuples qui, avec tout le zèle imaginable pour leur religion, vivoient dans la dernière dépravation et n'avoient pas ombre d'humanité ; tandis que d'autres, qui se piquoient si peu d'être religieux, qu'on les regarde comme de vrais athées, observoient les grands principes de la morale, et nous ont arraché l'épithète de vertueux, par la tendresse et l'affection généreuse qu'ils ont eues pour le genre humain. En général, on a beau nous assurer qu'un homme est plein de zèle pour sa religion, si nous avons à traiter avec lui, nous nous informons encore de son caractère. « *M.**** a de la religion ;* dites-vous, mais « *a-t-il de la probité* » (*) ? Si vous m'eus-

___

(*) Remarquez qu'il est question ici de la religion en général. Si le christianisme étoit un culte universellement embrassé, quand on assureroit d'un homme qu'il est bon chrétien, peut-être seroit-il absurde de demander s'il est honnête homme; parce qu'il n'y a point, dira-t-on, de christianisme réel sans probité. Mais il y a presque autant de cultes différens que de gouvernemens; et si nous en croyons les histoires, leurs préceptes croisent souvent les principes de la morale : ce qui suffit pour justifier ma pensée. Mais, afin de lui donner toute l'évidence possible, supposé que, dans un besoin pressant de secours, on vous adressât à quelque Juif opulent : vous savez que sa religion permet l'usure avec l'étranger; espéreriez-vous donc traiter à des conditions plus favorables, parce qu'on vous assureroit que cet homme est un des sectateurs les plus zélés de la loi de Moïse ? et tout bien considéré, ne vaudroit-il pas beaucoup mieux pour vos intérêts qu'il passât pour un fort mauvais juif, et qu'il fût même soupçonné dans la synagogue d'être un peu chrétien?

siez fait entendre d'abord qu'il étoit honnête homme, je ne me serois jamais avisé de demander s'il étoit *dévot* (*) : TANT EST GRANDE SUR NOS ESPRITS, L'AUTORITÉ DES PRINCIPES MORAUX.

Qu'est-ce donc que la vertu morale ? quelle influence la religion en général a-t-elle sur la probité ? Jusqu'à quel point suppose-t-elle de la vertu ? Seroit-il vrai de dire que l'athéisme exclut toute probité ; et qu'il est impossible d'avoir quelque vertu morale, sans reconnoître un Dieu ? Ces questions sont une suite de la réflexion précédente, et feront la matière de ce premier livre.

Ce sujet est presque tout neuf ; d'ailleurs l'examen en est épineux et délicat : qu'on ne s'étonne donc pas, si je suis une méthode un peu singulière. La licence de quelques plumes modernes a répandu l'allarme dans le camp des *Dévots :* telle est en eux l'aigreur et l'animosité, que, quoiqu'un auteur puisse dire en faveur de la religion, on se récriera contre son ouvrage, s'il accorde quelque poids à d'autres principes. D'une autre part, les beaux esprits et les gens du bel air, accoutumés à n'envisager dans la religion que quelques abus qui font la matière éternelle de leurs plaisanteries,

---

(*) Par-tout où ce mot se prend en mauvaise part, il faut entendre, comme dans la Bruyère et la Rochefoucault, faux dévot ; sens auquel une longue et peut-être odieuse prescription l'a déterminé.

A *

craindront de s'embarquer dans un examen sérieux (car les raisonneurs les effrayent), et traiteront d'imbécille un homme qui professe le désintéressement et qui ménage les principes de religion. Il ne faut pas s'attendre à recevoir d'eux plus de quartier qu'on ne leur en fait ; et je les vois résolus à penser aussi mal de la morale de leurs antagonistes, que leurs antagonistes pensent mal de la leur. Les uns et les autres croiroient avoir trahi leur cause, s'ils avoient abandonné un pouce de terrein. Ce seroit un miracle que de persuader à ceux-ci qu'il y a quelque mérite dans la religion, et à ceux-là que la vertu n'est pas concentrée toute entière dans leur parti. Dans ces extrémités, quiconque s'élève en faveur de la religion et de la vertu, et s'engage, en marquant à chacune sa puissance et ses droits, de les conserver en bonne intelligence ; celui-là, dis-je, s'expose à faire un mauvais (*) personnage.

(*) Je me suis demandé quelquefois pourquoi tous ces écrits, dont la fin dernière est proprement de procurer aux hommes un bonheur infini, en les éclairant sur des vérités surnaturelles, ne produisent pas autant de fruits qu'on auroit lieu d'en attendre. Entre plusieurs causes de ce triste effet, j'en distinguerai deux, la méchanceté du lecteur et l'insuffisance de l'écrivain. Le lecteur, pour juger sainement de l'écrivain, devroit lire son ouvrage dans le silence des passions : l'écrivain, pour arriver

Quoi qu'il en soit, si nous prétendons atteindre à l'évidence et répandre quelques lumières dans cet Essai, nous ne pouvons nous dispenser de

à la conviction du lecteur, devroit, par une entière impartialité, réduire au silence les passions dont il a plus à redouter que des raisonnemens. Mais un écrivain impartial, un lecteur équitable, sont presque deux êtres de raison dans les matières dont il s'agit ici. Je dirois donc à tous ceux qui se préparent d'entrer en lice contre le vice et l'impiété : Examinez-vous avant que d'écrire. Si vous vous déterminez à prendre la plume, mettez dans vos écrits le moins de bile et le plus de sens que vous pourrez. Ne craignez point de donner trop d'esprit à votre antagoniste. Faites-le paroître sur le champ de bataille avec toute la force, toute l'adresse, tout l'art dont il est capable. Si vous voulez qu'il se confesse vaincu, ne l'attaquez point en lâche. Saisissez-le corps à corps ; prenez-le par les endroits les plus inaccessibles. Avez-vous de la peine à le terrasser ? n'en accusez que vous-même : si vous avez fait les mêmes provisions d'armes qu'Abbadie et Ditton, vous ne risquez rien à montrer sur l'arène la même franchise qu'eux. Mais si vous n'avez ni les nerfs, ni la cuirasse de ces athlètes, que ne demeurez-vous en repos ? Ignorez-vous qu'un sot livre en ce genre fait plus de mal en un jour, que le meilleur ouvrage ne fera jamais de bien. Car telle est la méchanceté des hommes, que, si vous n'avez rien dit qui vaille, on avilira votre cause, en vous faisant l'honneur de croire qu'il n'y avoit rien de mieux à dire. J'avouerai cependant qu'il y a des hommes assez déréglés

prendre les choses de loin, et de remonter à la source tant de la croyance naturelle, que des opinions fantasques, concernant la divinité. Si nous

pour affecter l'athéisme et l'irréligion, à qui, par conséquent, il vaudroit mieux faire honte de leur vanité ridicule que de les combattre en forme. Car, pourquoi chercheroit-on à les convaincre ? Ils ne sont pas proprement incrédules. Si l'on en croit Montaigne, il faudroit en renvoyer la conversion au médecin : l'approche du danger leur fera perdre contenance. *S'ils sont assez fous*, dit-il, *ils ne sont pas assez forts. Ils ne lairront de joindre leurs mains vers le ciel, si vous leur attachez un bon coup d'épée dans la poitrine ; et quand la crainte et la maladie aura appesanti cette licencieuse ferveur d'humeur volage, ils ne lairront de se revenir et laisser maniere tout discretement aux créances et exemples publics. Autre chose est un dogme sérieusement digéré ; autre chose, ces impressions superficielles, lesquelles nées de la déboche d'un esprit démanché, vont nageant témerairement et incertainement dans la fantaisie. Hommes bien misérables et écervelés qui tâchent d'être pires qu'ils ne peuvent.* On ne peut s'empêcher de reconnoître dans cette peinture un très-grand nombre d'impies ; et il seroit peut-être à souhaiter qu'elle convînt à tous. Mais s'il y a quelques impies de bonne-foi, comme la multitude des ouvrages dogmatiques, lancés contre eux, ne permet pas d'en douter, il est essentiel à l'intérêt, et même à l'honneur de la religion, qu'il n'y ait que les esprits supérieurs qui se chargent de les combattre. Quant aux autres, qui peuvent avoir autant et quelquefois plus

nous tirons heureusement de ces commencemens épineux, il faut espérer que le reste de notre route sera doux et facile.

SECTION SECONDE.

Ou tout est conforme au bon ordre dans l'univers, ou il y a des choses qu'on auroit pu former plus adroitement, ordonner avec plus de sagesse et disposer plus avantageusement pour l'intérêt général des êtres et du tout.

Si tout est conforme au bon ordre, si tout concourt au bien général, si tout est fait pour le *mieux ;* il n'y a point de mal *absolu* dans l'univers, point de mal *relatif au tout.*

Tout ce qui est tel qu'il ne peut être *mieux* ; est parfaitement bon.

S'il y a dans la nature quelque mal *absolu ;* il est possible qu'il y eût quelque chose de *mieux ;* si-non, tout est parfait et comme il doit être.

S'il y a quelque chose *d'absolument* mal ; il a été produit *à dessein*, ou s'est fait par *hasard*.

S'il a été produit *à dessein* ; ou l'ouvrier éternel

---

de zèle avec moins de lumières, ils devroient se contenter de lever leurs mains vers le ciel pendant l'action ; et c'est le parti que j'aurois pris sans-doute, si je ne regardois l'auteur dont je m'appuie à chaque pas, comme un de ces hommes extraordinaires et proportionnés à la dignité de la cause qu'ils ont à soutenir.

n'est pas seul, ou n'est pas excellent. Car s'il étoit excellent, il n'y auroit point de mal *absolu* : ou s'il y a quelque mal *absolu*, c'est un autre qui l'aura causé.

Si le hasard a produit dans l'univers quelque mal *absolu*, l'auteur de la nature n'est pas la cause de tout. Conséquemment, si l'on suppose un être intelligent qui ne soit que la cause du bien, mais qui n'ait pas voulu, ou qui n'ait pu prévenir le mal absolu que le hasard ou quelque intelligence rivale a produit, cet être est impuissant ou défectueux. Car ne pouvoir prévenir un mal *absolu*, c'est impuissance : ne vouloir pas le prévenir, quand on le peut, c'est mauvaise volonté.

L'Etre tout-puissant dans la nature, et qu'on suppose la gouverner avec intelligence et bonté, c'est ce que les hommes, d'un consentement unanime, ont appelé *Dieu*.

S'il y a dans la nature plusieurs êtres et semblables et supérieurs, ce sont autant de *Dieux*.

Si cet être supérieur, supposé qu'il n'y en ait qu'un; si ces êtres supérieurs, supposé qu'il y en ait plusieurs, ne sont pas essentiellement *bons*, on les appelle *Démons*.

Croire que tout a été fait et ordonné; que tout est gouverné pour le *mieux* par une seule intelligence essentiellement bonne, c'est être un parfait *Théiste* (*).

(*) Gardez-vous bien de confondre ce mot avec

Ne reconnoître dans la nature d'autre cause, d'autre principe des êtres que le hasard; nier qu'une intelligence suprême ait fait, ordonné, disposé tout à quelque bien général ou particulier, c'est être un parfait *Athée*.

Admettre plusieurs intelligences supérieures, toutes essentiellement bonnes, c'est être *Polithéiste*.

Soutenir que tout est gouverné par une ou plusieurs intelligences capricieuses, qui, sans égard pour l'ordre, n'ont d'autres loix que leurs volontés qui ne sont pas essentiellement bonnes, c'est être *Démoniste*.

Il y a peu d'esprits qui aient été en tout temps invariablement attachés à la même hypothèse sur un sujet aussi profond que la cause universelle des êtres et l'économie générale du monde : de l'aveu même des personnes les plus religieuses (*), toute leur foi leur suffit à-peine en certains momens pour les soutenir dans la conviction d'une intelligence suprême; il est des conjectures où, frappées des défauts apparens de l'administration de l'univers,

---

celui de *Déiste*. Voyez le Traité de la véritable religion, par M. l'abbé de la Chambre, docteur de Sorbonne, si vous voulez être instruit à fond du *Théisme* et du *Déisme*.

(*) Penè moti sunt pedes mei, pacem peccatorum videns. *David in Psal.*

elles sont violemment tentées de juger désavantageusement de la Providence.

Qu'est-ce que *l'opinion* d'un homme ? celle qui lui est habituelle. C'est l'hypothèse à laquelle il revient toujours, et non celle dont il n'est jamais sorti, que nous appellerons *son sentiment*. Qui pourra donc assurer qu'un homme, qui n'est pas un stupide, est un parfait athée ? car si toutes ses pensées ne luttent pas en tout temps, en toute occasion, contre toute idée, toute imagination, tout soupçon d'une intelligence supérieure, il n'est pas un parfait athée. De même, si l'on n'est pas constamment éloigné de toute idée de hasard ou de mauvais génie, on n'est pas parfait *Théiste*. C'est le sentiment dominant qui détermine l'état. Quiconque voit moins d'ordre dans l'univers que de hasard et de confusion, est plus athée que théiste. Quiconque apperçoit dans le monde des traces plus distinctes d'un mauvais génie que d'un bon, est moins théiste que démoniste. Mais tous ces systématiques prendront leur dénomination, selon le côté où l'esprit se sera fixé le plus souvent dans ces oscillations.

Du mélange de ces opinions il en résulte un grand nombre d'autres (*), toutes différentes entre elles.

(*) Le théisme avec le démonisme. Le démonisme avec le polythéisme. Le déisme avec l'athéisme. Le

L'athéisme seul exclut toute religion. Le parfait démoniste peut avoir un culte. Nous connoissons même des nations entières qui adorent un diable à qui la frayeur seule porte leurs prières, leurs offrandes et leurs sacrifices ; et nous n'ignorons pas que, dans quelques religions, on ne regarde Dieu que comme un être violent, despotique, arbitraire

---

démonisme avec l'athéisme. Le polythéisme avec l'athéisme. Le théisme avec le polythéisme. Le théisme ou le polythéisme avec le démonisme, ou avec le démonisme et l'athéisme. Ce qui arrive, lorsqu'on admet ;

Un dieu, dont la nature est bonne et mauvaise ; ou deux principes, l'un pour le bien, et l'autre pour le mal ;

Ou plusieurs intelligences suprêmes et mauvaises, ce que l'on pourroit proprement appeler polydémonisme ;

Ou lorsque Dieu et le hasard partagent l'empire de l'univers ;

Ou lorsque l'univers est gouverné par le hasard et par un mauvais génie ;

Ou lorsqu'on admet plusieurs intelligences mauvaises, sans exclure le hasard ;

Ou lorsqu'on suppose le monde fait et gouverné par plusieurs intelligences, toutes bienfaisantes ;

Ou lorsqu'on admet plusieurs intelligences suprêmes, tant bonnes que mauvaises ;

Ou lorsqu'on suppose que l'administration des choses est partagée entre plusieurs intelligences tant bonnes que mauvaises, et le hasard.

Philos. mor. B

et destinant les créatures à un malheur inévitable, sans aucun mérite ou démérite prévu; c'est-à-dire qu'on élève un diable sur ces autels où l'on croit adorer un dieu.

Outre les sectateurs des différentes opinions dont nous venons de faire mention, nous remarquerons de plus qu'il y a beaucoup de personnes qui, par esprit de scepticisme, par indolence, ou par défaut de lumières, ne sont décidées pour aucune.

Tous ces systêmes supposés, il nous reste à examiner comment chaque systême en particulier, et l'indécision même, s'accordent avec la vertu; et jusqu'où ils sont compatibles avec un caractère honnête et moral.

PARTIE SECONDE.

SECTION PREMIÈRE.

Lorsque je tourne les yeux sur les ouvrages d'un artiste ou sur quelque production ordinaire de la nature, et que je sens en moi-même combien il est difficile de parler avec exactitude des *parties* sans une connoissance profonde du *tout*, je ne suis point étonné de notre insuffisance dans les recherches qui concernent le monde, le chef-d'œuvre de la nature. Cependant, à force d'observations et d'étude, à force de combiner les proportions et les formes, dont la plûpart des créatures, qui nous environnent, sont revêtues, nous sommes parvenus à déterminer quelques-uns de leurs usages. Mais quelle est la fin de ces créatures en particulier ? En général même, à quoi sert l'espèce entière de quelques-unes d'entre elles ? C'est ce que nous ne connoîtrons peut-être jamais.

Cependant nous savons que chaque créature a un *intérêt privé*, un *bien-être* qui lui est propre, et auquel elle tend de toute sa puissance; penchant raisonnable qui a son origine dans les avantages de sa conformation naturelle. Nous savons que sa condition *relative* aux autres êtres est bonne ou mauvaise; qu'elle affectionne la bonne, et que le créateur lui en a facilité la possession. Mais si toute créature a un bien particulier, un intérêt privé, un but auquel tous les avantages de sa constitution sont naturellement dirigés; et si je remarque, dans les passions, les sentimens, les affections d'une créature, quelque chose qui l'éloigne de sa fin, j'assurerai qu'elle est mauvaise et mal conditionnée. Par rapport à elle-même, cela est évident. De plus, si ces sentimens, ces appétits qui l'écartent de son but naturel, croisent encore celui de quelqu'individu de son espèce, j'ajouterai qu'elle est mauvaise et mal conditionnée, relativement aux autres. Enfin, si le même désordre dans sa constitution naturelle qui la rend mauvaise par rapport aux autres, la rendoit aussi mauvaise par rapport à elle-même;

si la même économie dans ses affections qui la qualifie bonne par rapport à elle-même, produisoit le même effet relativement à ses semblables, elle trouveroit en ce cas son avantage particulier en cette bonté, par laquelle elle feroit le bien d'autrui ; et c'est en ce sens que l'intérêt privé peut s'accorder avec la vertu morale.

Nous approfondirons ce point dans la dernière partie de cet Essai. Notre objet quant à présent, c'est de chercher en quoi consiste cette qualité que nous désignons par le nom de *bonté*. Qu'est-ce que la *bonté* ?

Si un historien ou quelque voyageur nous faisoit la description d'une créature parfaitement isolée, sans supérieure, sans égale, sans inférieure, à l'abri de tout ce qui pourroit émouvoir ses passions, seule en un mot de son espèce ; nous dirions sans hésiter, *que cette créature singulière doit être plongée dans une affreuse mélancolie ; car quelle consolation pourroit-elle avoir en un monde qui n'est pour elle qu'une vaste solitude ?* Mais si l'on ajoutoit, *qu'en dépit des apparences cette créature jouit de la vie, sent le bonheur d'exister, et trouve en elle-même de la félicité ;* alors nous pourrions convenir que ce n'est pas tout-à-fait un monstre ; et que, relativement à elle-même, sa constitution naturelle n'est pas entièrement absurde ; mais nous n'irions jamais jusqu'à dire que cet être est bon. Cependant, si l'on insistoit, et qu'on nous objectât *qu'il est parfait dans sa manière, et conséquemment que nous lui refusons à tort l'épithète de bon ;* car, qu'importe qu'il ait quelque chose à démêler avec d'autres, ou non ? il faudroit bien franchir le mot, et reconnoître *que cet être est bon; s'il est possible toute-fois qu'il soit parfait en soi-même, sans avoir aucun rapport avec l'univers dans lequel il est placé.* Mais si l'on venoit à découvrir à la longue quelque système dans la nature, dont on pût considérer ce vivant automate, comme faisant partie, il perdroit incontinent le titre de bon, dont nous l'avions décoré. Car comment conviendroit-il à un individu qui, par sa solitude et son inaction, tendroit aussi directement à la ruine de son espèce (*) ?

―――――――――――

(*) Divin anachorète, suspendez un moment la profondeur de vos méditations, et daignez détromper un pauvre *mondain*, et qui fait gloire de l'être. J'ai des passions, et je serois bien fâché d'en manquer : c'est très-passionnément que j'aime mon dieu, mon roi, mon pays, mes parens, mes amis, ma maitresse, et moi-même.

Je fais un grand cas des richesses : j'en ai beaucoup, et j'en désire encore ; un homme bienfaisant en a-t-il jamais assez ? Qu'il me seroit doux de pouvoir animer ce talent qui languit sous mes yeux ; unir ces amans, que l'indigence retient dans le célibat ; venger par mes largesses, ce laborieux commerçant, des revers de la fortune ? Je ne fais chaque

Mais si, dans la structure de cet animal ou de tout autre, j'entrevois des liens qui l'attachent à des êtres connus et différens de lui; si sa conformation m'indique des rapports, même à d'autres espèces que la sienne, j'assurerai qu'il fait partie de quelque système. Par exemple, s'il est mâle, il a rapport en cette qualité avec la femelle; et la conformation relative du mâle et de la femelle annonce une nouvelle chaîne d'êtres et un nouvel ordre de choses. C'est celui d'une espèce ou d'une

---

jour qu'un ingrat; que ne puis-je en faire un cent! c'est à mon aisance, religieux fanatique, que vous devez le pain que votre quêteur vous apporte.

J'aime les plaisirs honnêtes: je les quitte le moins que je peux; je les conduis d'une table moins somptueuse que délicate, à des jeux plus amusans qu'intéressés, que j'interromps pour pleurer les malheurs d'Andromaque, ou rire des boutades du Misantrope; je me garderai bien de les exiler par de noires réflexions. Que l'épouvante et le trouble poursuivent sans cesse le crime! l'espoir et la tranquillité, compagnes inséparables de la justice, me conduiront par la main jusqu'au bord du précipice que le sage auteur de mes jours m'a dérobé, par les fleurs dont il l'a couvert; et, malgré les soins avec lesquels vous vous préparez à un instant que je laisse venir, je doute que votre fin soit plus douce et plus heureuse que la mienne. En tout cas, si la conscience reproche à l'un de nous deux d'avoir été inutile à sa patrie, à sa famille et à ses amis, je ne crains point que ce soit à moi.

race particulière de créatures qui ont une tige commune; race qui s'accroît et s'éternise aux dépens de plusieurs systêmes qui lui sont destinés.

Donc, si toute une espèce d'animaux contribue à l'existence ou au bien-être d'une autre espèce, l'espèce sacrifiée n'est que partie d'un autre systême.

L'existence de la mouche est nécessaire à la subsistance de l'araignée : aussi le vol étourdi, la structure délicate, et les membres déliés de l'un de ces insectes ne le destinent pas moins évidemment à être la *proie*, que la force, la vigilance et l'adresse de l'autre à être le *prédateur*. Les toiles de l'araignée sont faites pour des ailes de mouche.

Enfin, le rapport mutuel des membres du corps humain; dans un arbre, celui des feuilles aux branches et des branches au tronc, n'est pas mieux caractérisé, que l'est dans la conformation et le génie de ces animaux leur destination réciproque.

Les mouches servent encore à la subsistance des poissons et des oiseaux; les poissons et les oiseaux, à la subsistance d'une autre espèce. C'est ainsi qu'une multitude de systêmes différens se réunissent et se fondent, pour ainsi dire, les uns dans les autres, pour ne former qu'un seul ordre de choses.

Tous les animaux composent un systême; et

ce système est soumis à des loix mécaniques, selon lesquelles tout ce qui y entre est calculé.

Or, si le système des animaux se réunit au système des végétaux, et celui-ci au système des autres êtres qui couvrent la surface de notre globe, pour constituer ensemble le système terrestre ; si la terre elle-même a des relations connues avec le soleil et les planètes ; il faudra dire que tous ces systêmes ne sont que des parties d'un systême plus étendu. Enfin, si la nature entière n'est qu'un seul et vaste système que tous les autres êtres composent, il n'y aura aucun de ces êtres qui ne soit mauvais ou bon par rapport à ce grand tout, dont il est une partie (*) ; car, si cet

―――――――――――――――――

(*) Dans l'univers, tout est uni. Cette vérité est un des premiers pas de la philosophie, et ce fut un pas de géant. *Ac mihi quidem veteres illi majus quiddam animo complexi, multò plus etiam vidisse videntur, quàm quantum nostrorum acies intueri potest ; qui omnia hæc quæ supra et subter, unum esse et unâ vi, atque unâ consensione naturæ constricta esse dixerunt. Nullum est enim genus rerum, quod aut avulsum à cœteris per seipsum constare, aut quo cœtera si careant, vim suam atque æternitatem conservare possint. Cic. Lib. 3. de Orat.* Toutes les découvertes des philosophes modernes se réunissent pour constater la même proposition. Tous les auteurs de systêmes, sans en excepter Epicure, la supposoient, lorsqu'ils ont considéré le monde comme une machine, dont ils avoient à expliquer la formation, et à développer les

être est superflu ou déplacé, c'est une imperfection et conséquemment un mal absolu dans le système général.

Si un être est absolument mauvais, il est tel relativement au système général; et ce système est imparfait. Mais si le mal d'un système par-

---

ressorts secrets. Plus on voit loin dans la nature, et plus on y voit d'union. Il ne nous manque qu'une intelligence, et des expériences proportionnées à la multitude des parties et à la grandeur du tout, pour parvenir à la démonstration. Mais si le tout est immense, si le nombre des parties est infini, devons-nous être surpris que cette union nous échappe souvent ? Quelle raison a-t-on d'en conclure qu'elle ne subsiste pas ? Je ne vois pas comment ce phénomène fatal à cette espèce est, par une suite de l'ordre universel des choses, avantageux à une autre espèce; donc l'ordre universel est une chimère. Voilà le raisonnement de ceux qui attaquent la nature. Voici maintenant la réponse et le raisonnement de ceux qui la défendent ; je suis en état de démontrer que ce qui fait en mille occasions le mal d'un système, se tourne, par une suite merveilleuse de l'ordre universel, à l'avantage d'un autre; donc, lorsque je n'ai pas la même évidence, par rapport à d'autres phénomènes semblables, ce n'est point altération dans l'ordre, mais insuffisance dans mes lumières; donc l'ordre universel des choses n'en est pas moins réel et parfait. Entre la présomption raisonnable de ceux-ci et l'ignorante témérité de leurs antagonistes, il n'est pas difficile de prendre parti.

ticulier fait le bien d'un autre système, si ce mal apparent contribue au bien général, comme il arrive lorsqu'une espèce subsiste par la destruction d'une autre ; lorsque la corruption d'un être en fait éclore un nouveau ; lorsqu'un tourbillon se fond dans un tourbillon voisin ; ce mal particulier n'est pas un mal absolu, non plus qu'une dent qui pousse avec douleur n'est un mal réel dans un système que cet inconvénient prétendu conduit à sa perfection.

Nous nous garderons donc de prononcer qu'un être est absolument mauvais, à-moins que nous ne soyons en état de démontrer qu'il n'est bon dans aucun système (*).

(*) Que deviennent donc les manichéens, avec la nécessité prétendue de leurs principes ? Où aboutissent les reproches que les athées font à la nature ? On diroit, à les entendre dogmatiser, qu'ils sont initiés dans tous ses desseins, qu'ils ont une connoissance parfaite de ses ouvrages, et qu'ils seroient en état de se mettre au gouvernail et de manœuvrer à sa place. Et ils ne veulent pas s'appercevoir qu'ils sont, par rapport à l'univers, dans un cas plus désavantageux qu'un de ces Mexicains, qui ne connoissant ni la navigation, ni la nature de la mer, ni les propriétés des vents et des eaux, s'éveilleroit au milieu d'un vaisseau arrêté en plein Océan par un calme profond. Que penseroit-il, en considérant cette pesante machine, suspendue sur un élément sans consistance ? Et que penseroit-on de lui,

Si l'on remarquoit dans la nature une espèce qui fût incommode à toute autre, cette espèce, mauvaise relativement au systême général, seroit mauvaise en elle-même. De même, dans chaque espèce d'animaux ; par exemple, dans l'espèce humaine, si quelqu'individu est d'un caractère pernicieux à tous ses semblables, il méritera le nom de mauvais dans son espèce.

Je dis *d'un caractère pernicieux ;* car un méchant homme, ce n'est ni celui dont le corps est couvert de peste, ni celui qui, dans une fièvre violente, s'élance, frappe et blesse quiconque ose l'approcher. Par la même raison, je n'appellerai point honnête homme celui qui ne blesse personne, parce qu'il est étroitement garotté, ou, ce qui revient à cet état, celui qui n'abandonne ses mauvais desseins que par la crainte d'un châtiment ou par l'espoir d'une récompense.

Dans une créature raisonnable, tout ce qui n'est point fait par affection n'est ni mal ni bien: l'homme

---

s'il venoit à traiter de poids incommodes et superflus, les ancres, les voiles, les mâts, les échelles, les vergues et tout cet attirail de cordages, dont il ignoreroit l'utilité ? En attendant qu'il fût mieux instruit (dût-il ne l'être jamais parfaitement), ne lui siéroit-il pas mieux de juger, sur les proportions qu'il remarque dans le petit nombre de parties qui sont à sa portée, plus avantageusement de l'ouvrier et du tout ?

n'est bon ou méchant que lorsque l'intérêt ou le désavantage de son système est l'objet immédiat de la passion qui le meut.

Puisque l'inclination seule rend la créature méchante ou bonne, conforme à sa nature, ou dénaturée, nous allons maintenant examiner quelles sont les inclinations naturelles et bonnes, et quelles sont les affections contraires à sa nature, et mauvaises.

SECTION SECONDE.

Remarquez d'abord que toute affection, qui a pour objet un bien imaginaire, devenant superflue et diminuant l'énergie de celles qui nous portent aux biens réels, est vicieuse en elle-même, et mauvaise relativement à l'intérêt particulier et au bonheur de la créature.

Si l'on pouvoit supposer que quelqu'un de ces penchans, qui entraînent la créature à ses intérêts particuliers, fût, dans son énergie légitime, incompatible avec le bien général, un tel penchant seroit vicieux. Conséquemment à cette hypothèse, une créature ne pourroit agir conformément à sa nature, sans être mauvaise dans la société ; ou contribuer aux intérêts de la société, sans être dénaturée par rapport à elle-même. Mais si le penchant à ses intérêts privés n'est injurieux à la société que quand il est excessif, et jamais lorsqu'il est tempéré, nous dirons alors que l'excès a rendu vicieux un penchant qui dans sa nature étoit bon. Ainsi toute inclination qui portera la créature à son bien particulier, pour être vicieuse, doit être nuisible à l'intérêt public. C'est ce défaut qui caractérise l'homme intéressé, défaut contre lequel on se récrie si haut (*), quand il est trop marqué.

(*) Tous les livres de morale sont pleins de déclamations vagues contre l'intérêt. On s'épuise en détails, en divisions et en subdivisions pour en venir à cette conclusion énigmatique, *que, quel que soit le désintéressement spécieux, quelle que soit la générosité apparente dont nous nous parions, au fond, l'intérêt et l'amour-propre sont les seuls principes de nos actions.* Si, au-lieu de courir après l'esprit, et d'arranger des phrases, ces auteurs, par tant de définitions exactes, avoient commencé par nous apprendre ce que c'est qu'intérêt, ce qu'ils entendent par amour-propre, leurs ouvrages, avec cette clef, pourroient servir à quelque chose. Car nous sommes tous d'accord que la créature peut s'aimer, peut tendre à ses intérêts, et poursuivre son bonheur temporel, sans cesser d'être vertueuse. La question n'est donc pas de savoir, si nous avons agi par amour-propre ou par intérêt ; mais de déterminer quand ces deux sentimens concouroient au but que tout homme se propose, c'est-à-dire, à son bonheur. Le dernier effort de la prudence humaine, c'est de s'aimer, c'est d'entendre ses intérêts, c'est de connoitre son bonheur comme il faut.

Mais si, dans la créature, l'amour de son intérêt propre n'est point incompatible avec le bien général, quelque concentré que cet amour puisse être ; s'il est même important à la société que chacun de ses membres s'applique sérieusement à ce qui le concerne en son particulier, ce sentiment est si peu vicieux, que la créature ne peut être bonne sans en être pénétrée : car si c'est faire tort à la société que de négliger sa conservation, cet excès de désintéressement rendroit la créature méchante et dénaturée, autant que l'absence de toute autre affection naturelle. Jugement qu'on ne balanceroit pas à porter, si l'on voyoit un homme fermer les yeux sur les précipices qui s'ouvriroient devant lui ; ou, sans égard pour son tempérament et pour sa santé, braver la distinction des saisons et des vêtemens. On peut envelopper dans la même condamnation quiconque seroit frappé (*) d'aversion pour le commerce des femmes, et qu'un tempérament dé-

---

(*) On considère ici l'homme dans l'état de pure nature ; et il n'est pas question de ces hommes saints, qui se sont éloignés du sexe par un esprit de continence, qu'on se garde bien de blâmer. Il est évident que cet endroit ne leur convient en aucune façon ; car on ne peut assurément les accuser d'aversion pour les femmes, ou de dépravation dans le tempérament.

pravé, mais non pas un vice de conformation, rendroit inhabile à la propagation de l'espèce.

L'amour des intérêts privés peut donc être bon ou mauvais : si cette passion est trop vive, et telle, par exemple, qu'un attachement à la vie qui nous rendroit incapables d'un acte généreux, elle est vicieuse ; et conséquemment la créature qu'elle dirige est mal dirigée, et plus ou moins mauvaise. Celui donc à qui, par un desir excessif de vivre, il arriveroit de faire quelque bien, ne mérite non plus par le bien qu'il fait, qu'un avocat qui n'a que son salaire en vue, lors même qu'il défend la cause de l'innocence, ou qu'un soldat qui, dans la guerre la plus juste, ne combat que parce qu'il reçoit la paye.

Quelque avantage que l'on ait procuré à la société, le motif seul fait le mérite. Illustrez-vous par de grandes actions tant qu'il vous plaira, vous serez vicieux tant que vous n'agirez que par des principes intéressés : vous poursuivez votre bien particulier avec toute la modération possible, à-la-bonne-heure ; mais vous n'aviez point d'autre motif en rendant à votre espèce ce que vous lui deviez par inclination naturelle ; vous n'êtes pas vertueux.

En effet, quels que soient les secours étrangers qui vous ont incliné vers le bien, quoi que ce soit qui vous ait prêté main-forte contre vos inclinations perverses ; tant que vous conserverez le même caractère, je ne verrai point en vous de bonté : vous ne serez bon, que quand vous ferez le bien d'affection et de cœur.

Si, par hasard, quelqu'une de ces créatures douces, privées et amies de l'homme, développant un caractère contraire à sa constitution naturelle, devenoit sauvage et cruelle ; on ne manqueroit pas d'être frappé de ce phénomène, et de se récrier sur sa dépravation. Supposons maintenant que le temps et des soins la dépouillassent de cette férocité accidentelle, et la ramenassent à la douceur de celles de son espèce ; on diroit que cette créature s'est rétablie dans son état naturel: mais si la guérison n'est que simulée, si l'animal hypocrite revient à sa méchanceté si-tôt que la crainte de son géolier l'abandonne, direz-vous que la douceur est son vrai caractère, son caractère actuel ? Non, sans-doute. Le tempérament est tel qu'il étoit, et l'animal est toujours méchant.

Donc la bonté ou la méchanceté animale (*)

(*) Il y a trois espèces de bonté. Une bonté d'être ; c'est une certaine convenance d'attributs, qui constitue une chose ce qu'elle est. Les philosophes l'appellent *Bonitas Entis*.

Une bonté animale. C'est une économie dans les passions, que toute créature sensible et bien constituée reçoit de la nature. C'est en ce sens, qu'on dit

de la créature a sa source dans son tempérament actuel ; donc la créature sera bonne en ce sens, lorsqu'en suivant la pente de ses affections elle aimera le bien et le fera sans contrainte, et qu'elle haïra et fuira le mal sans effroi pour le châtiment. La créature sera méchante, au contraire, si elle ne reçoit pas de ses inclinations naturelles la force de remplir ses fonctions, ou si des inclinations dépravées l'entraînent au mal et l'éloignent du bien qui lui sont propres.

En général, lorsque toutes les affections sont

___

d'un chien de chasse, lorsqu'il est bon, qu'il n'est ni lâche ni opiniâtre, ni lent ni emporté, ni timide ni indocile, mais ardent, intelligent et prompt.

Une bonté raisonnée, propre à l'être pensant, qu'on appelle Vertu : qualité qui est d'autant plus méritoire en lui, qu'étoient grandes les mauvaises dispositions qui constituent la méchanceté animale, et qu'il avoit à vaincre pour parvenir à la bonté raisonnée. Exemple :

Nous naissons tous plus ou moins dépravés ; les uns timides, ambitieux et colères ; les autres avares, indolens et téméraires ; mais cette dépravation involontaire du tempérament ne rend point, par elle-même, la créature vicieuse : au contraire, elle sert à relever son mérite, lorsqu'elle en triomphe. Le sage Socrate naquit avec un penchant merveilleux à la luxure. Pour juger combien on est éloigné du sentiment impie et bizarre de ceux qui donnent tout au tempérament, vices et vertus, on n'a qu'à lire la section suivante, et sur-tout le commencement de la section quatrième.

B *

d'accord avec l'intérêt de l'espèce, le tempérament naturel est parfaitement bon. Au contraire, si l'on manque de quelqu'affection avantageuse, ou qu'on en ait de superflues, de foibles, de nuisibles et d'opposées à cette fin principale, le tempérament est dépravé, et conséquemment l'animal est méchant ; il n'y a que du plus ou du moins.

Il est inutile d'entrer ici dans le détail des affections, et de démontrer que la colère, l'envie, la paresse, l'orgueil, et le reste de ces passions généralement détestées, sont mauvaises en elles-mêmes, et rendent méchante la créature qui en est affectée. Mais il est à propos d'observer que la tendresse la plus naturelle, celle des mères pour leurs petits, et des parens pour leurs enfans, a des bornes prescrites, au-delà desquelles elle dégénère en vice. L'excès de l'affection maternelle peut anéantir les effets de l'amour, et le trop de commisération mettre hors d'état de procurer du secours. Dans d'autres conjonctures, le même amour peut se changer en une espèce de phrénésie ; la pitié, devenir foiblesse ; l'horreur de la mort, se convertir en lâcheté ; le mépris des dangers, en témérité ; la haine de la vie ou toute autre passion qui conduit à la destruction, en désespoir ou folie.

SECTION TROISIÈME.

Mais, pour passer de cette bonté pure et simple, dont toute créature sensible est capable, à cette qualité qu'on appelle *vertu*, et qui convient ici-bas à l'homme seul ;

Dans toute créature capable de se former des notions exactes des choses, cette écorce des êtres dont les sens sont frappés, n'est pas l'unique objet de ses affections. Les actions elles-mêmes, les passions qui les ont produites, la commisération, l'affabilité, la reconnoissance et leurs antagonistes s'offrent bientôt à son esprit ; et ces familles ennemies, qui ne lui sont point étrangères, sont pour elle de nouveaux objets d'une tendresse ou d'une haine réfléchie.

Les sujets intellectuels et moraux agissent sur l'esprit à-peu-près de la même manière que les êtres organisés sur les sens. Les figures, les proportions, les mouvemens et les couleurs de ceux-ci ne sont pas plus-tôt exposés à nos yeux, qu'il résulte, de l'arrangement et de l'économie de leurs parties, une beauté qui nous récrée, ou une difformité qui nous choque. Tel est aussi sur les esprits l'effet de la conduite et des actions humaines. La régularité et le désordre dans ces objets les affectent diversement ; et le jugement qu'ils en portent n'est pas moins nécessité que celui des sens.

L'entendement a ses yeux : les esprits entre eux se prêtent l'oreille ; ils apperçoivent des proportions ; ils sont sensibles à des accords ; ils mesurent, pour ainsi dire, les sentimens et les pensées. En un mot, ils ont leur critique à qui rien n'échappe. Les sens ne sont ni plus réellement ni plus vivement frappés, soit par les nombres de la musique, soit par les formes et les proportions des êtres corporels, que les esprits par la connoissance et le détail des affections. Ils distinguent, dans les caractères, douceur et dureté ; ils y démêlent l'agréable et le dégoûtant, le dissonant et l'harmonieux; en un mot, ils y discernent et laideur et beauté ; laideur qui va jusqu'à exciter leur mépris et leur aversion ; beauté qui les transporte quelquefois d'admiration et les tient en extase. Devant tout homme qui pèse mûrement les choses, ce seroit une affectation puérile (*), que de

---

(*) En effet, n'est-ce pas une puérilité que de nier ce dont on est évidemment soi-même affecté ? Lorsque quelques-uns de nos dogmatistes modernes nous assurent, de la meilleure foi du monde, disent-ils, « que la divinité n'est qu'un vain fantôme; que le vice » et la vertu sont des préjugés d'éducation ; que l'im» mortalité de l'ame, que la crainte des peines et l'es» pérance des récompenses à venir sont chimériques », ne sont-ils pas actuellement sous le *charme* ? Le plaisir de paroître sincères n'agit-il pas en eux ? Ne sont-ils pas affectés du *decorum et dulce* ? Car enfin, leur intérêt privé demanderoit qu'ils se réservassent toutes

nier qu'il y ait dans les êtres moraux, ainsi que dans les objets corporels, un vrai beau, un beau essentiel, un sublime réel (*).

---

ces rares connoissances : plus elles seront divulguées, moins elles leur seront utiles. Si tous les hommes sont une fois persuadés que les loix divines et humaines sont des barrières qu'on a tort de respecter, lorsqu'on peut les franchir sans danger, il n'y aura plus de dupes que les sots. Qui peut donc les engager à parler, à écrire et à nous détromper, même au péril de leur vie ? Car ils n'ignorent pas que leur zèle est assez mal récompensé par le gouvernement : il me semble que j'entends M. S. qui dit à un de ces docteurs : « La phi-
» losophie que vous avez la bonté de me révéler, est
» tout-à-fait extraordinaire. Je vous suis obligé de
» vos lumières : mais quel intérêt prenez-vous à mon
» instruction ? Que vous suis-je ? Etes-vous mon
» père ? Quand je serois votre fils, me devriez-vous
» quelque chose en cette qualité ? Y auroit-il en vous
» quelqu'*affection naturelle*, quelque soupçon qu'il est
» doux, qu'il est beau de détromper, à ses risques et
» fortunes, un indifférent sur des choses qui lui impor-
» tent ? Si vous n'éprouvez rien de ces sentimens, vous
» prenez bien de la peine, et vous courrez de grands dan-
» gers, pour un homme qui ne sera qu'un ingrat, s'il suit
» exactement vos principes : que ne gardez-vous votre
» secret pour vous ? Vous en perdez tout l'avantage en
» le communiquant. Abandonnez-moi à mes préjugés ;
» il n'est bon, ni pour vous, ni pour moi, que je sache
» que la nature m'a fait vautour, et que je peux de-
» meurer en conscience tel que je suis ».

(*) S'il n'y a ni beau, ni grand, ni sublime dans

Or, de même que les objets sensibles, les images des corps, les couleurs et les sons agissent perpétuellement sur nos yeux, affectent nos sens,

---

les choses, que deviennent l'amour, la gloire, l'ambition, la valeur ? A quoi bon admirer un poëme ou un tableau, un palais ou un jardin, une belle taille ou un beau visage ? Dans ce système phlegmatique, l'héroïsme est une extravagance. On ne fera pas plus de quartier aux muses. Le prince des poëtes ne sera qu'un écrivain suffisamment insipide. Mais cette philosophie meurtrière se dément à chaque moment; et ce poëte, qui a employé tous les charmes de son art pour décrier ceux de la nature, s'abandonne plus que personne aux transports, aux ravissemens et à l'enthousiasme; et, à en juger par la vivacité de ses descriptions, qui que ce soit ne fut plus sensible que lui aux beautés de l'univers. On pourroit dire que sa poésie fait plus de tort à l'hypothèse des atômes, que tous ses raisonnemens ne lui donnent de vraisemblance. Ecoutons-le chanter un moment.

> Alma Venus, Cœli subter labentia signa
> Quæ mare navigerum, quæ terras frugiferentes
> Concelebras. . . . .
> Quæ, quoniam rerum naturam sola gubernas,
> Nec sine te quicquam dias in luminis oras
> Exoritur; neque fit lætum, neque amabile quicquam;
> Te sociam studeo scribundis versibus esse.

Quand on a senti toute la grace de cette invocation, tout ce qu'on peut alléguer contre la beauté ne doit faire qu'une impression bien légère.

lors même que nous sommeillons ; les êtres intellectuels et moraux, non moins puissans sur l'esprit, l'appliquent et l'exercent en tout temps.

Et ailleurs :

> Belli fera munera Mavors
> Armipotens regit, in gremium qui sæpè tuum se
> Rejicit æterno devinctus vulnere amoris. . . .
> Pascit amore avidus inhians in te, dea, visus,
> Eque tuo pendet resupini spiritus ore. . . .
> Hunc tu, Diva, tuo recubantem corpore sancte
> Circumfusa super, suaves ex ore loquelas
> Funde.

Je conviens que ces vers sont d'une grande beauté, dira-t-on. Il y a donc quelque chose de beau ? *Sans-doute ; mais ce n'est pas dans la chose décrite, c'est dans la description : il n'est point de monstre odieux qui, par l'art imité, ne puisse plaire aux yeux ; quelque difforme que soit un être (si toute-fois il y a difformité réelle), il plaira pourvu qu'il soit bien représenté. Mais cette représentation, qui me ravit, ne suppose aucune beauté dans la chose ; ce que j'admire, c'est la conformité de l'objet et de la peinture. La peinture est belle, mais l'objet n'est ni beau ni laid.*

Pour satisfaire à cette objection, je demanderai ce qu'on entend par un *monstre*. Si l'on désigne par ce terme un composé de parties rassemblées au hasard, sans liaison, sans ordre, sans harmonie, sans proportion ; j'ose assurer que la représentation de cet être ne sera pas moins choquante que l'être lui-même. En effet, si, dans le dessin d'une tête, un peintre s'étoit avisé de placer les dents au-dessous du menton,

Ces formes le captivent dans l'absence même des réalités.

Mais le cœur regarde-t-il avec indifférence les

---

les yeux à l'occiput, et la langue au front; si toutes ces parties avoient encore entre elles des grandeurs démesurées, si les dents étoient trop grandes et les yeux trop petits, relativement à la tête entière, la délicatesse du pinceau ne nous fera jamais admirer cette figure. *Mais*, ajoutera-t-on, *si nous ne l'admirons pas, c'est qu'elle ne ressemble à rien*. Cela supposé, je refais la même question. Qu'entendez-vous donc par un *monstre* ? Un être qui ressemble à quelque chose, tel que la sirène, l'hippogryffe, le faune, le sphinx, la chimère et les dragons ailés? Mais n'appercevez-vous pas que ces enfans de l'imagination des peintres et des poëtes n'ont rien d'absurde dans leur conformation; que, quoiqu'ils n'existent pas dans la nature, ils n'ont rien de contradictoire aux idées de liaison, d'harmonie, d'ordre et de proportion? Il y a plus; n'est-il pas constant qu'aussi-tôt que ces figures pécheront contre ces idées, elles cesseront d'être belles? Cependant, puisque ces êtres n'existent point dans la nature, qui est-ce qui a déterminé la longueur de la queue de sirène, l'étendue des ailes du dragon, la position des yeux du sphinx, et la grosseur de la cuisse velue et du pied fourchu des sylvains ? car ces choses ne sont pas arbitraires. On peut répondre *que pour appeler beau ces êtres possibles, nous avons désiré, sans fondement, que la peinture observât en eux les mêmes rapports que ceux que nous avons trouvé établis dans les êtres existans ; et que c'est encore ici la ressemblance qui produit notre admiration*. La question se

esquisses des mœurs que l'esprit est forcé de tracer, et qui lui sont presque toujours présentes ? Je m'en rapporte au sentiment intérieur. Il me dit qu'aussi nécessité dans ses jugemens que l'esprit dans ses opérations, sa corruption ne va jamais jusqu'à lui dérober totalement la différence du beau et du laid, et qu'il ne manquera pas d'approuver le naturel et l'honnête, et de rejeter le

réduit donc enfin à savoir si c'est raison ou caprice qui nous a fait exiger l'observation de la loi des êtres réels dans la peinture des êtres imaginaires ; question décidée, si l'on remarque que, dans un tableau, le sphinx, l'hippogryfe et le sylvain sont en action ou sont superflus; s'ils agissent, les voilà placés sur la toile, de même que l'homme, la femme, le cheval et les autres animaux sont placés dans l'univers : or, dans l'univers, les devoirs à remplir déterminent l'organisation : l'organisation est plus ou moins parfaite, selon le plus ou le moins de facilité que l'automate en reçoit pour vaquer à ses fonctions. Car qu'est-ce qu'un bel homme ? si ce n'est celui dont les membres bien proportionnés conspirent de la façon la plus avantageuse à l'accomplissement des fonctions animales. Mais cet avantage de conformation n'est point imaginaire : les formes qui le produisent ne sont pas arbitraires, ni par conséquent la beauté, qui est une suite de ces formes. Tout cela est évident pour quiconque connoît un peu les proportions géométriques que doivent observer les parties du corps entre elles, pour constituer l'économie animale.

Philos. mor.   C

déshonnête et le dépravé, sur-tout dans les momens désintéressés : c'est alors un connoisseur équitable qui se promène dans une gallerie de peintures, qui s'émerveille de la hardiesse de ce trait, qui sourit à la douceur de ce sentiment, qui se prête autour de cette affection, et qui passe dédaigneusement sur tout ce qui blesse la belle nature.

Les sentimens, les inclinations, les affections, les penchans, les dispositions, et conséquemment toute la conduite des créatures dans les différens états de la vie, sont les sujets d'une infinité de tableaux exécutés par l'esprit qui saisit avec promptitude et rend avec vivacité et le bien et le mal. Nouvelle épreuve, nouvel exercice pour le cœur qui dans son état naturel et sain est affecté du raisonnable et du beau; mais qui, dans la dépravation, renonce à ses lumières pour embrasser le monstrueux et le laid.

Par conséquent, point de vertu morale, point de mérite, sans quelques notions claires et distinctes du bien général, et sans une connoissance réfléchie de ce qui est moralement bien ou mal, digne d'admiration ou de haine, droit ou injuste. Car quoique nous disions communément d'un cheval mauvais, qu'il est vicieux, on n'a jamais dit d'un bon cheval ou de tout autre animal imbécile et stupide, pour docile qu'il fût, qu'il étoit méritant et vertueux.

Qu'une créature soit généreuse, douce, affable, ferme et compatissante ; si jamais elle n'a réfléchi sur ce qu'elle pratique et voit pratiquer aux autres ; si elle ne s'est fait aucune idée nette et précise du bien et du mal ; si les charmes de la vertu et de l'honnêteté ne sont point les objets de son affection : son caractère n'est point vertueux par principes ; elle en est encore à acquérir cette connoissance active de la droiture qui devoit la déterminer, cet amour désintéressé de la vertu qui seul pouvoit donner tout le prix à ses actions.

Tout ce qui part d'une mauvaise affection est mauvais, inique et blâmable : mais si les affections sont saines ; si leur objet est avantageux à la société et digne en tout temps de la poursuite d'un être raisonnable ; ces deux conditions réunies formeront ce qu'on appelle droiture, équité dans les actions. Faire tort, ce n'est pas faire injustice : car un fils généreux peut, sans cesser de l'être, tuer, par malheur ou par mal-adresse, son père au-lieu de l'ennemi dont il s'efforçoit de le garantir. Mais si, par une affection déplacée, il eût porté ses secours à quelqu'autre, ou négligé les moyens de le conserver par défaut de tendresse, il eût été coupable d'injustice.

Si l'objet de notre affection est raisonnable ; s'il est digne de notre ardeur et de nos soins ; l'imperfection ou la foiblesse des sens ne nous rendent point coupables d'injustice. Supposons qu'un homme dont le jugement est entier et les affections saines, mais la constitution si bizarre et les organes si dépravés, qu'à travers ces miroirs trompeurs il n'apperçoive les objets que défigurés, estropiés et tout autres qu'ils sont, il est évident que, le défaut ne résidant point dans la partie supérieure et libre, cette infortunée créature ne peut passer pour vicieuse.

Il n'en est pas ainsi des opinions qu'on adopte, des idées qu'on se fait, ou des religions qu'on professe. Si, dans une de ces contrées jadis soumises aux plus extravagantes superstitions ; où les chats, les crocodiles, les singes, et d'autres animaux vils et mal-faisans, étoient adorés; un de ces idolâtres se fût saintement (*) persuadé qu'il étoit juste de préférer le salut d'un chat au salut de son père, et qu'il ne pouvoit se dispenser en conscience de traiter en ennemi quiconque ne professoit pas ce culte : ce fidèle croyant n'eût été qu'un homme détestable : et toute action fondée sur des dogmes pareils, ne peut être qu'injuste, abominable et maudite.

Toute méprise sur la valeur des choses qui tend à détruire quelqu'affection raisonnable, ou à en produire d'injustes, rend vicieux, et nul motif

---

(*) O sanctas gentes, quibus hæc nascuntur in hortis Numina ! JUV.

ne peut excuser cette dépravation. Celui, par exemple, qui, séduit par des vices brillans, a mal placé son estime, est vicieux lui-même. Il est quelquefois aisé de remonter à l'origine de cette corruption nationale. Ici, c'est un ambitieux qui vous étonne par le bruit de ses exploits ; là, c'est un pirate, ou quelqu'injuste conquérant qui, par des crimes illustres, a surpris l'admiration des peuples, et mis en honneur des caractères qu'on devroit détester. Quiconque applaudit à ces *renommées*, se dégrade lui-même. Quant à celui qui, croyant estimer et chérir un homme vertueux, n'est que la dupe d'un scélérat hypocrite, il peut être un sot ; mais il n'est pas un méchant pour cela.

L'erreur de fait, ne touchant point aux affections, ne produit point le vice ; mais l'erreur de droit influe, dans toute créature raisonnable et conséquente, sur ses affections naturelles, et ne peut manquer de la rendre vicieuse.

Mais il y a beaucoup d'occasions où les matières de droit sont d'une discussion trop épineuse, même pour les personnes les plus éclairées (*).

―――

(*) Les erreurs particulières engendrent les erreurs populaires ; et alternativement, on aime à persuader aux autres ce que l'on croit, et l'on résiste difficilement à ce dont on voit les autres persuadés. Il est presqu'impossible de rejeter les opinions qui nous

Dans ces circonstances, une faute légère ne suffit pas pour dépouiller un homme du caractère et du titre de vertueux. Mais lorsque la superstition ou des coutumes barbares les précipitent dans de grossières erreurs sur l'emploi de ses affections ; lorsque ces bévues sont si fréquentes, si lourdes et si compliquées, qu'elles tirent la créature de son état naturel; c'est-à-dire, lorsqu'elles exigent d'elle des sentimens contraires à l'humaine société, et pernicieux dans la vie civile ; céder, c'est renoncer à la vertu.

Concluons donc que le mérite ou la vertu dépend d'une connoissance de la justice et d'une fermeté de raison, capables de nous diriger dans l'emploi de nos affections. Notions de la justice, courage de la raison, ressources uniques dans

---

viennent de loin, et comme de main en main. Le moyen de donner un démenti à tant d'honnêtes-gens qui nous ont précédés! Les temps écartent, d'ailleurs, une infinité de circonstances qui nous enhardiroient: Ceux qui se sont abreuvés successivement de ces étrangetés, dit Montaigne, ont senti, par les oppositions qu'on leur a faites, où logeoit la difficulté de la persuasion, et ils ont calfeutré ces endroits de pièces nouvelles; ils n'ont pas craint d'ajouter de leur invention, autant qu'ils le croyoient nécessaire, pour suppléer à la résistance et au défaut qu'ils pensoient être en la conception d'autrui. Histoire fidelle et naïve de l'origine et du progrès des erreurs populaires.

le danger où l'on se trouve de consacrer ses efforts, et de prostituer son estime à des abominations, à des horreurs, à des idées destructives de toute affection naturelle. Affections naturelles, fondemens de la société, que les loix sanguinaires d'un point d'honneur et les principes erronés d'une fausse religion tendent quelquefois à sapper. Loix et principes qui sont vicieux, et ne conduiront ceux qui les suivent qu'au crime et à la dépravation, puisque la justice et la raison les combattent. Quoi que ce soit donc qui, sous prétexte d'un bien présent ou futur, prescrive aux hommes, de la part de Dieu, la trahison, l'ingratitude, et les cruantés ; quoi que ce soit qui leur apprenne à persécuter leurs semblables par bonne amitié, à tourmenter par passe-temps leurs prisonniers de guerre, à souiller les autels de sang humain, à se tourmenter eux-mêmes, à se macérer cruellement, à se déchirer dans des accès (*)

(*) Domptez vos passions, dit la religion ; conservez-vous, dit la nature. Il est toujours possible de satisfaire à l'une et à l'autre ; du-moins il faut le supposer : car il seroit bien singulier qu'il y eût un cas où l'on seroit forcé de devenir homicide de soi-même, pour être vertueux. C'est ce que les piétistes outrés ne manqueroient pas d'appercevoir, s'ils osoient consulter la raison. Celui qui, fatigué de lutter contre lui-même, finiroit la querelle d'un coup de pistolet, seroit un enragé, lui diroit-elle.

de zèle en présence de leurs divinités; et à commettre, pour les honorer ou pour leur complaire, quelque action inhumaine et brutale; qu'ils refusent d'obéir, s'ils sont vertueux, et qu'ils ne permettent point aux vains applaudissemens de la coutume, ou aux oracles imposteurs de la superstition, d'étouffer les cris de la nature et les conseils de la vertu. Toutes ces actions, que l'humanité (*) proscrit, seront toujours des hor-

─────────────

Mais celui qui, révolté de ce procédé brusque, prendroit, par amour de Dieu, et pour le bien de son ame, chaque jour une dose légère d'un poison qui le conduiroit insensiblement au tombeau, seroit-il moins fou? Non, sans-doute. Si le crime est dans le *suicide*, qu'importe qu'on se tue par des jeûnes et des veilles, de l'arsenic ou du sublimé? dans un instant, ou dans l'espace de dix années? avec un cilice et des fouets, un pistolet ou un poignard? C'est disputer sur la forme du crime; c'est s'excuser sur la couleur du poison. Telle étoit la pensée de Saint Augustin. Ceux qui croient honorer Dieu par ces excès sont dans la même superstition que ces payens, dont il dit dans son traité merveilleux de la Cité de Dieu, *tantus est perturbatæ mentis et sedibus suis pulsæ furor, ut sic dii placentur quemadmodum ne homines quidem sæviunt.*

(*) La hardiesse d'un Egyptien, esprit-fort, qui, bravant la doctrine du sacré collège, eût refusé de porter son hommage à des êtres destinés à sa nourriture, et d'adorer un chat, un crocodile, un oignon, eût été pleinement justifiée par l'absurdité de cette

reurs, en dépit des coutumes barbares, des loix capricieuses, et des faux cultes qui les auront ordonnées. Mais rien ne peut altérer les loix éternelles de la justice.

SECTION QUATRIÈME.

LES créatures, qui ne sont affectées que par les objets sensibles, sont bonnes ou mauvaises, selon que leurs affections sensibles sont bien ou mal ordonnées. Mais c'est toute autre chose dans les créatures capables de trouver dans le bien ou le mal moral des motifs raisonnés de tendresse ou d'aversion; car, dans un individu de cette espèce,

---

croyance. Tout dogme qui conduit à des infractions grossières de la loi naturelle, ne peut être respecté en sûreté de conscience. Lorsque la nature et la morale se récrient contre la voix des ministres, l'obéissance est un crime. Qui niera que le crédule Egyptien, qui, pour donner du secours à son Dieu, eût laissé périr son père, n'eût été un vrai parricide? Si l'on me dit jamais : trahis, vole, pille, tue, c'est ton Dieu qui l'ordonne; je répondrai sans examen : trahir, voler, piller, tuer sont des crimes; donc Dieu ne me l'ordonne pas. La pureté de la morale peut faire présumer la vérité d'un culte; mais si la morale est corrompue, le culte qui préconise cette dépravation, est démontré faux. Quel avantage cette réflexion seule ne donne-t-elle pas au christianisme sur toutes les autres religions! Quelle morale comparable à celle de Jésus-Christ!

quelque déréglées que soient les affections sensibles, le caractère sera bon et l'individu vertueux, tant que ces penchans libertins demeureront subordonnés aux affections réfléchies dont nous avons parlé.

Il y a plus. Si le tempérament est bouillant, colère, amoureux; et si la créature, domptant ces passions, s'attache à la vertu, en dépit de leurs efforts, nous disons alors que son mérite en est d'autant plus grand; et nous avons raison. Si toute-fois l'intérêt privé étoit la seule digue qui la retînt; si, sans égard pour les charmes de la vertu, son unique bien étoit le fléau de ses vices, nous avons démontré qu'elle n'en seroit pas plus vertueuse : mais il est certain que, si, de plein gré et sans aucun motif bas et servile, l'homme colère étouffe sa passion, et le luxurieux réprime ses mouvemens; si, tous deux supérieurs à la violence de leurs penchans, ils sont devenus, l'un modeste et l'autre tranquille et doux, nous applaudirons à leur vertu beaucoup plus hautement que s'ils n'avoient point eu d'obstacles à surmonter. Quoi donc ! le penchant au vice seroit-il un relief pour la vertu? Des inclinations perverses seroient-elles nécessaires pour *parfaire* l'homme vertueux ?

Voici à quoi se réduit cette espèce de difficulté. Si les affections libertines se révoltent par quelqu'endroit, pourvu que leur effort soit souverainement réprimé ; c'est une preuve incontestable que la vertu, maîtresse du caractère, y prédomine : mais si la créature, vertueuse à meilleur compte, n'éprouve aucune sédition de la part de ses passions, on peut dire qu'elle suit les principes de la vertu, sans donner d'exercice à ses forces. La vertu, qui n'a point d'ennemis à combattre dans ce dernier cas, n'en est peut-être pas moins puissante ; et celui qui, dans le premier cas, a vaincu ses ennemis, n'en est pas moins vertueux. Au contraire, débarrassé des obstacles qui s'opposoient à ses progrès, il peut se livrer entièrement à la vertu, et la posséder dans un dégré plus éminent.

C'est ainsi que la vertu se partage en dégrés inégaux chez l'espèce raisonnable, c'est-à-dire, chez les hommes, quoiqu'il n'y en ait pas un entre eux peut-être, qui jouisse de cette raison saine et solide qui seule peut constituer un caractère uniforme et parfait. C'est ainsi qu'avec la vertu, le vice dispose de leur conduite, alternativement vainqueur et vaincu : car il est évident, par ce que nous avons dit jusqu'à-présent, que, quelque soit dans une créature le désordre des affections tant par rapport aux êtres intellectuels et moraux ; quelqu'effrénés que soient ses principes ; quelque furieuse, impudique ou cruelle qu'elle soit devenue, si toute-fois il lui reste la moindre sensibilité pour les charmes de la vertu ;

si elle donne encore quelque signe de bonté, de commisération, de douceur, ou de reconnoissance ; il est, dis-je, évident que la vertu n'est pas morte en elle, et qu'elle n'est pas entièrement vicieuse et dénaturée.

Un criminel, qui, par un sentiment d'honneur et de fidélité pour ses complices, refuse de les déclarer, et qui, plutôt que de les trahir, endure les derniers tourmens et la mort même, a certainement quelques principes de vertu, mais qu'il déplace. C'est aussi le jugement qu'il faut porter de ce malfaiteur qui, plutôt que d'exécuter ses compagnons, aima mieux mourir avec eux.

Nous avons vu combien il étoit difficile de dire de quelqu'un qu'il étoit un parfait athée ; il paroît maintenant qu'il ne l'est guère moins d'assurer qu'un homme est parfaitement vicieux. Il reste aux plus grands scélérats toujours quelqu'étincelle de vertu ; et un mot, des plus justes que je connoisse, c'est celui-ci : « Rien n'est aussi rare » qu'un parfaitement honnête homme, si ce n'est » peut-être un parfait scélérat : car par-tout où » il y a la moindre affection intègre, il y a, à » parler exactement, quelque germe de vertu.

Après avoir examiné ce que c'est que la vertu en elle-même, nous allons considérer comment elle s'accorde avec les différens systêmes concernant la divinité.

TROISIEME PARTIE.

PREMIÈRE SECTION.

Puisque l'essence de la vertu consiste, comme nous l'avons démontré, dans une juste disposition, dans une affection tempérée de la créature raisonnable pour les objets intellectuels et moraux de la justice, afin d'anéantir ou d'énerver en elle les principes de la vertu, il faut,

1°. Ou lui ôter le sentiment et les idées naturelles d'injustice et d'équité ;

2°. Ou lui en donner de fausses idées ;

3°. Ou soulever contre ce sentiment intérieur d'autres affections.

De l'autre côté, pour accroître et fortifier les principes de la vertu, il faut,

1°. Ou nourrir et aiguiser, pour ainsi dire, le sentiment de droiture et de justice ;

2°. Ou l'entretenir dans toute sa pureté ;

3°. Ou lui soumettre toute autre affection.

Considérons maintenant quel est celui de ces effets, que chaque hypothèse concernant la divinité doit naturellement produire, ou tout-au-moins favoriser.

PREMIER EFFET.

Priver la créature du sentiment naturel d'injustice et d'équité.

On ne nous soupçonnera pas sans-doute d'entendre par « priver la créature du sentiment na- » turel d'injustice et d'équité », effacer en elle toute notion du bien et du mal relatifs à la société. Car, qu'il y ait bien et mal, par rapport à l'espèce, c'est un point qu'on ne peut totalement obscurcir. L'intérêt public est une chose généralement avouée : et rien de mieux connu de chaque particulier, que ce qui les concerne tous en général. Ainsi, quand nous dirons qu'une créature a perdu tout sentiment de droiture et d'injustice, nous supposerons au contraire qu'elle est toujours capable de discerner le bien et le mal relatifs à son espèce ; mais qu'elle y est devenue parfaitement insensible, et que l'excellence et la bassesse des actions morales n'excitent plus en elle ni estime ni aversion : de sorte que, sans un intérêt particulier et des plus étroitement concentrés, qui vit toujours en elle et qui lui arrache quelquefois des jugemens favorables à la vertu, on pourroit dire qu'elle n'affectionne dans les mœurs ni laideur ni beauté, et que tout y est par rapport à elle d'une monstrueuse uniformité.

Une créature raisonnable, qui en offence une

autre mal à propos, sent que l'appréhension d'un traitement égal doit soulever contre elle le ressentiment et l'animosité de celles qui l'observent. Celui qui fait tort à un seul, se reconnoît intérieurement pour aussi odieux à chacun, que s'il les avoit tous offensés.

Le crime trouve donc pour ennemis tous ceux qu'il allarme; et par la raison des contraires, la vertu d'un particulier a droit à la bienveillance et aux récompenses de tout le monde. Ce sentiment n'est pas étranger aux hommes les plus méchans. Lors donc qu'on parle du sentiment naturel d'injustice et d'équité, si, par cette expression, on prétend désigner quelque chose de plus que ce que nous venons de dire; c'est sans doute cette vive antipathie pour l'injustice, et cette affection tendre pour la droiture, particulières aux profondément honnêtes gens.

Qu'une créature sensible puisse naître si dépravée, si mal constituée, que la connoissance des objets qui sont à sa portée, n'excite en elle aucune affection; qu'elle soit originellement incapable d'amour, de pitié, de reconnoissance et de toute autre passion sociale : c'est une hypothèse chimérique. Qu'une créature raisonnable, quelque tempérament qu'elle ait reçu de la nature, ait senti l'impression des objets proportionnés à ses facultés; que les images de la justice, de la générosité, de la tempérance et des autres vertus se soient gravées dans son esprit, et qu'elle n'ait éprouvé aucun penchant pour ces qualités, aucune aversion pour leurs contraires; qu'elle soit demeurée vis-à-vis de ces représentations dans une parfaite neutralité ; c'est une autre chimère. L'esprit ne se conçoit non plus sans affection pour les choses qu'il connoît, que sans la puissance de connoître; mais s'il est une fois en état de se former des idées d'action, de passion, de tempérament et de mœurs, il discernera dans ces objets laideur et beauté aussi nécessairement que l'œil apperçoit rapports et disproportions dans les figures, et que l'oreille sent harmonie et dissonance dans les sons. On pourroit soutenir, contre nous, qu'il n'y a ni charmes ni difformité réelle dans les objets intellectuels et moraux; mais on ne disconviendra jamais qu'il n'y en ait d'imaginés et dont le pouvoir est grand. Si l'on nie que la chose soit dans la nature, on avouera du moins que c'est de la nature que nous tenons l'idée qu'elle y existe : car la prévention naturelle en faveur de cette distinction de laideur et de beauté morales est si puissante; cette différence dans les objets intellectuels et moraux préoccupe tellement notre esprit, qu'il faut de l'art, de violens efforts, un exercice continué et de pénibles méditations pour l'obscurcir.

Le sentiment d'injustice et d'équité nous étant aussi naturel que nos affections; cette qualité étant un des premiers élémens de notre constitution; il n'y a point de spéculation, de croyance, de persuasion, de culte capable de l'anéantir immédiatement et directement. Déplacer ce qui nous est naturel, c'est l'ouvrage d'une longue habitude ; autre nature. Or, la distinction d'injustice et d'équité nous est originelle: appercevoir dans les êtres intellectuels et moraux laideur et beauté, c'est une opération aussi naturelle et peut-être antérieure dans notre esprit à l'opération semblable sur les êtres organisés. Il n'y a donc qu'un exercice contraire qui puisse la troubler pour toujours ou la suspendre pour un temps.

Nous savons tous que, si, par défaut de conformation, par accident ou par habitude, on prend une contenance désagréable, on contracte un tic ridicule, on affecte quelque geste choquant ; toute l'attention, tous les soins, toutes les précautions qu'un desir sincère de s'en défaire peut suggérer, suffisent à-peine pour en venir à-bout. La nature est bien autrement opiniâtre. Elle s'afflige et s'irrite sous le joug, toujours prête à le secouer : c'est un travail sans fin que de la maîtriser. L'indocilité de l'esprit est prodigieuse, sur-tout quand il est question des sentimens naturels et de ces idées anticipées, telles que la distinction de la droiture et de l'injustice. On a beau les combattre et se tourmenter ; ce sont des hôtes intraitables, contre lesquels il faut recourir aux grands expédiens, aux dernières violences. La plus extravagante superstition,

C *

l'opinion nationale la plus absurde, ne les exclurent jamais parfaitement.

Comme le déisme, le théisme, l'athéisme, et même le démonisme, n'ont aucune action immédiate et directe, relativement à la distinction morale de la droiture et de l'injustice; comme tout culte, soit impie, soit religieux, n'opère sur cette idée naturelle et première que par l'intervention et la révolte des autres affections, nous ne parlerons de l'effet de ces hypothèses que dans la troisième section, où nous examinerons l'accord ou l'opposition des affections avec le sentiment naturel par lequel nous distinguons la droiture de l'injustice.

SECTION SECONDE.

SECOND EFFET.

Dépraver le sentiment naturel de la droiture et de l'injustice.

Cet effet ne peut être que le fruit de la coutume et de l'éducation, dont les forces se réunissent quelquefois contre celles de la nature, comme on peut le remarquer dans ces contrées où l'usage et la politique encouragent par des applaudissemens, et consacrent par des marques d'honneur, des actions naturellement odieuses et déshonnêtes. C'est à l'aide de ces prestiges qu'un homme, se surmontant lui-même, s'imagine servir sa patrie, étendre la terreur de sa nation, travailler à sa propre gloire, et faire un acte héroïque, en mangeant, en dépit de la nature et de son estomac, la chair de son ennemi.

Mais pour en venir aux différens systêmes concernant la divinité, et à l'effet qu'ils produisent dans ce cas ;

D'abord il ne paroît pas que l'athéisme ait aucune influence diamétralement contraire à la pureté du sentiment naturel de la droiture et de l'injustice. Un malheureux, que cette hypothèse aura jeté et entretenu dans une longue habitude de crimes, peut avoir les idées de justice et d'honnêteté fort obscurcies ; mais elle ne le conduit point par elle-même à regarder comme grande et belle une action vile et déshonnête. Ce systême, moins dangereux en ceci seulement que la superstition, ne prêche point qu'il est beau de s'accoupler avec des animaux, ou de s'assouvir de la chair de son ennemi. Mais il n'y a point d'horreurs, point d'abominations qui ne puissent être embrassées comme des choses excellentes, louables et saintes, si quelque culte dépravé les ordonne (*).

―――――――

(*) Sans entrer dans un long détail sur cette matière, je citerai seulement deux exemples, qu'on lit chap. 2, sect. 9, page 29, de l'Essai Philosophique sur l'entendement humain. Il est difficile de se refuser au témoignage d'un voyageur, lorsqu'il est

Et je ne vois point en cela de prodige; car toutes les fois que, sous l'autorité prétendue ou le bon plaisir des dieux, la superstition exige quelque action détestable; si, malgré le voile sacré dont on l'enveloppe, le fidèle en pénètre l'énormité, de

---

scellé de l'autorité d'un écrivain tel que Locke. Les Topinambous ne connoissent pas de meilleurs moyens pour aller en paradis, que de se venger cruellement de leurs ennemis, et d'en manger le plus qu'ils peuvent. Ceux que les Turcs canonisent et mettent au nombre des saints, mènent une vie qu'on ne peut rapporter sans blesser la pudeur. Il y a, sur ce sujet, un endroit fort remarquable dans le voyage de Baum-Garten. Comme ce livre est assez rare, je transcrirai ici le passage tout au long, dans la même langue qu'il a été publié. *Ibi (scil. prope Belbes in Ægypto) vidimus sanctum unum Saracenicum inter arenarum cumulos, ita ut ex utero matris prodiit, nudum sedentem. Mos est, ut didicimus, Mahometistis, ut eos, qui amentes et sine ratione sunt, pro sanctis colant et venerentur. Insuper et eos, qui, cum diù vitam egerint inquinatissimam, voluntariam demum pœnitentiam et paupertatem, sanctitate venerandos deputant. Ejusmodi verò genus hominum libertatem quamdam effrœnem habent, domos quas volunt intrandi, edendi, bibendi, et quo majus est concumbendi : ex quo concubitu si proles secuta fuerit, sancta similiter habetur. His ergo hominibus dum vivunt magnos exhibent honores; mortuis verò vel templa vel monumenta exstruunt amplissima, eosque sepelire vel contingere maximæ fortunæ ducunt loco. Audivimus hæc dicta*

quel œil verra-t-il les objets de son culte (*) ? En portant aux pieds de leurs autels des offrandes que la crainte lui arrache, il les traitera dans le fond de son cœur comme des tyrans odieux et méchans : mais c'est ce que sa religion lui défend expressément de penser. « Les dieux ne se contentent pas » d'encens, lui crie-t-elle ; il faut que l'estime accompagne l'hommage ». Le voilà donc forcé d'aimer et d'admirer des êtres qui lui paroissent injustes ; de respecter leurs commandemens ; d'accomplir en aveugle les crimes qu'ils ordonnent ; et par conséquent de prendre pour saint et pour bon ce qui est en soi horrible et détestable.

Si Jupiter est le dieu qu'on adore, et si son histoire le représente d'un tempérament amoureux, et se livrant sans pudeur à toute l'étendue de ses desirs ; il est constant qu'en prenant ce récit à la lettre, son adorateur doit regarder l'impudicité

---

et dicenda per interpretem à Mureclo nostro. Insuper sanctum illum, quem eo loci vidimus, publicitùs apprimè commendari, eum esse hominem sanctum, divinum ac integritate præcipuum, eo quod nec fœminarum unquàm esset nec puerorum, sed tantummodò asellarum concubitor atque mularum On peut voir encore, au sujet de cette espèce de saints, si fort respectés par les Turcs, ce qu'en a dit Pietro della Valle, dans une lettre du 25 Janvier 1616.

(*) Faites rougir ces Dieux qui vous ont condamnée.
RAC. *Iph.* act. 4. scèn. 4.

comme une vertu (*). Si la superstition élève sur des autels un être vindicatif, colère, rancunier, sophiste, lançant ses foudres au hasard, et punissant, quand il est offensé, d'autres que ceux qui

___

(*) Exprimer les sentimens et les mœurs d'un peuple dans sa conduite ordinaire et familière, c'est le propre de la comédie, dans Térence sur-tout. Or voici ce que ce poëte fait dire à un jeune libertin, qui se sert de l'exemple de ses dieux, pour justifier une vile métamorphose, et s'encourager à une action infâme.

..... Dùm apparatur, virgo in conclavi sedet.
Suspectans tabulam quandam pictam ; ubi inerat pictura hæc ; Jovem
Quo pacto Danaæ misisse, aiunt, quondam in gremium imbrem aureum.
Egomet quoque id spectare cœpi, et quia consimilem luserat
Jam olim ille ludum, impendio magis animus gaudebat mihi,
Deum sese in hominem convertisse, atque per alienas tegulas
Venisse clanculum per impluvium, fucum factum mulieri.
At quem deum ! qui templa cœli summa sonitu concutit ;
Ego homuncio hoc non facerem ? ego vero illud feci, ac lubens.

TERENT. *Eun. act. 3. scen. 5.*

Et Pétrone, l'auteur de son temps qui connoissoit le mieux les hommes, et qui en a peint le plus vivement les mœurs, a dit : *Ne bonam quidem mentem aut bonam valetudinem petunt : sed statim, antequam limen Capitolii tangunt, alius donum promittit, si propinquum divitem extulerit ; alius, si ad trecenties H. S. salvus pervenerit. Ipse senatus, recti bonique præceptor, mille pondo auri Capitolio promittere solet ; et ne quis dubitet pecuniam concupiscere, Jovem quoque peculio exorat.*

lui ont fait injure; si, pour finir son caractère, il aime la supercherie; s'il encourage les hommes au parjure et à la trahison; et si, par une injuste prédilection, il comble de ses biens un petit nombre de favoris, je ne doute point qu'à l'aide des ministres et des poëtes, le peuple ne respecte incessamment toutes ces imperfections, et ne prenne d'heureuses dispositions à la vengeance, à la haine, à la fourberie, au caprice et à la partialité; car il est aisé de métamorphoser des vices grossiers en qualités éclatantes, quand on vient à les rencontrer dans un être sur lequel on ne lève les yeux qu'avec admiration.

Cependant il faut avouer que, si le culte est vide d'amour, d'estime et de cordialité; si c'est un pur cérémonial, auquel on est entraîné par la coutume et par l'exemple, par la crainte ou par la violence; l'adorateur n'est pas en grand danger d'altérer ses idées naturelles: car si, tandis qu'il satisfait aux préceptes de sa religion, qu'il s'occupe à se concilier les faveurs de sa divinité, en obéissant à ses ordres prétendus, c'est l'effroi qui le détermine; s'il consomme à regret un sacrifice qu'il déteste au fond de son ame, comme une action barbare et dénaturée, ce n'est pas à son dieu, dont il entrevoit la méchanceté, qu'il rend hommage, c'est proprement à l'équité naturelle dont il respecte le sentiment dans l'instant même de l'infraction. Tel est, dans le vrai, son état, quelque réservé qu'il puisse être à prononcer entre son cœur et sa religion, et à former un système raisonné sur la contradiction de ses idées avec les préceptes de sa loi. Mais persévérant dans sa crédulité, et répétant ses pieux exercices, se familiarise-t-il à la longue avec la méchanceté, la tyrannie, la rancune, la partialité, la bizarrerie de son dieu ? Il se réconciliera proportionnellement avec les qualités qu'il abhorroit en lui ; et telle sera la force de cet exemple, qu'il en viendra jusqu'à regarder les actions les plus cruelles et les plus barbares, je ne dis pas comme bonnes et justes, mais comme grandes, nobles, divines, et dignes d'être imitées.

Celui qui admet un dieu vrai, juste et bon, suppose une droiture et une injustice, un vrai et un faux, une bonté et une malice, indépendans de cet Etre suprême, et par lesquels il juge qu'un Dieu doit être vrai, juste et bon ; car si ses décrets, ses actions, ou ses loix, constituoient la bonté, la justice et la vérité, assurer de Dieu qu'il est vrai, juste et bon, ce seroit ne rien dire : puisque, si cet être affirmoit les deux parties d'une proposition contradictoire, elles seroient vraies l'une et l'autre ; si, sans raison, il condamnoit une créature à souffrir pour le crime d'autrui ; ou s'il destinoit, sans sujet et sans distinction, les uns à la peine et les autres aux plaisirs, tous ces jugemens seroient équitables. En conséquence d'une telle supposition, assurer qu'une chose est vraie ou fausse, juste ou inique, bonne ou mauvaise, c'est dire des mots, et parler sans s'entendre.

D'où je conclus que, rendre un culte sincère et réel à quelque Etre suprême qu'on connoît pour injuste et méchant, c'est s'exposer à perdre tout sentiment d'équité, toute idée de justice, et toute notion de vérité. Le zèle doit, à la longue, supplanter la probité dans celui qui professe de bonne foi une religion dont les préceptes sont opposés aux principes fondamentaux de la morale.

Si la méchanceté reconnue d'un Etre suprême influe sur ses adorateurs; si elle déprave les affections, confond les idées de vérité, de justice, de bonté, et sappe la distinction naturelle de la droiture et de l'injustice : rien au contraire n'est plus propre à modérer les passions, à rectifier les idées, et à fortifier l'amour de la justice et de la vérité, que la croyance d'un Dieu que son histoire représente en toute occasion comme un modèle de véracité, de justice et de bonté. La persuasion d'une providence divine qui s'étend à tout, et dont l'univers entier ressent constamment les effets, est un puissant aiguillon pour nous engager à suivre les mêmes principes dans les bornes étroites de notre sphère. Mais si, dans notre conduite, nous ne perdons jamais de vue les intérêts généraux de notre espèce; si le bien public est notre boussole; il est impossible que nous errions jamais, dans les jugemens que nous porterons de la droiture et de l'injustice.

Philos. mor. D

Ainsi, quant au second effet, la religion produira beaucoup de mal ou beaucoup de bien, selon qu'elle sera bonne ou mauvaise. Il n'en est pas de même de l'athéisme : il peut, à-la-vérité, occasionner la confusion des idées d'injustice et d'équité; mais ce n'est pas en qualité pure et simple d'athéisme; c'est un mal réservé aux cultes dépravés, et à toutes ces opinions fantasques concernant la Divinité; monstrueuse famille, qui tire son origine de la superstition, et que la crédulité perpétue.

SECTION TROISIÈME.

TROISIÈME EFFET.

Révolter les affections contre le sentiment naturel de droiture et d'injustice.

Il est évident que les principes d'intégrité seront des règles de conduite pour la créature qui les possède, s'ils ne trouvent aucune opposition de la part de quelque penchant entièrement tourné à son intérêt particulier, ou de ces passions brusques et violentes, qui, subjuguant tout sentiment d'équité, éclipsent même en elle les idées de son bien privé, et la jettent hors de ces voies familières qui la conduisent au bonheur.

Notre dessein n'est pas d'examiner ici par quel moyen ce désordre s'introduit et s'accroît; mais de considérer seulement quelles influences favorables ou contraires il reçoit des sentimens divers concernant la Divinité.

Qu'il soit possible qu'une créature ait été frappée de la laideur et de la beauté des objets intellectuels et moraux ; et conséquemment que la distinction de la droiture et de l'injustice lui soit familière long-temps avant que d'avoir eu des notions claires et distinctes de la Divinité, c'est une chose presque indubitable (*). En effet conçoit-on qu'un

---

(*) Qu'une société d'hommes n'ait eu ni dieux, ni autels, ni même de nom dans sa langue, pour désigner un Être suprême ; qu'un peuple entier ait croupi dans l'athéisme, long-temps après avoir été policé ; c'est ce qui est arrivé. « La réalité de l'a-
» théisme spéculatif (dit M. l'abbé de la Chambre,
» dans son Traité de la véritable religion, tom. I,
» page 7). n'est ni moins certaine, ni moins incon-
» testable. Combien y a-t-il encore de peuples sur la
» terre, qui n'ont aucune idée d'une divinité souve-
» raine, soit parce qu'ils sont stupides et incapables de
» tout raisonnement, soit parce qu'ils n'ont jamais
» pensé à réfléchir sur ce point »? C'est ce qui est arrivé, dis-je, et ce qui ne doit pas extrêmement surprendre. Les miracles de la nature sont exposés à nos yeux, long-temps avant que nous ayons assez de raison pour en être éclairés. Si nous arrivions dans ce monde avec cette raison que nous portâmes dans la salle de l'Opéra, la première fois que nous y entrâmes ; et si la toile se levoit brusquement, frappés de la grandeur, de la magnificence et du jeu des décorations, nous n'aurions pas la force de nous refuser à la connoissance de l'ouvrier éternel qui a préparé le spectacle : mais

être tel que l'homme, en qui la faculté de penser et de réfléchir s'étend par dégrés insensibles et lents, soit, moralement parlant, assez exercé, au sortir du berceau, pour sentir la justesse et la liaison de ces spéculations déliées, et de ces raisonnemens subtils et métaphysiques sur l'existence d'un Dieu?

Mais supposons qu'une créature incapable de penser et de réfléchir ait toute-fois de bonnes qualités et quelques affections droites, qu'elle aime son espèce, qu'elle soit courageuse, reconnoissante et miséricordieuse; il est certain que, dans le même instant que vous accorderez à cet automate la faculté de raisonner, il approuvera ces penchans honnêtes, qu'il se complaira dans ces affections sociales, qu'il y trouvera de la douceur et des char-

---

qui s'avise de s'émerveiller de ce qu'il voit depuis cinquante ans? Les uns, occupés de leurs besoins, n'ont guère eu le temps de se livrer à des spéculations métaphysiques; le lever de l'astre du jour les appeloit au travail; la plus belle nuit, la nuit la plus touchante étoit muette pour eux, ou ne leur disoit autre chose, si-non qu'il étoit l'heure du repos. Les autres, moins occupés, ou n'ont jamais eu l'occasion d'interroger la nature, ou n'ont pas eu l'esprit d'entendre sa réponse. Le génie philosophe, dont la sagacité, secouant le joug de l'habitude, s'étonna le premier des prodiges qui l'environnoient, descendit en lui-même, se demanda, et se rendit raison de tout ce qu'il voyoit, a pu se faire attendre long-temps, et mourir sans avoir accrédité ses opinions.

mes, et que les passions contraires lui paroîtront odieuses. Or, le voilà dès-lors frappé de la différence de la droiture et de l'injustice, et capable de vertu.

On peut donc supposer qu'une créature avoit des idées de droiture et d'injustice, et que la connoissance du vice et de la vertu la préoccupoit avant que de posséder des notions claires et distinctes de la Divinité. L'expérience vient encore à l'appui de cette supposition ; car, chez les peuples qui n'ont pas ombre de religion, ne remarque-t-on pas entre les hommes la même diversité de caractères que dans les contrées éclairées ? Le vice et la vertu morale ne les différencient-ils pas entre eux ? Tandis que les uns sont orgueilleux, durs et cruels, et conséquemment enclins à approuver les actes violens et tyranniques, d'autres sont naturellement affables, doux, modestes, généreux, et dès-lors amis, des affections paisibles et sociales.

Pour déterminer maintenant ce que la connoissance d'un Dieu opère sur les hommes, il faut savoir par quels motifs et sur quel fondement ils lui portent leurs hommages et se conforment à ses ordres. C'est, ou relativement à sa toute-puissance, et dans la supposition qu'ils en ont des biens à espérer et des maux à craindre ; ou relativement à son excellence, et dans la pensée qu'imiter sa conduite, c'est le dernier dégré de la perfection.

En premier lieu. Si le Dieu qu'on adore n'est qu'un être puissant sur la créature, qui ne lui porte son hommage que par le seul motif d'une crainte servile ou d'une espérance mercenaire ; si les récompenses qu'elle attend ou les châtimens qu'elle redoute la contraignent à faire le bien qu'elle hait ou à s'éloigner du mal qu'elle affectionne, nous avons démontré qu'il n'y avoit en elle ni vertu ni bonté. Cet adorateur servile, avec une conduite irréprochable devant les hommes, ne mérite non plus devant Dieu, que s'il avoit suivi sans frayeur la perversité de ses affections. Il n'y a non plus de piété, de droiture, de sainteté dans une créature ainsi réformée, que d'innocence et de sobriété dans un singe sous le fouet, que de douceur et de docilité, dans un tigre enchaîné. Car, quelles que soient les actions de ces animaux, ou de l'homme à leur place, tant que l'affection sera la même, que le cœur sera rebelle, que la crainte dominera et inclinera la volonté ; l'obéissance et tout ce que la frayeur produira, sera bas et servile. Plus prompte sera l'obéissance, plus profonde la soumission ; plus il y aura de bassesse et de lâcheté, quelque soit leur objet, que le maître soit mauvais ou bon, qu'importe, si l'esclave est toujours le même. Je dis plus : si l'esclave n'obéit que par une crainte hypocrite à un maître plein de bonté, sa nature n'en est que plus méchante, et son service que plus vil. Cette disposition habituelle décèle un attachement souverain à ses propres intérêts, et une entière dépravation dans le caractère.

En second lieu. Si le dieu d'un peuple est un être excellent, et qui soit adoré comme tel; si, faisant abstraction de sa puissance, c'est particulièrement à sa bonté que l'on rend hommage; si l'on remarque dans le caractère que ses ministres lui donnent, et dans les histoires qu'ils en racontent, une prédilection pour la vertu et une affection générale pour tous les êtres; certes, un si beau modèle ne peut manquer d'encourager au bien, et de fortifier l'amour de la justice contre les affections ennemies.

Mais un autre motif se joint encore à la force de l'exemple, pour produire ce grand effet. Un théiste parfait est fortement persuadé de la prééminence d'un Être tout-puissant, spectateur de la conduite humaine et témoin oculaire de tout ce qui se passe dans l'univers. Dans la retraite la plus obscure, dans la solitude la plus profonde, son dieu le voit; il agit donc en la présence d'un être plus respectable pour lui mille fois que l'assemblée du monde la plus auguste. Quelle honte n'auroit-il pas de commettre une action odieuse en cette compagnie! quelle satisfaction, au contraire, d'avoir pratiqué la vertu en présence de son dieu! quand même, déchiré par des langues calomnieuses, il seroit devenu l'opprobre et le rebut de la société. Le théisme favorise donc la vertu; et l'athéisme, privé d'un si grand secours, est en cela défectueux.

Considérons à-présent ce que la crainte des peines à venir et l'espoir des biens futurs occasionneroient dans la même croyance, relativement à la vertu. D'abord, il est aisé d'inférer, de ce que nous avons dit ci-devant, que cet espoir et cet effroi ne sont pas du genre des affections libérales et généreuses, ni de la nature de ces mouvemens qui complètent le mérite moral des actions. Si ces motifs ont une influence prédominante dans la conduite d'une créature, que l'amour désintéressé devroit principalement diriger; la conduite est servile, et la créature n'est pas encore vertueuse.

Ajoutez à ceci une réflexion particulière; c'est que, dans toute hypothèse de religion, où l'espoir et la crainte sont admis comme motifs principaux et premiers de nos actions, l'intérêt particulier, qui naturellement n'est en nous que trop vif, n'a rien qui le tempère et qui le restreigne, et doit par conséquent se fortifier chaque jour par l'exercice des passions, dans des matières de cette importance. Il y a donc à craindre que cette affection servile ne triomphe à la longue, et n'exerce son empire dans toutes les conjonctures de la vie; qu'une attention habituelle à un intérêt particulier ne diminue d'autant plus l'amour du bien général, que cet intérêt particulier sera grand; enfin, que le cœur et l'esprit ne viennent à se rétrécir ; défaut, à ce qu'on dit en morale, remarquable dans les *zélés* de toute religion (*).

Quoiqu'il en soit, il faut convenir que, si la vraie piété consiste à aimer Dieu par rapport à lui-même, une attention inquiète à des intérêts privés doit en quelque sorte la dégrader. Aimer Dieu seulement comme la cause de son bonheur particulier, c'est avoir pour lui l'affection du méchant pour le vil instrument de ses plaisirs : d'ailleurs, plus le dévouement à l'intérêt privé occupe de place, moins il en laisse à l'amour du bien général ou de tout autre objet digne par lui-même de notre admiration et de notre estime, tel, en un mot, que le dieu des personnes éclairées.

C'est ainsi qu'un amour excessif de la vie peut nuire à la vertu, affoiblir l'amour du bien public, et ruiner la vraie piété ; car plus cette affection sera grande, moins la créature sera capable de se résigner sincèrement aux ordres de la Divinité : et si, par hasard, l'espoir des récompenses à venir étoit, à l'exclusion de tout amour, le seul motif de sa résignation ; si cette pensée excluoit absolument en elle tout sentiment libéral et désintéressé ; ce seroit un vrai marché qui n'indiqueroit ni vertu ni mérite, et dont voici, à propre-

―――――――――

(*) Voilà ce qui constitue proprement la bigotterie; car la vraie piété, qualité presqu'essentielle à l'héroïsme, étend le cœur et l'esprit.

ment parler, la cédule : « Je résigne à Dieu ma vie et mes plaisirs présens, à condition d'en recevoir en échange une vie et des plaisirs futurs qui valent infiniment mieux ».

Quoique la violence des affections privées puisse préjudicier à la vertu, j'avouerai toute-fois qu'il y a des conjonctures dans lesquelles la crainte des châtimens et l'espoir des récompenses lui servent d'appui, toutes mercenaires qu'elles soient.

Les passions violentes, telles que la colère, la haine, la luxure et d'autres, peuvent, comme nous l'avons déjà remarqué, ébranler l'amour le plus vif du bien public, et déraciner les idées les plus profondes de vertu : mais si l'esprit n'avoit aucune digue à leur opposer, elles produiroient infailliblement ce ravage ; et le meilleur caractère se dépraveroit à la longue. La religion y pourvoit : elle crie incessamment que ces affections et toutes les actions qu'elles produisent, sont maudites et détestables aux yeux de Dieu : sa voix consterne le vice, et rassure la vertu ; le calme renaît dans l'esprit ; il apperçoit le danger qu'il a couru, et s'attache plus fortement que jamais aux principes qu'il étoit sur-le-point d'abandonner.

La crainte des peines et l'espoir des récompenses sont encore propres à raffermir celui que le partage des affections fait chanceler dans la vertu. Je dis plus : quand une fois l'esprit est imbu d'idées fausses ; et lorsque la créature, entétée d'opinions absurdes, se roidit contre le vrai, méconnoît le bon, porte son estime et donne la préférence au vice, sans la crainte des peines et l'espoir des récompenses, il n'y a plus de retour.

Imaginez un homme qui ait quelque bonté naturelle et de la droiture dans le caractère, mais né avec un tempérament lâche et mol, qui le rende incapable de faire face à l'adversité et de braver la misère ; vient-il par malheur à subir ces épreuves, le chagrin s'empare de son esprit ; tout l'afflige, il s'irrite, il s'emporte contre ce qu'il imagine être la cause de son infortune. Dans cet état, s'il s'offre à sa pensée, ou si des amis corrompus lui suggèrent que sa probité est la source de ses peines, et que, pour se réconcilier avec la fortune, il n'a qu'à rompre avec la vertu, il est certain que l'estime qu'il porte à cette qualité s'affoiblira, à mesure que le trouble et les aigreurs augmenteront dans son esprit ; et qu'elle s'éclipsera bientôt, si la considération des biens futurs, dont la vertu lui permet la jouissance en dédommagement de ceux qu'il regrette, ne le soutient contre les pensées funestes qui lui viennent, ou les mauvais avis qu'il reçoit, ne suspend la dépravation imminente de son caractère, et ne le fixe dans ses premiers principes.

Si, par de faux jugemens, on a pris quelques vices en affection, et les vertus contraires en dédain ; si, par exemple, on regarde le pardon des injures comme une bassesse, et la vengeance, comme un acte héroïque, on préviendroit peut-être les suites de cette erreur, en considérant que la douceur porte avec elle sa récompense, dans la tranquillité et les autres avantages qu'elle procure, et que la rancune détruit. C'est par cet utile artifice que la modestie, la candeur, la sobriété et d'autres vertus, quelquefois méprisées, pourroient rentrer dans l'estime, et les passions opposées dans le mépris, qui leur sont dûs, et qu'on parviendroit avec le temps à pratiquer les unes et à détester les autres, sans le moindre égard pour les plaisirs ou pour les peines qui les accompagnent.

C'est par ces raisons que rien n'est plus avantageux, dans un État, qu'une administration vertueuse et qu'une équitable distribution des punitions et des récompenses. C'est un mur d'airain contre lequel se brisent presque toujours les complots des méchans; c'est une digue qui tourne leurs efforts au bien de la société; c'est plus que tout cela; c'est un moyen sûr d'attacher les hommes à la vertu, en attachant à la vertu leur intérêt particulier; d'écarter tous les préjugés qui les en éloignent; de lui préparer dans leurs cœurs un accueil favorable, et de les mettre, par une pratique constante du bien, dans un sentier dont on ne les détourneroit pas sans peine. S'il arrivoit qu'un peuple, arraché au despotisme et à la barbarie, policé par des loix, et devenu vertueux dans le cours d'une administration équitable, retombât brusquement sous un gouvernement arbitraire, tel que celui des peuples orientaux ; sa vertu s'irritant dans les fers, il n'en sera que plus prompt à les secouer et que plus propre à les rompre. Si toute-fois la tyrannie et ses artifices viennent à prévaloir, et si ce peuple perd toute liberté, avant qu'une injuste distribution des récompenses et des châtimens lui ait ôté le sentiment de cette injure, avant que l'habitude l'ait fait à sa chaîne, les semences dispersées de sa vertu première pousseront des racines qu'on distinguera jusque dans les générations suivantes.

Mais quoique la distribution équitable des récompenses et des punitions soit dans un gouvernement une cause essentielle de la vertu d'un peuple, nous remarquerons que l'exemple plus efficace encore décide ses inclinations (*), et forme

---

(*) Tous les moralistes ne sont pas de cet avis : « Telle est, dit un d'entre eux dans son projet pour
» l'avancement de la religion, la perversité des hom-
» mes, que le seul exemple d'un prince vicieux en-
» trainera bientôt la masse générale de ses sujets, et
» que la conduite exemplaire d'un monarque ver-
» tueux n'est pas capable de les réformer, si elle n'est
» soutenue d'autres expédiens. Il faut donc que le
» souverain, en exerçant avec vigueur l'autorité que
» les loix et son sceptre lui donnent, fasse en sorte

son caractère. Si le magistrat n'est pas vertueux, la meilleure administration produira peu de chose : au contraire, les sujets aimeront et respecteront les loix, s'ils sont une fois persuadés de la vertu de celui qui les juge.

Mais, pour en revenir aux récompenses et aux châtimens, c'est moins l'attrait ou l'effroi qui fait leur avantage dans la société, que l'estime de la vertu et la haine du vice que ces expressions publiques de l'approbation ou de la censure du genre humain réveillent dans l'honnête homme et dans le scélérat. En effet, dans les exécutions, on voit assez communément que la honte du crime et l'infamie du supplice font presque toute la peine des criminels. Ce n'est pas tant la mort qui cause l'horreur du patient et des spectateurs, que la potence ou la roue qui le déclare infracteur des loix de la justice et de l'humanité.

Dans les familles, l'effet des récompenses et des châtimens est le même que dans la société. Un maître sévère, le fouet à la main, rendra sans doute son esclave ou son mercenaire attentif à ses devoirs ; mais il n'en sera pas meilleur. Ce-

---

» qu'il soit de l'intérêt de chacun de s'attacher à la » vertu, en privant les vicieux de toute espérance » d'avancement ». Il est clair que ce savant auteur donne la préférence aux avantages d'une bonne administration sur ceux d'un bon exemple.

pendant le même homme, revêtu d'un caractère plus doux, avec de foibles récompenses et des corrections légères, formera des enfans vertueux. A l'aide, tantôt de ses menaces, tantôt de ses caresses, il leur inculquera des principes qu'ils suivront bientôt sans égard pour la récompense qui les encourageoit, ou pour la verge qui les effrayoit : et c'est là ce que nous appelons une éducation honnête et libérale. Tout autre culte rendu à Dieu, tout autre service rendu à l'homme, est vil, et ne mérite aucun éloge.

Dans la religion, si les récompenses qu'elle promet sont libérales ; si le bonheur futur consiste dans la jouissance d'un plaisir vertueux, tel, par exemple, que la pratique ou la contemplation de la vertu même dans une autre vie (c'est le cas du christianisme) (*); il est évident que le de-

---

(*) On peut conclure de cette réflexion, que le christianisme a peut-être été le seul culte établi dans le monde, qui ait proposé aux hommes des récompenses à venir dignes d'eux. Le juif, content du bonheur temporel, ne connoissoit guère d'autres espérances. L'égyptien se promettoit, à force de bien vivre, de devenir un jour éléphant blanc. Le payen comptoit se promener dans les Champs-Elysées, boire le nectar, et se repaître d'ambroisie. Le mahométan, privé de vin, par sa loi, et voluptueux par tempérament, espère s'enivrer éternellement, entre des houris grises, rouges, vertes et blanches. Mais le chrétien jouira de son Dieu.

sir de cet état ne peut naître que d'un grand amour de la vertu, et conserve par conséquent toute la dignité de son origine. Car ce desir n'est point un sentiment intéressé : l'amour de la vertu n'est jamais un penchant vil et sordide; le desir de la vie par amour de la vertu ne peut donc passer pour tel. Mais si ce desir d'une autre vie naissoit de l'horreur ou de la mort ou de l'anéantissement; s'il étoit occasionné par quelque affection vicieuse, ou par un attachement à des choses étrangères à la vertu, il ne seroit plus vertueux.

Si donc une créature raisonnable, sans égard pour la vertu, aime la vie par rapport à la vie même, peut-être fera-t-elle, pour la conserver, ou par horreur de la mort, quelque action de virilité; peut-être en s'efforçant de mépriser les objets de sa crainte, tendra-t-elle à la perfection : mais cet effort n'est pas encore une vertu. Cette créature est tout au plus dans les avenues, sur la route ; après s'être embarquée par pur intérêt, la bassesse avouée du motif ne la met point au port : en un mot, elle ne sera vertueuse, que quand ses efforts feront germer en elle quelque affection pour la bonté morale considérée comme telle, et sans égard à ses intérêts.

Tels sont les avantages et les désavantages qui reviennent à la vertu, de ses liaisons avec les intérêts privés de la créature. Car quoique la multiplicité des vues intéressées soit peu propre à donner du relief aux actions, l'homme n'en sera que plus ferme dans la vertu, s'il est une fois convaincu qu'elle ne croise jamais ses vrais intérêts.

Celui donc qui, par un mûr examen et de solides réflexions, s'est assuré qu'on n'est heureux dans ce monde qu'autant qu'on est vertueux, et que le vice ne peut être que misérable, a mis sa vertu dans un abri louable et nécessaire. Sans chercher dans l'intégrité morale des commodités relatives à son état présent, à sa constitution, ou à d'autres circonstances pareilles, s'il est persuadé qu'une puissance supérieure et toujours attentive au train du monde prête un secours immédiat à l'honnête-homme contre les attentats du méchant; il ne perdra jamais rien de l'estime qu'il doit à la vertu; estime qui s'affoibliroit peut-être en lui, sans cette croyance. Mais si, peu convaincu d'une assistance actuelle de la providence, il est dans une attente ferme et constante des récompenses à venir, sa vertu trouvera le même appui dans cette hypothèse.

Remarquez cependant que, dans un système où l'on feroit sonner si haut ces récompenses infinies, les cœurs en pourroient tellement être affectés qu'ils négligeroient et peut-être oublieroient à la longue les motifs désintéressés de pratiquer la vertu. D'ailleurs cette merveilleuse attente des biens ineffables d'une autre vie doit conséquemment déprimer la valeur et rallentir la poursuite des choses passagères de celle-ci. Une créature, possédée d'un intérêt si particulier et si grand, pourroit compter le reste pour rien; et, toute occupée de son salut éternel, traiter quelquefois comme des distractions méprisables, et des affections viles, terrestres et momentanées, les douceurs de l'amitié, les loix du sang et les devoirs de l'humanité. Une imagination frappée de la sorte décriera peut-être les avantages temporels de la bonté et les récompenses naturelles de la vertu; élevera jusqu'aux nues la félicité des méchans, et déclarera, dans les accès d'un zèle inconsidéré, que « sans l'attente des biens futurs et sans la crainte » des peines éternelles, elle renonceroit à la pro- » bité pour se livrer entièrement à la débauche, » au crime et à la dépravation ». Ce qui démontre que rien en quelque façon ne seroit plus fatal à la vertu qu'une croyance incertaine et vague des récompenses et des châtimens à venir. Car si ce fondement, sur lequel on auroit appuyé tout l'édifice (*) moral, vient une fois à manquer, je

---

(*) J'ai connu un architecte, qui étaya si fortement un bâtiment qui menaçoit ruine d'un côté, qu'il en fut renversé de l'autre. Le même accident est presque arrivé en morale. On ne s'est pas contenté de relever les avantages de la vertu et de l'honnêteté; on s'est méfié de ces appuis, et on y en a

vois la vertu chanceler, rester sans appui, et prête à s'écrouler.

Quant à l'athéisme, le décri des avantages de la vertu n'est pas une conséquence directe de cette hypothèse (*). Pour être convaincu qu'il y a du profit à être vertueux, il n'est pas nécessaire de croire en Dieu. Mais le préjugé contraire une fois contracté, le mal est sans remède; et il faut convenir qu'indirectement l'athéisme y conduit.

Il est presque impossible de faire grand cas des avantages présens de la vertu, sans concevoir une haute idée de la satisfaction qui naît de l'estime et de la bienveillance du genre-humain. Mais pour connoître tout le prix de cette satis-

---

ajouté d'autres, d'une façon à culbuter l'édifice. On a tant exalté les récompenses qui l'attendoient, que les hommes ont été exposés à n'avoir pas d'autres raisons d'être vertueux. Toute-fois, si ce sentiment vient à exclure les motifs plus relevés, tout mérite semble s'anéantir dans la créature qu'il dirige.

(*) L'athéisme laisse la probité sans appui. Il fait pis, il pousse indirectement à la dépravation. Cependant Hobbes étoit bon citoyen, bon parent, bon ami, et ne croyoit point en Dieu. Les hommes ne sont pas conséquens; on offense un Dieu, dont on admet l'existence; on nie l'existence d'un Dieu, dont on a bien mérité: et s'il y avoit à s'étonner, ce ne seroit pas d'un athée qui vit bien, mais d'un chrétien qui vit mal.

faction, il faut l'avoir éprouvée. C'est donc sur la possession ravissante de l'affection généreuse des hommes, et sur la connoissance de l'énergie de ce plaisir, que sont fondés ceux qui placent le bonheur actuel dans la pratique des vertus. Mais supposer qu'il n'y a ni bonté ni charmes dans la nature ; que cet Être suprême qui nous prescrit la bienveillance pour nos semblables, par les témoignages journaliers que nous recevons de la sienne, est un être chimérique ; ce n'est pas le moyen d'aiguiser les affections sociales et d'acquérir l'amour désintéressé de la vertu. Au contraire, un tel système tend à confondre les idées de laideur et de beauté, et à supprimer ce tribut habituel d'admiration que nous rendons au dessein, aux proportions, et à l'harmonie qui règnent dans l'ordre des choses. Car, que peut offrir l'univers de grand et d'admirable à celui qui regarde l'univers même comme un modèle de désordre ? Celui, pour qui le tout, dénué de perfections, n'est qu'une vaste difformité, remarquera-t-il quelque beauté dans les parties subordonnées ?

Cependant, quoi de plus affligeant que de penser que l'on existe dans un éternel chaos ? qu'on fait partie d'une machine détraquée, dont on a mille désastres à craindre, et où l'on n'apperçoit rien de bon, rien de satisfaisant, rien qui n'excite le mépris, la haine et le dégoût ? Ces idées sombres et mélancoliques doivent influer sur le caractère, affecter les inclinations sociales, mettre de l'aigreur dans le tempérament, affoiblir l'amour de la justice, et sapper à la longue les principes de la vertu.

Il n'en est pas de même de celui qui adore un dieu ; mais un dieu qui ne soit pas vainement honoré du titre de bon, qui le soit en effet ; un dieu, dont l'histoire offre à chaque page des marques de douceur et de bonté. Un tel homme admet conséquemment des récompenses et des châtimens à venir : il est persuadé de plus que les récompenses sont destinées au mérite et à la vertu, et les châtimens au vice et à la méchanceté, sans que des qualités étrangères à celle-là, ou des circonstances imprévues puissent tromper son attente : autrement, perdant de vue les notions de châtiment et de récompense, il n'admettroit qu'une distribution capricieuse de biens et de maux ; et tout son système sur l'autre monde ne seroit dans celui-ci d'aucun avantage pour sa vertu. A l'aide de ces hypothèses, il pourroit conserver son intégrité dans les plus critiques circonstances de la vie, eût-il été jeté, par des événemens singuliers ou des raisonnemens sophistiques, dans l'opinion malheureuse qu'il faut renoncer à son bonheur, pour travailler à son salut.

Toute-fois ce préjugé contraire à la vertu me paroît incompatible avec un théisme épuré (*), quoi

---

(*) Si dès ce monde la vertu porte avec elle sa ré-

qu'il en soit de l'autre vie, ou des récompenses et des châtimens à venir; celui qui, comme un bon théiste, admet un Être souverain dans la nature, une intelligence qui gouverne tout avec sagesse et bonté, peut-il imaginer qu'elle ait attaché son malheur en ce monde à des pratiques qui lui sont ordonnées? Supposer que la vertu soit un des maux naturels de la créature, et que le vice fasse constamment son bien-être, n'est-ce pas accuser l'ordonnance de l'univers, et la constitution générale des choses, d'un défaut essentiel et d'une grossière imperfection?

Il me reste à considérer un nouvel avantage que le théisme fournit à la créature, pour être

compense, et le vice son châtiment; quel motif d'espérance pour le théiste! N'aura-t-il pas raison de croire que l'Etre suprême, qui exerce dans cette vie une justice distributive entre les bons et les méchans, n'abandonnera pas cette voie consolante dans l'autre? Ne pourra-t-il pas regarder les biens passagers dont il jouit comme des arrhes du bonheur éternel qui l'attend? Car si la vertu a des avantages actuels, toutefois il en coûte pour être vertueux: si l'état de l'honnête homme, ici-bas, n'est pas déplorable, il s'en faut bien que sa félicité soit complète : il lui reste toujours des désirs; et ces désirs, preuves incontestables de l'insuffisance de sa récompense actuelle, ne conspirent-ils pas avec la révélation qu'il est prêt d'admettre, pour l'assurer d'une vie à venir? Mais si l'on supposoit, au contraire, que l'honnête homme ne

vertueuse, à l'exclusion de l'athéisme. Le premier coup-d'œil ne sera peut-être pas favorable à la réflexion qui suit : je crains qu'on ne la prenne pour une vaine subtilité, et qu'on ne la rejette comme un raffinement de philosophie. Si toutefois elle peut avoir quelque poids, c'est à la suite de ce que nous venons de dire.

Toute créature, comme nous l'avons prouvé, a naturellement quelques dégrés de malice, qui lui viennent d'une aversion ou d'un penchant qui ne sera pas au ton de son intérêt privé ou du bien général de son espèce. Qu'un être pensant ait la mesure d'aversion nécessaire pour l'allarmer à l'approche d'une calamité, ou pour l'armer dans

---

peut être que malheureux en ce monde, et que la félicité temporelle est incompatible avec la vertu ; l'économie singulière, qui régneroit dans l'univers ne le porteroit-elle pas à se méfier de l'ordre qui régnera dans l'autre vie ? Décrier la vertu, n'est-ce donc pas prêter main-forte à l'athéisme ? Amplifier les désordres apparens dans la nature, n'est-ce pas ébranler l'existence d'un Dieu, sans fortifier la croyance d'une vie à venir ? Un fait vrai, c'est que ceux qui ont la meilleure opinion des avantages de la vertu, dans ce monde, ne sont pas les moins fermes dans l'attente de l'autre. Une proposition vraisemblable, c'est qu'il est aussi naturel aux défenseurs de la vertu d'assurer l'immortalité de l'ame, qu'ils ont raison de souhaiter, qu'aux partisans du vice de combattre ce sentiment, dont ils ont lieu de craindre la vérité.

un péril imminent ; jusques-là il n'y a rien à dire, tout est dans l'ordre. Mais si l'aversion continue après que le malheur est arrivé ; si la passion augmente lorsque le mal est fait ; si la créature furieuse du coup qu'elle a reçu, se récrie contre le sort, s'emporte et déteste sa condition, il faut avouer que cet emportement est vicieux dans sa nature et dans ses suites ; car il déprave le tempérament en le tournant à la colère, et trouble dans l'accès cette économie tranquille des affections, si convenable à la vertu. Mais avouer que cet emportement est vicieux, c'est reconnoître que, dans les mêmes conjonctures, une patience muette et une modeste fermeté seroient des vertus. Or, dans l'hypothèse de ceux qui nient l'existence d'un Être suprême, il est certain que la nécessité prétendue des causes ne doit amener aucun phénomène qui mérite leur horreur ou leur admiration. Mais comme les plus belles réflexions du monde sur le caprice du hasard ou sur le mouvement fortuit des atômes n'ont rien de consolant ; il est difficile que, dans des circonstances fâcheuses, que dans des temps durs et malheureux, l'athée n'entre en mauvaise humeur, et ne se déchaîne contre un arrangement si détestable et si malfaisant. Mais le théiste est persuadé que « quel-
» qu'effet que l'ordre qui règne dans l'univers
» ait produit, il ne peut être que bon ». Cela suffit. Le voilà prêt à regarder sans horreur les

plus affreuses calamités, et à supporter sans murmure ces évenemens qui ne semblent être faits que pour rendre à toute créature sensible et raisonnable sa condition incommode et son existence odieuse. Ce n'est pas tout. Son système peut le conduire à une réconciliation plus entière : il chérira son état actuel; car, qui l'empêche, en étendant ses idées, de sortir de son espèce, et de regarder le fléau qui l'afflige comme le bonheur d'une partie moins étroite dont il est membre, et dont il doit aimer les avantages en citoyen généreux et fidèle ?

Ce tour d'affection doit produire la plus héroïque constance qu'un homme puisse montrer dans un état de souffrance, et le résoudre, de la façon la plus généreuse, aux entreprises que l'honneur et la vertu peuvent exiger. A travers ce télescope, on apperçoit les accidens particuliers, les injustices et les méchancetés, dans un jour qui dispose à les tolérer, et à conserver dans le cours de la vie toute l'égalité possible. Ce tour d'affection et ce télescope moral sont donc vraiment excellens; et la créature qui les possède est bonne et vertueuse par excellence: car tout ce qui tend à attacher la créature à son rôle dans la société, et à l'animer d'un zèle plus qu'ordinaire pour le bien général de son espèce, est sans contredit en elle le germe d'une vertu peu commune.

Philos. mor.

Un fait constant, c'est que, par une espèce de sympathie, le sentiment et l'amour de l'harmonie, des proportions et de l'ordre, en quelque genre que ce puisse être, redresse le tempérament; fortifie les affections sociales, et soutient la vertu, qui n'est elle-même qu'un amour de l'ordre, des proportions et de l'harmonie dans les mœurs et dans la conduite. Dans les sujets les plus frivoles, l'ordre frappe et se fait approuver; mais, si c'est une fois l'ordre et la beauté de l'univers qui soient les objets de notre admiration et de notre amour, nos affections partageront la grandeur et la magnificence du sujet; et l'*élégante* sensibilité pour le beau, disposition si favorable à la vertu, nous conduira jusqu'à l'extase (*). En effet, tandis qu'un peu d'harmonie et quelques proportions remarquées dans les productions des sciences ou

---

(*) *Est enim animorum ingeniorumque naturale quoddam quasi pabulum consideratio, contemplatioque naturæ. Erigimur, elatiores fieri videmur, humana despicimus ; cogitantesque supera atque cœlestia, hæc nostra ut exigua et minima, contemnimus. Indagatio ipsa rerum tùm maximarum tùm occultissimarum habet delectationem. Si verò aliquid occurat, quod verisimile videatur, humanissimâ completur animus voluptate.* A mesure que l'univers s'étend aux yeux d'un philosophe, tout ce qui l'environne se rapetisse. La terre s'évanouit sous ses pieds. Lui-même, que devient-il? Cependant, il ressent un doux fré-

des arts, transportent d'admiration les maîtres et les connoisseurs, seroit-il possible de contempler un chef-d'œuvre divin, sans éprouver le ravissement ? Donc

Le théisme fût-il traité comme une fausse hypothèse ; l'ordre de l'univers fût-il une chimère, la belle passion pour la nature n'en seroit pas moins favorable à la vertu. Mais, s'il est raisonnable de croire en Dieu ; si la beauté de l'univers est réelle, l'admiration devient juste, naturelle et nécessaire dans toute créature reconnoissante et sensible.

Présentement, il est facile de déterminer l'analogie de la vertu à la piété. Celle-ci est proprement le complément de l'autre : où la piété manque, la fermeté, la douceur, l'égalité d'esprit, l'économie des affections et la vertu sont imparfaites.

On ne peut donc atteindre à la perfection morale, arriver au suprême dégré de la vertu, sans la connoissance du vrai Dieu.

---

missement dans cette contemplation qui l'anéantit ; après s'être vu noyé, pour ainsi dire, et perdu dans l'immensité des êtres, il éprouve une satisfaction secrète à se retrouver sous les yeux de la divinité.

LIVRE SECOND.

PARTIE PREMIÈRE.

SECTION PREMIÈRE.

Nous avons déterminé ce que c'est que la vertu morale, et quelle est la créature qu'on peut appeler moralement vertueuse. Il nous reste à chercher quels motifs et quel intérêt nous avons à mériter ce titre.

Nous avons découvert que celui-là seul mérite le nom de vertueux, dont toutes les affections, tous les penchans, en un mot toutes les dispositions d'esprit et de cœur, sont conformes au bien général de son espèce, c'est-à-dire du système de créatures dans lequel la nature l'a placé, et dont il fait partie;

Que cette économie des affections, ce juste tempérament entre les passions, cette conformité des penchans au bien général et particulier, constituoient la droiture, l'intégrité, la justice et la bonté naturelle;

Et que la corruption, le vice et la dépravation naissoient du désordre des affections, et consistoient dans un état précisément contraire au précédent.

Nous avons démontré que les affections d'une créature quelconque avoient un rapport constant et déterminé avec l'intérêt général de son espèce. C'est une vérité que nous avons fait toucher au doigt, quant aux inclinations sociales, telles que la tendresse paternelle, le penchant à la propagation, l'éducation des enfans, l'amour de la compagnie, la reconnoissance, la compassion, la conspiration mutuelle dans les dangers, et leurs semblables. De sorte qu'il faut convenir qu'il est aussi naturel à la créature de travailler au bien général de son espèce, qu'à une plante de porter son fruit; et à un organe ou à quelqu'autre partie de notre corps, de prendre l'étendue et la conformation qui conviennent à la machine entière (*);

(*) On pourroit ajouter à cela, que nous sommes chacun, dans la société, ce qu'est une partie, relativement à un tout organisé. La mesure du temps est la propriété essentielle d'une montre; le bonheur des particuliers est la fin principale de la société. Ces effets, ou ne se produiront point, ou ne se produiront qu'imparfaitement, sans une conspiration mutuelle des parties dans la montre et des membres de la société. Si quelque roue se dérange, la mesure du temps sera suspendue ou troublée : Si quelque particulier occupe une place qui n'étoit point faite pour lui, le bien général en souffrira, ou même s'anéantira;

et qu'il n'est pas plus naturel à l'estomac, de digérer ; aux poumons, de respirer ; aux glandes, de filtrer ; et aux viscères, de remplir leurs fonctions, quoique toutes ces parties puissent être troublées dans leurs opérations par des obstructions et d'autres accidens.

Mais en distribuant les affections de la créature en inclinations favorables au bien général de son espèce, et en penchans dirigés à ses intérêts particuliers, on en conclura que souvent elle se trouvera dans le cas de croiser et de contredire les unes, pour favoriser et suivre les autres ; et l'on conclura juste : car, comment, sans cela, l'espèce pourroit-elle se perpétuer ? Que signifieroit cette affection naturelle qui la précipite à travers les dangers, pour la défense et la conservation de ces êtres qui lui doivent déjà la naissance, et dont l'éducation lui coûtera tant de soins ?

On seroit donc tenté de croire qu'il y a une opposition absolue entre ces deux espèces d'affections ; et l'on présumeroit que, s'attacher au bien général de son espèce en écoutant les unes, c'est fermer l'oreille aux autres, et renoncer à son intérêt particulier. Car, en supposant que les soins, les dangers et les travaux, de quelque nature qu'ils soient, sont des maux dans le système

---

et la société ne sera plus que l'image d'une montre détraquée.

individuel, puisqu'il est de l'essence des affections sociales d'y porter la créature, on en inférera sur-le-champ qu'il est de son intérêt de se défaire de ces penchans.

Nous convenons que toute affection sociale, telle que la commisération, l'amitié, la reconnoissance et les autres inclinations libérales et généreuses, ne subsiste et ne s'étend qu'aux dépens des passions intéressées; que les premières nous divisent d'avec nous-mêmes, et nous ferment les yeux sur nos aises et sur notre salut particulier. Il semble donc que, pour être parfaitement à soi, et tendre à son intérêt avec toute la vigueur possible, on n'auroit rien de mieux à faire, pour son propre bonheur, que de déraciner sans ménagement toute cette suite d'affections sociales, et de traiter la bonté, la douceur, la commisération, l'affabilité et leurs semblables, comme des extravagances d'imagination ou des foiblesses de la nature.

En conséquence de ces idées singulières, il faudroit avouer que, dans chaque système de créatures, l'intérêt de l'individu est contradictoire à l'intérêt général, et que le bien de la nature, dans le particulier, est incompatible avec celui de la commune nature. Étrange constitution! dans laquelle il y auroit certainement un désordre et des bizarreries que nous n'appercevons point dans le reste de l'univers. J'aimerois* autant dire de quelque corps organisé, animal ou végétatif, que, pour assurer que chaque partie jouit d'une bonne santé, il faut absolument supposer que le tout est malade.

Mais, pour exposer toute l'absurdité de cette hypothèse, nous allons démontrer que, tandis que les hommes, s'imaginant que leur avantage présent est dans le vice, et leur mal réel dans la vertu, s'étonnent d'un désordre qu'ils supposent gratuitement dans la conduite de l'univers, la nature fait précisément le contraire de ce qu'ils imaginent; que l'intérêt particulier de la créature est inséparable de l'intérêt général de son espèce; enfin que son vrai bonheur consiste dans la vertu, et que le vice ne peut manquer de faire son malheur.

SECTION SECONDE.

Peu de gens oseroient supposer qu'une créature, en qui ils n'apperçoivent aucune affection naturelle, qui leur paroît destituée de tout sentiment social et de toute inclination communicative, jouit en elle-même de quelque satisfaction, et retire de grands avantages de sa ressemblance avec d'autres êtres. L'opinion générale, c'est qu'une pareille créature, en rompant avec le genre humain, en renonçant à la société, n'en a que moins de contentement dans la vie, et n'en peut trouver que moins de douceur dans les plaisirs des sens. Le chagrin, l'impatience et la mauvaise humeur ne seront plus en elle des momens fâcheux; c'est un état habituel, auquel tout caractère insociable ne manque pas de se fixer. C'est alors qu'une foule d'idées tristes s'emparent de l'esprit, et que le cœur est en proie à mille inclinations perverses, qui l'agitent et le déchirent sans relâche : c'est alors que, des noirceurs de la mélancolie et des aigreurs de l'inquiétude, naissent ces antipathies cruelles par qui la créature, mécontente d'elle-même, se révolte contre tout le monde. Le sentiment intérieur, qui lui crie qu'un être si dépravé, incommode à quiconque l'approche, ne peut qu'être odieux à ses semblables, la remplit de soupçons et de jalousies, la tient dans les craintes et les horreurs, et la jette dans des perplexités que la fortune la mieux établie et la plus constante prospérité sont incapables de calmer.

Tels sont les symptômes de la perversité complète; et l'on est d'accord sur leur évidence. Lorsque la dépravation est totale; lorsque l'amitié, la candeur, l'équité, la confiance, la sociabilité sont anéanties; lors enfin que l'apostasie morale est consommée, tout le monde s'apperçoit et convient de la misère qui la suit. Quand le mal est à son dernier dégré, il n'y a qu'un avis. Pourquoi faut-il qu'on perde de vue les funestes influences de la dépravation dans ses dégrés inférieurs ? On s'imagine que la misère n'est pas toujours proportionnée à l'iniquité; comme si la méchanceté complète pouvoit entraîner la plus grande misère possible, sans que ses moindres dégrés partageassent ce châtiment. Parler ainsi, c'est dire qu'à-la-vérité le plus grand dommage qu'un corps puisse souffrir, c'est d'être disloqué, démembré, et mis en mille pièces; mais que la perte d'un bras ou d'une jambe, d'un œil, d'une oreille ou d'un doigt, c'est une bagatelle qui ne mérite pas qu'on y fasse attention.

L'esprit a, pour ainsi dire, ses parties; et ses parties ont leurs proportions. Les dépendances réciproques et le rapport mutuel de ces parties, l'ordre et la connexion des penchans, le mélange et la balance des affections qui forment le caractère, sont des objets faciles à saisir par celui qui ne juge pas cette anatomie intérieure, indigne de quelque attention. L'économie animale n'est ni plus exacte, ni plus réelle. Peu de gens toutefois se sont occupés à anatomiser l'ame; et c'est un art que personne ne rougit d'ignorer parfaitement (*). Tout le monde convient que le tem-

---

(*) On se pique de connoître les qualités d'un bon cheval, d'un bon chien et d'un bon oiseau. On est parfaitement instruit des affections, du tempérament, des humeurs et de la forme convenable à chacune de ces espèces. Si par hasard un chien décèle quelque défaut contraire à sa nature ; « cet animal,

pérament varie, et que ses vicissitudes peuvent être funestes ; et qui que ce soit ne se met en peine d'en chercher la cause. On sait que notre

» dit-on incontinent, est vicieux » ; et, fortement persuadé que ce vice le rend moins propre aux services qu'on en doit attendre, on met tout en œuvre pour le corriger. Il y a peu de jeunes gens qui n'entendent plus ou moins cette discipline. Suivons cet écervelé qui, pour quelqu'ordre futile et peut-être déshonnête, différé ou mal-adroitement exécuté, feroit périr un domestique sous le bâton ; suivons-le dans ses écuries : et demandons-lui pourquoi ce cheval est séparé de la société des autres ; « Il a la » jambe fine, il porte noblement sa tête, il est en » apparence plein d'ame et de feu » : Vous avez rai- » son, vous répondra-t-il ; mais il est excessivement » fougueux ; on n'en approche pas sans danger ; son » ombre l'effarouche ; une mouche lui fait prendre » le mors aux dents ; il faut que je m'en défasse ». De-là, passant à ses chiens : « Voyez-vous, ajou- » tera-t-il tout-de-suite (car vous avez touché sa » corde) ; voyez-vous cette petite chienne noire et » blanche ? elle est assez mal cöeffée ; son poil et » sa taille ne sont pas avantageux ; elle paroit man- » quer de jarret ; mais elle a l'odorat exquis ; pour » la sagacité, je ne connois pas sa pareille : et de » l'ardeur ; hélas ! elle n'en a que trop pour sa force. » Si j'avois le malheur de la perdre, je donnerois, » pour la retrouver, tous ces grands-chiens de pa- » rade, qui m'embarrassent plus qu'ils ne me servent. » Fainéans, lâches et gourmands ; mon piqueur a » pris des peines infinies pour n'en rien faire qui

constitution intellectuelle est sujette à des paralysies qui l'accablent ; et l'on n'est point curieux de connoître l'origine de ces accidens. Personne ne prend le scalpel et ne travaille à s'éclairer dans les entrailles du cadavre (*) : on en est à-

---

» vaille : ils ont tellement dégénéré (car Finaude
» leur mère étoit admirable !) qu'il faut que par la
» négligence de ces coquins à rouer à coups de barre
» (ce sont ses valets d'écurie), elle ait été couverte
» par quelque mâtin de ma basse-cour ». C'est ainsi que ceux qui ont le moins étudié la Nature dans leur espèce, distinguent à merveille, et les défauts qui lui sont étrangers, et les qualités qui lui conviennent en d'autres créatures. C'est ainsi que la bonté qui les affecte si peu en eux-mêmes et dans leurs semblables, surprend ailleurs leur hommage : tant est naturel le sentiment que nous en avons. C'est bien ici que nous aurons raison de dire avec Horace :

. *Naturam expellas furcâ, tamen usquè recurret.*

(*) Le chirurgien habile s'exerce long-temps sur les morts, avant que d'opérer sur les vivans : il s'instruit, le scalpel à la main, de la situation, de la nature et de la configuration des parties : il avoit exécuté cent fois sur le cadavre les opérations de son art, avant que de les tenter sur l'homme. C'est un exemple que nous devrions tous imiter : *te ipsum concute.* Rien n'est plus ressemblant à ce que l'anatomiste appelle *un Sujet*, que l'ame dans un état de tranquillité : il ne faut alors, pour opérer

peine, dans cette matière, aux idées de parties et de tout. On ignore entièrement l'effet que doivent produire une affection réprimée, un mauvais penchant négligé, ou quelque bonne inclination relâchée. Comment une seule action a-t-elle occasionné dans l'esprit une révolution capable de le priver de tout plaisir ? C'est ce qu'on voit arriver ; c'est ce qu'on ne comprend pas ; et, dans l'indifférence de s'en instruire, on est tout prêt à supposer qu'un homme peut violer sa foi, s'abandonner à des crimes qui ne lui sont point familiers, et se plonger dans les vices, sans porter le trouble dans son ame, et sans s'exposer à des suites fatales à son bonheur.

On dit tous les jours : « Un tel a fait une bas-
» sesse ; mais en est-il moins heureux » ? Cependant, en parlant de ces hommes sombres et farouches, on dit encore : « Cet homme est son propre
» bourreau ». Une autre fois on conviendra « qu'il
» y a des passions, des humeurs, tel tempérament

---

sur elle, ni la même adresse ni le même courage que quand les passions l'échauffent et l'animent. On peut sonder ses blessures et parcourir ses replis, sans l'entendre se plaindre, gémir, soupirer : au contraire, dans le tumulte des passions, c'est un malade pusillanime et sensible, que le moindre appareil effraie ; c'est un patient intraitable qu'on ne peut résoudre. Dans cet état, quel espoir de guérison, sur-tout si le médecin est un ignorant !

» capable d'empoisonner la condition la plus douce,
» et de rendre la créature malheureuse dans le
» sein de la prospérité ». Tous ces raisonnemens
contradictoires ne prouvent-ils pas suffisamment
que nous n'avons pas l'habitude de traiter des sujets
moraux, et que nos idées sont encore bien confuses
sur cette matière ?

Si la constitution de l'esprit nous paroissoit telle
qu'elle est en effet ; si nous étions bien convaincus
qu'il est impossible d'étouffer une affection raisonnable ou de nourrir un penchant vicieux, sans attirer sur nous une portion de cette misère extrême
dont nous convenons que la dépravation complète
est toujours accompagnée, ne reconnoîtrions-nous
pas en-même-temps que, toute action injuste portant le désordre dans le tempérament ou augmentant celui qui y règne déjà, quiconque fait mal ou
préjudicie à sa bonté, est plus fou, est plus cruel à
lui-même que celui qui, sans égard pour sa santé,
se nourriroit de mets empoisonnés, ou qui, se déchirant le corps de ses propres mains, se plairoit à
se couvrir de blessures ?

SECTION TROISIÈME.

Nous avons fait voir que, dans l'animal, toute
action, qui ne part point de ses affections naturelles
ou de ses passions, n'est point une action de l'animal. Ainsi, dans ces accès convulsifs où la créature
se frappe elle-même et s'élance sur ceux qui la se-

courent, c'est une horloge détraquée qui sonne mal-à-propos; c'est la machine qui agit, et non l'animal.

Toute action de l'animal, considéré comme animal, part d'une affection, d'un penchant, ou d'une passion qui le meut; telles que seroient, par exemple, l'amour, la crainte, ou la haine.

Des affections foibles ne peuvent l'emporter sur des affections plus puissantes qu'elles; et l'animal suit nécessairement (*) dans l'action le parti le plus fort. Si les affections inégalement partagées forment en nombre ou en essence un côté supérieur à l'autre, c'est de celui-là que l'animal inclinera. Voilà le balancier qui le met en mouvement et qui le gouverne.

Les affections, qui déterminent l'animal dans ses actions, sont de l'une ou de l'autre de ces trois espèces :

Ou des affections naturelles et dirigées au bien général de son espèce;

Ou des affections naturelles et dirigées à son intérêt particulier;

Ou des affections qui ne tendent ni au bien général de son espèce, ni à ses intérêts particuliers, qui même sont opposées à son bien privé, et que par cette raison nous appellerons affections dénaturées : selon l'espèce et le degré de ses affections,

---

(*) Remarquez qu'il ne s'agit que de l'animal.

la créature qu'elles dirigent est bien ou mal constituée, bonne ou mauvaise.

Il est évident que la dernière espèce d'affections est toute vicieuse. Quant aux deux autres, elles peuvent être bonnes ou mauvaises, selon leur dégré. Elles maîtrisent toujours la créature purement sensible; mais la créature sensible et raisonnable peut toujours les maîtriser, quelque puissantes qu'elles soient.

Peut-être trouvera-t-on étrange que des affections sociales puissent être trop fortes, et des affections intéressées, trop foibles. Mais, pour dissiper ce scrupule, on n'a qu'à se rappeler (ce que nous avons dit plus haut) que, dans des circonstances particulières, les affections sociales deviennent quelquefois excessives, et se portent à un point qui les rend vicieuses. Lors, par exemple, que la commisération est si vive qu'elle manque son but, en supprimant par son excès les secours qu'on a droit d'en attendre; lorsque la tendresse maternelle est si violente qu'elle perd la mère et, par conséquent, l'enfant avec elle. « Mais, dira-t-on, traiter de » vicieux et de dénaturé, ce qui n'est que l'éxcès » de quelqu'affection naturelle et généreuse, n'y » auroit-il pas en cela un rigorisme mal entendu »? Pour toute réponse à cette objection, je remarquerai que la meilleure affection dans sa nature suffit, par son *intensité*, pour endommager toutes ses compagnes, pour restreindre leur énergie et ralentir ou suspendre leurs opérations. En accordant trop à l'une, la créature est contrainte de donner trop peu à d'autres de la même classe, et qui ne sont ni moins naturelles ni moins utiles. Voilà donc l'injustice et la partialité introduites dans le caractère : conséquemment, quelques devoirs seront remplis avec négligence ; et d'autres, moins essentiels peut-être, suivis avec trop de chaleur.

On peut avouer sans crainte ces principes dans toute leur étendue, puisque la religion même, considérée comme une passion, mais de l'espèce héroïque, peut être poussée trop loin (*) et troubler, par son excès, toute l'économie des inclinations sociales. Oui, la religion, j'ose le dire, seroit trop énergique en celui qu'une contemplation immodérée des choses célestes, qu'une intempérance d'extase refroidiroit sur les offices de la vie civile et les devoirs de la société. Cependant, « si l'objet
» de la dévotion est raisonnable, et si la croyance
» est orthodoxe, quelle que soit la dévotion, pourra-
» t-on dire encore : Il est dur de la traiter de su-
» perstition ? car enfin, si la créature laisse aller
» ses affaires domestiques à l'abandon, et néglige
» les intérêts temporels de son prochain et les siens,
» c'est l'excès d'un zèle saint dans son origine ; qui

(*) Insani sapiens nomen ferat, æquus iniqui,
Ultrà quàm satis est, virtutem si petat ipsam.
HORAT. *Satyr.*

» produit ces effets ». Je réponds à cela que la vraie religion ne commande pas une abnégation totale des soins d'ici-bas : ce qu'elle exige, c'est la préférence du cœur ; elle veut qu'on rende à Dieu, aux autres et à soi-même, tout ce qu'on leur doit, sans remplir une de ces obligations, au préjudice d'une autre. Elle sait les concilier entre elles par une subordination sage et mesurée.

Mais si d'un côté les affections sociales peuvent être trop énergiques; de l'autre, les passions intéressées peuvent être trop foibles. Si, par exemple, une créature ferme les yeux sur les dangers, et méprise la vie ; si les inclinations utiles à sa défense, à son bien-être et à sa conservation, manquent de force, c'est assurément un vice en elle, relativement aux desseins et au but de la nature. Les loix, et la méthode qu'elle observe dans ses opérations, en sont des preuves authentiques. Dira-t-on que le salut de l'animal entier l'intéresse moins que celui d'un membre, d'un organe ou d'une seule de ses parties ? Non, sans-doute. Or, elle a donné, nous le voyons, à chaque membre, à chaque organe, à chaque partie, les propriétés nécessaires à sa sûreté, de sorte qu'à notre insu même, ils veillent à leur bien-être, et agissent pour leur défense. L'œil naturellement circonspect et timide se ferme de lui-même et quelquefois malgré nous : ôtez-lui sa promptitude et son indocilité ; et toute la prudence imaginable ne suffira pas à l'animal pour se conserver la vue. La foiblesse dans les affections qui concernent le bien de l'automate est donc un vice : pourquoi le même défaut dans les affections qui concernent les intérêts d'un tout plus important que le corps, je veux dire l'ame, l'esprit et le caractère, ne seroit-il pas une imperfection?

C'est en ce sens que les penchans intéressés deviennent essentiels à la vertu. Quoique la créature ne soit ni bonne, ni vertueuse, précisément parce qu'elle a ces affections : comme elles concourent au bien général de l'espèce; quand elle en est dénuée, elle ne possède pas toute la bonté dont elle est capable, et peut être regardée comme défectueuse et mauvaise dans l'ordre naturel.

C'est encore en ce sens que nous disons de quelqu'un, « qu'il est trop bon », lorsque des affections trop ardentes pour l'intérêt d'autrui l'entraînent au-delà, ou lorsque trop d'indolence pour ses vrais intérêts l'arrête en-deçà des bornes que la nature et la raison lui prescrivent.

Si l'on nous objecte qu'une façon de posséder dans les mœurs et d'observer dans la conduite les proportions morales, ce seroit d'avoir les passions sociales trop énergiques, lorsque les penchans intéressés sont excessifs; et, lorsque les inclinations intéressées sont trop foibles, d'avoir les inclinations sociales défectueuses. Car en ce cas, celui qui compteroit sa vie pour peu de chose, feroit, avec une dose légère d'affection sociale, tout ce que l'amitié la plus généreuse peut exiger ; et il n'y auroit rien de tout ce que le courage le plus héroïque inspire, qu'à l'aide d'un excès d'affection sociale ne pût exécuter la créature la plus timide.

Nous répondrons que c'est relativement à la constitution naturelle et à la destination particulière de la créature, que nous accusons quelques passions d'excès, et que nous reprochons à d'autres la foiblesse. Car, lorsqu'un penchant, dont l'objet est raisonnable, n'est utile que dans sa violence ; si ce degré, d'ailleurs, n'altère point l'économie intérieure et ne met aucune disproportion entre les autres affections, on ne pourra le condamner comme vicieux. Mais si la constitution naturelle de la créature ne permet pas au reste des affections de monter à son unisson ; si le ton des unes est aussi haut, et celui des autres plus bas, quelle que soit la nature des unes et des autres, elles pécheront par excès ou par défaut : car, puisqu'il n'y a plus entr'elles de proportion, puisque la balance qui doit les tempérer est rompue, ce désordre jettera de l'inégalité dans la pratique, et rendra la conduite vicieuse.

Mais, pour donner des idées claires et distinctes de ce que j'entends par économie des affections, je descends aux espèces de créatures qui nous sont subordonnées. Celles que la nature n'a point armées contre la violence, et qui ne sont formidables d'aucun côté, doivent être susceptibles d'une grande frayeur, et ne ressentir que peu d'animosité ; car cette dernière qualité seroit infailliblement la cause de leur perte, soit en les déterminant à la résistance, soit en retardant leur fuite. C'est à la crainte seule qu'elles peuvent avoir obligation de leur salut. Aussi la crainte tient-elle les sens en sentinelle, et les esprits en état de porter l'allarme.

En pareil cas, la frayeur habituelle et l'extrême timidité sont, conséquemment à la constitution animale de la créature, des affections aussi conformes à son intérêt particulier et au bien général de son espèce, que le ressentiment et le courage seroient préjudiciables à l'un et à l'autre. Aussi remarque-t-on que, dans un seul et même système, la nature a pris soin de diversifier ces passions proportionnellement au sexe, à l'âge et à la force des créatures. Dans le système animal, les animaux innocens se rassemblent et paissent en troupe ; mais les bêtes farouches vont communément deux à deux, vivent sans société, et comme il convient à leur voracité naturelle. Entre les premiers, le courage est toutefois en raison de la taille et des forces. Dans les occasions périlleuses, tandis que le reste du troupeau s'enfuit, le bœuf présente les cornes à l'ennemi, et montre bien qu'il sent sa vigueur. La nature, qui semble prescrire à la femelle de partager le danger, n'a pas laissé son front sans défense. Pour le daim, la biche et leurs semblables, ils ne sont ni vicieux, ni dénaturés, lorsqu'à l'approche du lion ils abandonnent leurs petits et cherchent leur salut dans leur vîtesse. Quant aux créatures capables de résistance, et à qui la nature a donné des armes offensives, depuis le cheval et le taureau jusqu'à l'abeille et au moucheron, ils entrent promptement en furie, ils fondent avec intrépidité sur tout agresseur, et défendent leurs petits au péril de leur propre vie. C'est l'animosité de ces créatures qui fait la sûreté de leur espèce. On est moins ardent à offenser, quand on sait par expérience que le lésé, quoiqu'incapable de repousser l'injure, ne la supportera pas tranquillement; mais que, pour punir l'offenseur, il s'exposera sans regret à perdre la vie. De tous les êtres vivans, l'homme est le plus formidable en ce sens. Lorsqu'il s'agira de sa propre cause ou de celle de son pays, il n'y a personne dont il ne puisse tirer une vengeance, qu'il regardera comme équitable et exemplaire; et s'il est assez intrépide pour sacrifier sa vie, il est maître de celle d'un autre, quelque bien gardé qu'il puisse être. Dans ces républiques de l'antiquité, où les peuples nés libres ont été quelquefois subjugués par l'ambition d'un citoyen, on a vu des exemples de ce courage, et des usurpateurs punis, malgré leur vigilance, des cruautés qu'ils avoient exercées; on a vu des hommes généreux tromper toutes les précautions possibles, et assurer par la mort des tyrans le salut et la liberté de leur patrie (*).

(*) J'ai cru devoir rectifier ici la pensée de M. S.

Enfin, on peut dire que les affections sont, dans la même constitution animale, ce que sont les cordes sur un instrument de musique. Les cordes ont beau garder entr'elles les proportions requises, si la tension est trop grande, l'instrument est mal monté, et son harmonie est éteinte : mais si, tandis que les unes sont au ton qui convient, les autres ne sont pas montées en proportion, la lyre ou le luth est mal accordé, et l'on n'exécutera rien qui vaille. Les différens systêmes de créatures répondent aux différentes espèces d'instrumens ; et dans le même genre d'instrumens, ainsi que dans le même systême de créatures, tous ne sont pas égaux, et ne portent pas les mêmes cordes. La tension qui convient à l'un briseroit les cordes de l'autre, et peut-être l'instrument même. Le ton qui fait sortir toute l'harmonie de celui-ci, rend sourd ou fait crier ce-

───────────────

qui nomme hardiment, et conséquemment aux préjugés de sa nation, vertu, courage, héroïsme, le meurtre d'un tyran en général. Car si ce tyran est roi par sa naissance, ou par le choix libre des peuples, il est de principe parmi nous, que, se portât-il aux plus étranges excès, c'est toujours un crime horrible que d'attenter à sa vie. La Sorbonne l'a décidé en 1626. Les premiers fidèles n'ont pas cru qu'il leur fût permis de conspirer contre leurs persécuteurs, Néron, Dèce, Dioclétien, etc. et Saint-Paul a dit expressément : *Obedite præpositis vestris etiam discolis, et subjacete eis.*

lui-là. Entre les hommes, ceux qui ont le sentiment vif et délicat, ou que les plaisirs et les peines affectent aisément, doivent, pour le maintien de cette balance intérieure, sans laquelle la créature mal disposée à remplir ses fonctions troubleroit le concert de la société, posséder les autres affections, telles que la douceur, la commisération, la tendresse et l'affabilité dans un dégré fort élevé. Ceux, au contraire, qui sont froids, et dont le tempérament est placé sur un ton plus bas, n'ont pas besoin d'un accompagnement si marqué : aussi la nature ne les a-t-elle pas destinés ou à ressentir ou à exprimer les mouvemens tendres et passionnés au même point que les précédens (*).

(*) Nous ressemblons à de vrais instrumens, dont les passions sont des cordes. Dans le fou, elles sont trop hautes ; l'instrument crie : elles sont trop basses dans le stupide ; l'instrument est sourd. Un homme sans passions est donc un instrument dont on a coupé les cordes, ou qui n'en eut jamais. C'est ce qu'on a déjà dit. Mais il y a plus. Si, quand un instrument est d'accord, vous en pincez une corde, le son qu'elle rend occasionne des frémissemens, et dans les instrumens voisins, si leurs cordes ont une tension proportionnellement harmonique avec la corde pincée ; et dans ses voisines, sur le même instrument, si elles gardent avec elle la même proportion. Image parfaite de l'affinité, des rapports et de la conspiration mutuelle de certaines affections dans le même caractère,

Il seroit curieux de parcourir les différens tons des passions, les modes divers des affections, et toutes ces mesures de sentimens qui différencient les caractères entre eux. Point de sujet susceptible de tant de charmes et de tant de difformités. Toutes les créatures qui nous environnent, conservent sans altération l'ordre et la régularité requise dans leurs affections. Jamais d'indolence dans les services qu'elles doivent à leurs petits et à leurs semblables. Lorsque notre voisinage ne les a point dépravées, la prostitution, l'intempérance et les autres excès leur sont généralement inconnus. Ces petites créatures qui vivent comme en république, les abeilles et les fourmis, suivent, dans toute la durée de leur vie, les mêmes loix, s'assujettissent au même gouvernement, et montrent dans leur conduite toujours la même harmonie. Ces affections, qui les encouragent au bien de leur espèce, ne se dépravent, ne s'affoiblissent, ne s'anéantissent jamais en elles. Avec le secours de la religion et sous l'autorité des loix, l'homme vit d'une façon moins conforme à sa nature que ne font ces insectes. Ces loix, dont le but est de l'affermir dans la pratique de la justice,

---

et des impressions gracieuses et du doux frémissement que les belles actions excitent dans les autres, sur-tout lorsqu'ils sont vertueux. Cette comparaison pourroit être poussée bien loin ; car le son excité est toujours analogue à celui qui l'excite.

sont souvent pour lui des sujets de révolte ; et cette religion, qui tend à le sanctifier, le rend quelquefois la plus barbare des créatures. On propose des questions, on se chicane sur des mots, on forme des distinctions, on passe aux dénominations odieuses, on proscrit de pures opinions sous des peines sévères : de-là naissent les antipathies, les haines et les séditions. On en vient aux mains ; et l'on voit à la fin la moitié de l'espèce se baigner dans le sang de l'autre moitié (1). J'oserois assurer qu'il est presqu'impossible de trouver sur la terre une société d'hommes qui se gouvernent par des principes humains (2). Est-il surprenant, après cela,

_____

(1) Les Arabes, pour décider plus souverainement que dans les écoles, si les attributs de Dieu étoient ou réellement ou virtuellement distingués, se sont livrés des batailles sanglantes *. Celles dont l'Angleterre a été quelquefois déchirée, n'avoient guère de fondement plus solide.

* Herbelot, Bibl. Orient.

(2) Qui prendra la peine de lire avec soin l'histoire du genre humain, et d'examiner d'un œil indifférent la conduite des peuples de la terre, se convaincra lui-même, qu'excepté les devoirs qui sont absolument nécessaires à la conservation de la société humaine (qui ne sont même que trop souvent violés par des sociétés entières à l'égard des autres sociétés), on ne sauroit nommer aucun principe de morale, ni imaginer aucune règle de vertu, qui dans quelque endroit du monde ne soit méprisée, ou contredite par la pratique

qu'on ait peine à trouver dans ces sociétés un homme qui soit vraiment homme, et qui vive conformément à sa nature?

---

générale de quelques sociétés entières, qui sont gouvernées par des maximes, et dirigées par des règles tout-à-fait opposées à celles de quelqu'autre société. Des nations entières, et même des plus policées, ont cru qu'il leur étoit aussi permis d'exposer leurs enfans, et de les laisser mourir de faim, que de les mettre au monde. Il y a des contrées à-présent, où l'on ensevelit les enfans tout vifs avec leurs mères, s'il arrive qu'elles meurent, dans leurs couches. On les tue, si un astrologue assure qu'ils sont nés sous une mauvaise étoile. Ailleurs, un enfant tue, ou expose son père et sa mère, lorsqu'ils sont parvenus à un certain âge. Dans un canton de l'Asie, dès qu'on désespère de la santé d'un malade, on le met dans une fosse creusée en terre; et là, exposé au vent et aux injures de l'air, on le laisse périr impitoyablement. Il est ordinaire, parmi les Mingreliens, qui font profession du christianisme, d'ensevelir leurs enfans tout vifs. Les Caraïbes les mutilent, les engraissent et les mangent. Garcilasso de la Véga rapporte que certains peuples du Pérou font des concubines de leurs prisonnières; nourrissent délicieusement les enfans qu'ils en ont, et s'en repaissent, ainsi que de la mère, lorsqu'elle devient stérile. Les usages, les religions et les gouvernemens divers qui partagent l'Europe, nous fourniroient une multitude d'actions moins barbares en apparence, mais aussi déraisonnables au fond, et peut-être plus dangereuses dans les conséquences.

Mais, après avoir expliqué ce que j'entends par des passions trop foibles ou trop fortes, et démontré que, quoique les unes et les autres passent quelquefois pour des vertus, ce sont, à proprement parler, des imperfections et des vices, je viens à ce qui constitue la malice d'une manière plus évidente et plus avouée, et je réduis la chose à trois cas :

I. Ou les affections sociales sont foibles et défectueuses ;

II. Ou les affections privées sont trop fortes ;

III. Ou les affections ne tendent ni au bien particulier de la créature, ni à l'intérêt général de son espèce.

Cette énumération est complète, et la créature ne peut être dépravée sans être comprise dans l'un ou l'autre de ces états, ou dans tous à-la-fois. Si je prouve donc que ces trois états sont contraires à ses vrais intérêts, il s'ensuivra que la vertu seule peut faire son bonheur, puisqu'elle seule suppose entre les affections tant sociales que privées une juste balance, une sage et paisible économie.

Au-reste, lorsque nous assurons que l'économie des affections sociales fait le bonheur temporel, c'est autant que la créature peut être heureuse dans ce monde. Nous ne prétendons rien prouver de contraire à l'expérience : or elle ne nous apprend que trop bien que les orages passagers, qui troublent l'homme le plus heureux, sont pour le moins aussi fréquens que les fautes légères qui échappent à l'homme le plus juste. Ajoutez à cela ces élans continuels vers l'éternité, ces mouvemens d'une ame qui sent le vide de son état actuel, mouvemens d'autant plus vifs que la ferveur est grande : d'où l'on peut conclure, sans aller plus loin, que, s'il est vrai qu'il y ait du bonheur attaché à la pratique des vertus, comme nous le démontrerons, il ne l'est pas moins que la créature ne peut jouir d'une félicité proportionnée à ses desirs, d'un bonheur qui la remplisse, d'un repos immuable, que dans le sein de la Divinité.

Voici donc ce qui nous reste à prouver :

I.

Que le principal moyen d'être bien avec soi, et par conséquent d'être heureux, c'est d'avoir les affections sociales entières et énergiques ; et que manquer de ces affections, ou les avoir défectueuses, c'est être malheureux.

II.

Que c'est un malheur que d'avoir les affections privées trop énergiques, et par conséquent audessus de la subordination que les affections sociales doivent leur imprimer.

III.

Enfin, que d'être pourvu d'affections dénaturées, ou de ces penchans qui ne tendent ni au bien particulier de la créature, ni à l'intérêt général de son espèce, c'est le comble de la misère.

PARTIE SECONDE.

SECTION PREMIÈRE.

Pour démontrer que le principal moyen d'être heureux, c'est d'avoir les affections sociales, et que manquer de ces penchans, c'est être malheureux, je demande en quoi consistent ces plaisirs et ces satisfactions qui font le bonheur de la créature. On les distingue communément en plaisirs du corps et en satisfactions de l'esprit.

On ne disconvient pas que les satisfactions de l'esprit ne soient préférables aux plaisirs du corps. En tout cas, voici comment on pourroit le prouver. Toutes les fois que l'esprit a conçu une haute opinion du mérite d'une action, qu'il est vivement frappé de son héroïsme, et que cet objet a fait toute son impression, il n'y a ni terreurs, ni promesses, ni peines, ni plaisirs du corps capables d'arrêter la créature. On voit des Indiens, des Barbares, des malfaiteurs, et quelquefois les derniers des humains, s'exposer pour l'intérêt d'une troupe, par reconnoissance, par animosité, par des principes d'honneur ou de galanterie, à des travaux incroyables, et défier la mort même; tandis que le moindre nuage d'esprit, le plus léger chagrin, un petit contre-temps, empoisonnent et anéantissent les plaisirs du corps, et cela, lorsque, placé d'ailleurs dans les circonstances les plus avantageuses, au centre de tout ce qui pouvoit exciter et entretenir l'enchantement des sens, on étoit sur-le-point de s'y abandonner. C'est en-vain qu'on essaieroit de les rappeler : tant que l'esprit sera dans la même assiette, les efforts, ou seront inutiles, ou ne produiront qu'impatience et dégoût.

Mais, si les satisfactions de l'esprit sont supérieures aux plaisirs du corps, comme on n'en peut douter il suit de-là que tout ce qui peut occasionner dans un être intelligent une succession constante de plaisirs intellectuels, importe plus à son bonheur, que ce que lui offriroit une pareille chaîne de plaisirs corporels.

Or, les satisfactions intellectuelles ou consistent dans l'exercice même des affections sociales, ou découlent de cet exercice en qualité d'effets.

Donc, l'économie des affections sociales étant la source des plaisirs intellectuels, ces affections sociales seront seules capables de procurer à la créature un bonheur constant et réel.

Pour développer maintenant comment les affections sociales font par elles-mêmes les plaisirs les plus vifs de la créature (travail superflu pour celui qui a éprouvé la condition de l'esprit sous l'empire de l'amitié, de la reconnoissance, de la bonté, de la commisération, de la générosité et des autres affections sociales), celui qui a quelques sentimens naturels, n'ignore point la douceur de ces penchans généreux : mais la différence que nous trouvons, tous tant que nous sommes, entre la solitude et la compagnie, entre la compagnie d'un indifférent et celle d'un ami; la liaison de presque tous nos plaisirs avec le commerce de nos semblables, et l'influence qu'une société présente ou imaginaire exerce sur eux, décident la question.

Sans en croire le sentiment intérieur, la supériorité des plaisirs qui naissent des affections sociales sur ceux qui viennent des sensations, se reconnoît encore à des signes extérieurs, et se manifeste au-dehors par des symptômes merveilleux: on la lit sur les visages; elle s'y peint en des caractères indicatifs d'une joie plus vive, plus complète, plus abondante que celle qui accompagne le soulagement de la faim, de la soif et des plus pressans appétits. Mais l'ascendant actuel de cette espèce d'affection sur les autres ne permet pas de douter de leur énergie. Lorsque les affections sociales se font entendre, leur voix suspend tout autre sentiment; et le reste des penchans garde le silence. L'enchantement des sens n'a rien de comparable: quiconque éprouvera successivement l'une et l'autre volupté, donnera sans balancer la préférence à la première; mais pour prononcer avec équité, il faut les avoir éprouvées dans toute leur *intensité*. L'honnête homme peut connoître toute la vivacité des plaisirs sensuels: l'usage modéré qu'il en fait, répond de la sensibilité de ses organes et de la délicatesse de son goût; mais le méchant, étranger par son état aux affections sociales, est absolument incapable de juger des plaisirs qu'elles causent.

Objecter que ces affections ne déterminent pas toujours la créature qui les possède, c'est ne rien dire; car, si la créature ne les ressent pas dans leur énergie naturelle, c'est comme si elle en étoit actuellement privée, et qu'elle l'eût toujours été. Mais en attendant la démonstration de cette proposition, nous remarquerons que moins une créature aura d'affection sociale, plus il sera surprenant qu'elle prédomine : toute-fois ce prodige n'est pas inoui. Or, si l'affection sociale telle quelle a pu, dans une occasion, surmonter la scélératesse, il reste incontestable que, fortifiée par un exercice assidu, elle auroit toujours prévalu.

Telle est la puissance et le charme de l'affection sociale, qu'elle arrache la créature à tout autre plaisir. Lorsqu'il est question des intérêts du sang, et dans cent autres occasions, cette passion maîtrise souverainement, et sa présence triomphe presque sans effort des tentations les plus séduisantes.

Ceux qui ont fait quelque progrès dans les sciences, et à qui les premiers principes des mathématiques ne sont pas inconnus, assurent que l'esprit trouve dans ces vérités, quoique purement spéculatives, une sorte de volupté supérieure à celle des sens : or, on a beau creuser la nature de ce plaisir de contemplation, on n'y découvre pas le moindre rapport avec les intérêts particuliers de la créature. Le bien de son système individuel est ici pour zéro. L'admiration et la joie qu'elle ressent, tombent sur des choses extérieures et étrangères au mathématicien; et quoique le sentiment des premiers plaisirs qu'il éprouve, et qui lui rendent habituelle l'étude de ces sciences abstraites et pénibles, puisse devenir en lui une raison d'intérêt, ces premières voluptés, ces satisfactions originelles qui l'ont déterminé à ce genre d'occupation, ne peuvent avoir d'autre cause que l'amour de la vérité, la beauté de l'ordre et le charme des proportions; et cette passion considérée dans ce point de vue, est du genre des affections naturelles : car, puisque son objet n'est point dans l'étendue du système individuel de la créature, il faut ou la traiter d'inutile, de superflue, et conséquemment d'inclination dénaturée; ou, la prenant pour ce qu'elle est, l'approuver comme une délectation raisonnable, engendrée par la contemplation des nombres, de l'harmonie, des proportions et des accords qui sont observés dans la constitution des êtres qui fixent l'ordre des choses et qui soutiennent l'univers.

Or, si ce plaisir de contemplation est si grand, que les voluptés corporelles n'ont rien qui l'égale, quel sera donc celui qui naît de l'exercice de la vertu, qui suit une action héroïque? Car c'est alors que, pour combler le bonheur de la créature, une flatteuse approbation de l'esprit se réunit à des mouvemens du cœur délicieux et presque divins. En effet, quel plus beau sujet de réflexion dans l'univers; quelle plus ravissante matière à contempler, qu'une grande, noble et vertueuse action ! Est-il quelque chose dont la connoissance intérieure et la mémoire puissent causer une satisfaction plus pure, plus douce, plus complète et plus durable ?

Dans cette passion qui rapproche les sexes, si la tendresse du cœur se mêle à l'ardeur des sens ; si l'amour de la personne accompagne celui du plaisir, quel surcroît de délectation ! aussi, quelle différence d'énergie entre le sentiment et l'appétit ! Le premier a fait entreprendre des travaux incroyables, et braver la mort même, sans autre intérêt que celui de l'objet aimé; sans aucune vue de récompense; car où seroit le fondement de cet espoir ? En ce monde ? la mort finit tout. Dans l'autre vie ? je ne connois point de législateur qui ait ouvert le ciel aux héros amoureux, et destiné des récompenses à leurs glorieux travaux.

Les satisfactions intellectuelles qui naissent des affections sociales, sont donc supérieures aux plaisirs corporels. Mais ce n'est pas tout ; elles sont encore indépendantes de la santé, de l'aisance, de la gaîté et de tous les avantages de la fortune et de la prospérité. Si, dans les périls, les craintes, les chagrins, les pertes et les infirmités, on conserve les affections sociales, le bonheur est en sûreté. Les coups qui frappent la vertu, ne détruisent point le contentement qui l'accompagne. Je dis plus : c'est une beauté qui a quelque chose de plus doux et de plus touchant dans la tristesse et dans les larmes, qu'au milieu des plaisirs. Sa mélancolie a des charmes particuliers : ce n'est que dans l'adversité qu'elle s'abandonne à ces épanchemens si tendres et si consolans. Si l'adversité n'empoisonne point ses douceurs, elle semble accroître sa force et relever son éclat. La vertu ne paroît avec toute sa splendeur que dans la tempête et sous le nuage. Les affections sociales ne montrent toute leur valeur que dans les grandes afflictions. Si ce genre de passions est adroitement remué, comme il arrive à la représentation d'une bonne tragédie, il n'y a aucun plaisir à égalité de durée qu'on puisse comparer à ce plaisir d'illusion. Celui qui sait nous intéresser au destin du mérite et de la vertu; nous attendrir sur le sort des bons, et soulever en leur faveur tout ce que nous avons d'humanité; celui-là, dis-je, nous jette dans un ravissement, et nous procure une satisfaction d'esprit et de cœur supérieure à tout ce que les sens ou les appétits causent de plaisirs. Nous conclurons de-là que l'exercice actuel des affections sociales est une source des voluptés intellectuelles.

Démontrons à-présent qu'elles dérivent encore de cet exercice, en qualité d'effets.

Nous remarquerons d'abord que le but des affections sociales relativement à l'esprit, c'est de communiquer aux autres les plaisirs qu'on ressent, de partager ceux dont ils jouissent, et de se flatter de leur estime et de leur approbation.

La satisfaction de communiquer ses plaisirs ne peut être ignorée que d'une créature affligée d'une dépravation originelle et totale. Je passe donc à la satisfaction de partager le bonheur des autres, et de le ressentir avec eux; à ces plaisirs que nous recueillons de la félicité des créatures qui nous environnent, soit par les récits que nous en entendons, soit par l'air, les gestes et les sons qui nous en instruisent, ces créatures fussent-elles d'une espèce différente, pourvu que les signes caractéristiques de leur joie soient à notre portée. Les plaisirs de participation sont si fréquens et si doux, qu'en parcourant de bonne-foi tous les quarts-d'heure amusans de la vie, on conviendra que ces plaisirs en ont rempli la plus grande et la plus délicieuse partie.

Quant au témoignage qu'on se rend à soi-même de mériter l'estime et l'amitié de ses semblables, rien ne contribue davantage à la satisfaction de l'esprit et au bonheur de ceux même à qui l'on donne le nom de voluptueux, dans la signification la plus vile. Les créatures, qui se piquent le moins de bien mériter de leur espèce, font parade dans l'occasion d'un caractère droit et moral. Elles se complaisent dans l'idée de valoir quelque chose ; idée chimérique à-la-vérité, mais qui les flatte, et qu'elles s'efforcent d'étayer en elles-mêmes, en se dérobant, à la faveur de quelques services rendus à un ou deux amis, une conduite pleine d'indignités.

Quel brigand, quel voleur de grands chemins, quel infracteur déclaré des loix de la société n'a pas un compagnon, une société de gens de son espèce, une troupe de scélérats comme lui, dont les succès le réjouissent ; à qui il fait part de ses prospérités ; qu'il traite d'amis ; et dont il épouse les intérêts comme les siens propres ? Quel homme au monde est insensible aux caresses et à la louange de ses connoissances intimes ? Toutes nos actions n'ont-elles pas quelque rapport à ce tribut ? Les applaudissemens de l'amitié n'influent-ils pas sur toute notre conduite ? n'en sommes-nous pas même jaloux pour nos vices ? n'entrent-ils pour rien dans la perspective de l'ambition, dans les fanfaronades de la vanité, dans les profusions de la somptuosité, et même dans les excès de l'amour déshonnête ? En un mot, si les plaisirs se calculoient, comme beaucoup d'autres choses, on pourroit assurer que ces deux sources, la participation au bonheur des autres et le desir de leur estime, fournissent au-moins neuf dixièmes de tout ce que nous en goûtons dans la vie : de sorte que, de la somme entière de nos joies, il en resteroit à-peine un dixième qui ne découlât point de l'affection sociale, et qui ne dépendit pas immédiatement de nos inclinations naturelles.

Mais, de peur qu'on n'attende de quelque portion d'inclination naturelle l'entier et plein effet d'une affection sincère, complète et vraiment morale; de peur qu'on ne s'imagine qu'une dose légère d'affection sociale est capable de procurer tous les avantages de la société, et d'initier profondément à la participation au bonheur des autres, nous observerons que tout penchant tronqué, que toute inclination rétrécie, se bornant sans sujet à quelque partie d'un tout qui doit intéresser, sera sans fondement réel et solide. L'amour de ses semblables, ainsi que tout autre penchant dont le bien privé de la créature n'est pas l'objet immédiat, peut être naturel ou dénaturé : s'il est dénaturé, il ne manquera pas de croiser les vrais intérêts de la société, et conséquemment d'anéantir les plaisirs qu'on en peut attendre : s'il est naturel, mais concentré, il se changera en une passion singulière, bizarre, capricieuse, et qui n'est d'aucun prix. La créature qu'il anime, n'en a ni plus de vertu ni plus de mérite. Ceux pour qui ce vent souffle, n'ont aucun gage de sa durée; il s'est élevé sans raison, il peut changer ou cesser de même. La vicissitude continuelle de ces penchans que le caprice fait éclore, et qui entraînent l'ame de l'amour à l'indifférence et de l'indifférence à l'aversion, doit la tenir dans des troubles interminables; la priver peu-à-peu du sentiment des plaisirs de l'amitié, et la conduire enfin à une haine parfaite du genre humain. Au contraire, l'affection entière (d'où l'on a fait le nom d'*intégrité*), comme elle est complète en elle-même, réfléchie dans son objet, et poussée à sa juste étendue, est constante, solide et durable. Dans ce cas, le témoignage que la créature se rend à elle-même, d'une disposition équitable pour les hommes en général, justifie ses inclinations particulières, et ne la rend que plus propre à la participation des plaisirs d'autrui ; mais dans le cas d'une affection mutilée, ce penchant sans ordre, sans fondement raisonnable et sans loi, perd sans cesse à la réflexion, la conscience le désapprouve, et le bonheur s'évanouit.

Si l'affection partielle ruine la jouissance des plaisirs de sympathie et de participation, ce n'est pas tout ; elle tarit encore la troisième source des satisfactions intellectuelles, je veux dire le témoignage qu'on se rend à soi-même de bien mériter de tous ses semblables : car d'où naîtroit ce sentiment présomptueux ? quel mérite solide peut-on se reconnoître ? quel droit a-t-on sur l'estime des autres, quand l'affection qu'on a pour eux est si mal fondée ? quelle confiance exiger, lorsque l'inclination est si capricieuse ? qui comptera sur une tendresse, qui pèche par la bâse, qui manque de principes ? sur une amitié, que la même fantaisie qui l'a bornée à quelques personnes, à une petite partie du genre humain, peut resserrer encore et exclure celui qui en jouit actuellement, comme elle en a privé une infinité d'autres qui méritoient de la partager ?

D'ailleurs, on ne doit point espérer que ceux dont la vertu ne dirige ni l'estime, ni l'affection, aient le bonheur de placer l'une et l'autre en des sujets qui les méritent. Ils auroient peine à trouver dans la multitude de ces amis de cœur dont ils se vantent, un seul homme dont ils prissent les sentimens, dont ils chérissent la confiance, sur la tendresse duquel ils osassent jurer, et en qui ils pussent se complaire sincèrement. Car on a beau repousser les soupçons, et se flatter de l'attachement de gens incapables d'en former, l'illusion qu'on se fait ne peut fournir que des plaisirs aussi frivoles qu'elle. Quel est donc, dans la société, le désavantage de ces gens à passions mutilées ? La seconde source des plaisirs intellectuels ne fournit presque rien pour eux.

L'affection entière jouit de toutes les prérogatives dont l'inclination partielle est privée : elle est constante, uniforme, toujours satisfaite d'elle-même, et toujours agréable et satisfaisante. La bienveillance et les applaudissemens des bons lui sont tout acquis ; et dans les cas désintéressés, elle obtiendra le même tribut des méchans. C'est d'elle que nous dirons, avec vérité, que la satisfaction intérieure de mériter l'amour et l'approbation de toute société, de toute créature intelligente et du principe éternel de toute intelligence, ne l'abandonne jamais. Or, ce principe une fois admis, le théisme adopté, les plaisirs qui naîtront de l'affection héroïque dont Dieu sera l'objet final, partageront son excellence, et seront grands, nobles et parfaits comme lui. Avoir les affections sociales entières, ou l'intégrité de cœur et d'esprit, c'est suivre pas à pas la nature ; c'est imiter, c'est représenter l'Être suprême sous une forme humaine ; et c'est en cela que consistent la justice, la piété, la morale, et toute la religion naturelle.

Mais, de peur qu'on ne relègue dans l'école ce raisonnement hérissé de phrases et de termes de l'art, et qu'une partie de cet Essai ne demeure sans fondement et sans fruit pour les gens du monde, essayons de démontrer les mêmes vérités, d'une façon plus familière.

Si l'on examine un peu la nature des plaisirs, soit qu'on les observe dans la retraite, dans l'étude et dans la contemplation ; soit qu'on les considère dans les réjouissances publiques, dans les parties amusantes, et d'autres divertissemens semblables, on conviendra qu'ils supposent essentiellement un tempérament libre d'inquiétude, d'aigreur et de dégoût, et un esprit tranquille, satisfait de lui-même, et capable d'envisager sa condition propre sans chagrin. Mais cette disposition de tempérament et d'esprit, si nécessaire à la jouissance des plaisirs, est une suite de l'économie des affections.

Quant au tempérament, nous savons par expérience qu'il n'y a point de fortune si brillante, de prospérité si suivie, d'état si parfait que l'inclination et les desirs ne pussent corrompre, et dont l'humeur et les caprices n'épuisassent bientôt les ressources et ne ressentissent l'insuffisance. Les appétits désordonnés sèment la vie d'épines. Les passions effrénées sont troublées dans leur cours par une infinité d'obstacles, quelquefois impossibles, mais toujours pénibles à surmonter. Les chagrins naissent sous les pas de qui vit au hasard ; il en trouve au-dedans, au-dehors, partout. Le cœur de certaines créatures ressemble à ces enfans maussades et maladifs : ils demandent sans cesse, et on a beau leur donner tout ce qu'ils demandent, ils ne finissent point de crier. C'est un fonds inépuisable de peines et de troubles, qu'un dessein pris de satisfaire à toutes les fantaisies qu'il produit. Mais sans ces inconvéniens, qui ne sont pas généraux, les lassitudes, la mésaisance, l'embarras des filtrations, l'engorgement des liqueurs, le dérangement des esprits animaux, et toutes ces incommodités accidentelles dont les corps les mieux constitués ne sont pas exempts, ne suffisent-elles pas pour engendrer la mauvaise humeur et le dégoût ? Et ces vices ne deviendront-ils pas habituels, si l'on n'écarte leur influence, ou si l'on n'arrête leur progrès dans le tempérament ? Or, l'exercice des affections sociales est l'émétique du dégoût ; c'est le seul contre-poison de la mauvaise humeur. Car nous avons remarqué que, lorsque la créature prend son parti, et se résoud à guérir de ces maladies de tempérament, elle a recours aux plaisirs de la société ; elle se prête au commerce de ses semblables, et ne trouve de soulagement à sa tristesse et à ses aigreurs, que dans les distractions et les amusemens de la compagnie.

Dans ces dispositions fâcheuses, dira-t-on peut-être, la religion est d'un puissant secours. Sans-doute ; mais quelle espèce de religion ? Si sa nature est consolante et bénigne ; si la dévotion qu'elle inspire est douce, tranquille et gaie ; c'est une affection naturelle qui ne peut être que salutaire : mais les ministres, en l'altérant, la rendent-ils sombre et farouche ; les craintes et l'effroi l'accompagnent-ils ; combat-elle la fermeté, le courage et la liberté de l'esprit ; c'est entre leurs mains un dangereux topique ; et l'on remarque à la longue, que ce précieux remède, mal-à-propos administré, est pire que le mal. La considération effrayante de l'étendue de nos devoirs ; un examen austère des mortifications qui nous sont prescrites, et la vue des gouffres ouverts pour les infracteurs de la loi, ne sont pas toujours et en tout temps, ni pour toutes sortes de personnes indistinctement, des objets propres à calmer les agitations de l'esprit (*). Le tempérament ne peut qu'empirer, et ses aigreurs fermenter et s'accroître par la noirceur de ces réflexions. Si, par avis, par crainte, ou par besoin, la victime de ces idées mélancoliques cherche quelque diversion à leur obsession ; si elle affecte le repos et la joie, qu'importe au fond ? Tant qu'elle ne se désistera point de sa pratique, son cœur sera toujours le même ; elle n'aura que changé de grimace. Le tigre est enchaîné pour un moment ; ses actions ne décèlent pas actuellement sa férocité : mais en est-il plus soumis ? Si vous brisez sa chaîne, en sera-t-il moins cruel ? Non certes. Qu'a donc opéré la religion si mal-adroitement présentée ? La créature a le même fonds de tristesse ; ses aigreurs n'en sont que plus abondantes et plus importunes, et ses plaisirs intellectuels que plus lan-

---

(*) Toute cette doctrine répond exactement à la conduite de nos directeurs éclairés, qui savent parfaitement, selon les tempéramens et les dispositions diverses des fidèles, leur présenter un Dieu vengeur ou miséricordieux. Faut-il effrayer un scélérat ? ils ouvrent sous ses pieds les gouffres infernaux. Est-il question de rassurer une ame timorée ? c'est un Dieu mourant pour son salut, qu'ils exposent à ses yeux. Une conduite opposée achemineroit l'un à l'impénitence, et l'autre à la folie.

guissans et plus rares. Le chien est donc revenu à son vomissement, mais plus maladif et plus dépravé.

Si l'on objecte qu'à-la-vérité, dans des conjonctures désespérantes, dans un délabrement d'affaires domestiques, dans un cours inaltérable d'adversités, les chagrins et la mauvaise humeur peuvent saisir et troubler le tempérament ; mais que ce désastre n'est pas à craindre dans l'aisance et la prospérité, et que les commodités journalières de la vie et les faveurs habituelles de la fortune sont une barrière assez puissante contre les attaques que le tempérament peut avoir à soutenir : nous répondrons que plus la condition d'une créature est gracieuse, tranquille et douce, plus les moindres contre-temps, les accidens les plus légers, et les plus frivoles chagrins sont impatientans, désagréables et cuisans pour elle ; que plus elle est indépendante et libre, plus il est aisé de la mécontenter, de l'offenser et de l'irriter ; et que, par conséquent, plus elle a besoin du secours des affections sociales pour se garantir de la férocité. C'est ce que l'exemple des tyrans, dont le pouvoir, fondé sur le crime, ne se soutient que par la terreur, prouve suffisamment.

Quant à la tranquillité d'esprit, voici comment on peut se convaincre qu'il n'y a que les affections sociales qui puissent procurer ce bonheur. On conviendra sans-doute qu'une créature telle, que l'homme, qui ne parvient que par un assez long exercice à la maturité d'entendement et de raison, a appuyé ou appuie actuellement sur ce qui se passe au-dedans d'elle-même; connoît son caractère; n'ignore point ses sentimens habituels; approuve ou désaprouve sa conduite; et a *jugé* ses affections. On sait encore que, si par elle-même elle étoit incapable de cette recherche critique, on ne manque pas dans la société de gens charitables, tous prêts à l'aider de leurs lumières; que les faiseurs de remontrances et les donneurs d'avis ne sont pas rares, et qu'on en trouve autant et plus qu'on en veut. D'ailleurs, les maîtres du monde, et les mignons de la fortune, ne sont pas exempts de cette inspection domestique. Toutes les impostures de la flatterie se réduisent, la plupart du temps, à leur en familiariser l'usage; et ses faux portraits, à les rappeler à ce qu'ils sont en effet. Ajoutez à cela que plus on a de vanité, et moins on se perd de vue. L'amour-propre est grand contemplateur de lui-même; mais quand une indifférence parfaite sur ce qu'on peut valoir rendroit paresseux à s'examiner, les feints égards pour autrui et les désirs inquiets et jaloux de réputation, exposeroient encore assez souvent notre conduite et notre caractère à nos réflexions. D'une ou d'autre façon, toute créature qui pense est nécessitée par sa nature à souffrir la vue d'elle-même, et à avoir à chaque instant sous ses yeux les images errantes de ses actions, de sa conduite et de son caractère. Ces objets, qui lui sont individuellement attachés, qui la suivent partout, doivent passer et repasser sans cesse dans son esprit : or, si rien n'est plus importun, plus fatigant et plus fâcheux que leur présence à celui qui manque d'affections sociales, rien n'est plus satisfaisant, plus agréable et plus doux pour celui qui les a soigneusement conservées.

Deux choses qui doivent terriblement tourmener toute créature raisonnable, c'est le sentiment intérieur d'une action injuste ou d'une conduite odieuse à ses semblables, ou le souvenir d'une action extravagante ou d'une conduite préjudiciable à ses intérêts et à son bonheur.

De ces tourmens, c'est le premier qu'on appelle, en morale ou théologie, conscience. Craindre un Dieu, ce n'est pas avoir pour cela de la conscience. Pour s'effrayer des malins esprits, des sortiléges, des enchantemens, des possessions, des conjurations et de tous les maux qu'une nature injuste, méchante et diabolique peut infliger, ce n'est pas en être plus consciencieux. Craindre un Dieu, sans être ni se sentir coupable de quelqu'action digne de blâme et de punition, c'est l'accuser d'injustice, de méchanceté, de caprice (*), et

---

(*) Cette proposition ne contredit point l'*omnis homo mendax* ; elle ne signifie autre chose que s'il

par conséquent, c'est craindre un Diable, et non pas un Dieu. La crainte de l'enfer et toutes les terreurs de l'autre monde ne marquent de la conscience que quand elles sont occasionnées, par un

---

y avoit quelqu'homme assez juste pour n'avoir aucun reproche à se faire, ses frayeurs seroient injurieuses à la Divinité. Quoi qu'il en soit, je demanderois volontiers si les inégalités dans la dévotion peuvent s'accorder avec des notions constantes de la Divinité. Si votre Dieu ne change point, pourquoi n'êtes-vous pas ferme dans la même assiette d'esprit? Je ne sais, dites-vous, s'il me pardonnera les fautes passées; et j'en fais tous les jours de nouvelles. Êtes-vous encore méchant? j'approuve vos allarmes, et je suis étonné qu'elles ne soient pas continuelles. Mais n'êtes-vous plus injuste, menteur, fourbe, avare, médisant, calomniateur? qu'avez-vous donc à craindre? Si quelqu'ami comblé de vos bienfaits vous avoit offensé, la sincérité de son retour vous laisseroit-elle des sentimens de vengeance? Point du tout. Or, celui que vous adorez est-il moins bon que vous? votre Dieu est-il rancunier? Non..... Mais je vois à votre peu de confiance, que vous n'avez pas encore une juste idée de ce qui est moralement excellent. Vous ne connoissez pas ce qui convient ou ne convient pas à un être parfait. Vous lui prêtez des défauts, dont l'honnête homme tâche de se défaire, et dont il se défait effectivement à mesure qu'il devient meilleur; et vous risquez de l'injurier, dans l'instant même où vous avez dessein de lui rendre hommage.

Philos. mor.   G

aveu intérieur des crimes que l'on a commis ; mais si la créature fait intérieurement cet aveu, à l'instant la conscience agit ; elle indique le châtiment ; et la créature s'en effraie, quoique la conscience ne le lui rende pas évident.

La conscience religieuse suppose donc la conscience naturelle et morale. La crainte de Dieu accompagne toujours celle-là ; mais elle tire toute sa force de la connoissance du mal commis et de l'injure faite à l'Être suprême, en présence duquel, sans égard pour la vénération que nous lui devons, nous avons osé le commettre. Car la honte d'avoir failli aux yeux d'un être si respectable doit travailler en nous, même en faisant abstraction des notions particulières de sa justice, de sa toute-puissance, et de la distribution future des récompenses et des châtimens.

Nous avons dit qu'aucune créature ne fait le mal méchamment et de propos délibéré, sans s'avouer intérieurement digne de châtiment ; et nous pouvons ajouter, en ce sens, que toute créature sensible a de la conscience. Ainsi le méchant doit attendre et craindre de tous ce qu'il reconnoît avoir mérité de chacun en particulier. De la frayeur de Dieu et des hommes naîtront donc les allarmes et les soupçons. Mais le terme de conscience emporte quelque chose de plus dans toute créature raisonnable ; il indique une connoissance de la laideur des actions punissables, et une honte secrète de les avoir commises.

Il n'y a peut-être pas une créature parfaitement insensible à la honte des crimes qu'elle a commis; pas une qui se reconnoisse intérieurement digne de l'opprobre et de la haine de ses semblables, sans regret et sans émotion (*); pas une qui parcoure sa turpitude d'un œil indifférent. En tout cas, si ce monstre existe, sans passion pour le bien et sans aversion pour le mal, il sera d'un côté dénué de toute affection naturelle, et par conséquent dans une indigence parfaite des plaisirs intellectuels; de l'autre, il aura tous les penchans dénaturés dont une créature peut être infectée. Manquer de conscience, ou n'avoir aucun sentiment de la difformité du vice, c'est donc être souverainement misérable; mais avoir de la conscience et pécher contre elle, c'est s'exposer, même ici-bas, comme nous l'avons démontré, aux regrets et à des peines continuelles.

Un homme qui, dans un premier mouvement, a le malheur de tuer son semblable, revient subitement à la vue de ce qu'il a fait; sa haine se change en pitié, et sa fureur se tourne contre lui-même : tel est le pouvoir de l'objet. Mais il n'est pas au bout de ses peines; il ne retrouve pas sa tranquillité en perdant de vue le cadavre;

(*) Le crime.... est le premier bourreau,
Qui dans un sein coupable enfonce le couteau.
RACIN. *Poëme sur la Relig.*

il entre ensuite en agonie ; le sang du mort coule de rechef à ses yeux ; il est transi d'horreur ; et le souvenir cruel de son action le poursuit en tout lieu. Mais, si l'on supposoit que cet assassin a vu expirer son compagnon sans frémir, et qu'aucun trouble, qu'aucun remords, qu'aucune émotion n'a suivi le coup, je dirois, ou qu'il ne reste à ce scélérat aucun sentiment de la difformité du crime ; qu'il est sans affection naturelle, et par conséquent sans paix au-dedans de lui-même et sans félicité ; ou que, s'il a quelque notion de beauté morale, c'est un assemblage capricieux d'idées monstrueuses et contradictoires ; un composé d'opinions fantasques, une ombre défigurée de la vertu ; que ce sont des préjugés extravagans qu'il prend pour le grand, l'héroïque et le beau des sentimens : or, que ne souffre point un homme dans cet état ? Le fantôme qu'il idolâtre n'a point de forme constante ; c'est un Protée d'honneur qu'il ne sait par où saisir, et dont la poursuite le jette dans une infinité de perplexités, de travaux et de dangers. Nous avons démontré que la vertu seule, digne en tout temps de notre estime et de notre approbation, peut nous procurer des satisfactions réelles. Nous avons fait voir que celui séduit par une religion absurde, ou en-force d'un usage barbare, a prosti-à des êtres qui n'ont de la par l'inconstance d'une qui, traîné par la tué son hommage.

estime si mal placée, ou par les actions horribles qu'il sera forcé de commettre, perdre tout amour de la justice, et devenir parfaitement misérable ; ou, si la conscience n'est pas encore muette, passer des soupçons aux allarmes ; marcher de trouble en trouble, et vivre en désespéré. Il est impossible qu'un enthousiaste furieux, un persécuteur plein de rage, un meurtrier, un duelliste, un voleur, un pirate, ou tout autre ennemi des affections sociales et du genre humain, suive quelques principes constans, quelques loix invariables dans la distribution qu'il fait de son estime, et dans le jugement qu'il porte des actions. Ainsi, plus il attise son zèle, plus il est entêté d'honneur ; plus il dégrade sa nature, plus son caractère est dépravé ; plus il prend d'estime et s'extasie d'admiration pour quelque pratique vicieuse et détestable, mais qu'il imagine grande, vertueuse et belle, plus il s'engage en contradictions, et plus insupportable de jour en jour lui deviendra son état. Car il est certain qu'on ne peut affoiblir une inclination naturelle, ou fortifier un penchant dénaturé, sans altérer l'économie générale des affections. Mais, la dépravation du caractère étant toujours proportionnelle à la foiblesse des affections naturelles et à l'*intensité* des penchans dénaturés, je conclus que, plus on aura de faux principes d'honneur et de religion, plus on sera mécontent de soi-même, et plus, par conséquent, on sera misérable.

Ainsi, toutes notions marquées au coin de la superstition ; tout caractère opposé à la justice et tendant à l'inhumanité, notions chéries, caractère affecté, soit par une fausse conscience, soit par un point-d'honneur mal entendu, ne feront qu'irriter cette autre conscience honnête et vraie, qui ne nous passe rien, aussi prompte à nous punir de toute action mauvaise par ses reproches, qu'à nous récompenser des actes vertueux par son approbation et ses éloges. Si celui qui, sous quelque autorité que ce soit, commet un seul crime, étoit excusable de l'avoir commis, il pourroit se plonger, en sûreté de conscience, dans des abominations, telles qu'il ne les imagine peut-être pas sans horreur, toutes les fois qu'il aura les mêmes garans de son obéissance. Voilà ce qu'un moment de réflexion ne manquera pas d'apprendre à quiconque, entraîné par l'exemple de ses semblables, ou bien effrayé par des ordres supérieurs, sera tenté de prêter sa main à des actions que son cœur désapprouvera.

Quant au souvenir du tort fait aux vrais intérêts et au bonheur présent, par une conduite extravagante et déraisonnable, c'est la seconde branche de la conscience. Le sentiment d'une difformité morale, contracté par les crimes et par les injustices, n'affoiblit ni ne suspend l'effet de cette importune réflexion ; car, quand le méchant ne rougiroit pas en lui-même de sa dépravation, il n'en reconnoîtroit pas moins que, par elle, il a mérité la haine de Dieu et des hommes. Mais une créature dépravée, n'eût-elle pas le moindre soupçon de l'existence d'un Etre suprême ; en considérant toute-fois que l'insensibilité pour le vice et pour la vertu suppose un désordre complet dans les affections naturelles; désordre que la dissimulation la plus profonde ne peut dérober, on conçoit qu'avec ce malheureux caractère, elle n'aura pas grande part dans l'estime, l'amitié et la confiance de ses semblables, et que par conséquent elle aura fait un préjudice considérable à ses intérêts temporels et à son bonheur actuel. Qu'on ne dise pas que la connoissance de ce préjudice lui échappera : elle verra tous les jours avec regret et jalousie les manières obligeantes, affectueuses, honorables, dont les honnêtes gens se comblent réciproquement. Mais puisque, par-tout où l'affection sociale est éteinte, il y a nécessairement dépravation, le trouble et les aigreurs doivent accompagner cette conscience intéressée, ou le sentiment intérieur du tort qu'une conduite folle et dépravée a porté aux vrais intérêts et à la félicité temporelle.

Par tout ce que nous avons dit, il est aisé de comprendre combien le bonheur dépend de l'économie des affections naturelles. Car, si la meilleure partie de la félicité consiste dans les plaisirs intellectuels ; et si les plaisirs intellectuels découlent de l'intégrité des affections sociales ; il est évident que quiconque jouit de cette intégrité, possède les sources de la satisfaction intérieure, satisfaction qui fait tout le bonheur de la vie.

Quant aux plaisirs du corps et des sens, c'est bien peu de chose ; c'est une foible satisfaction, si les affections sociales ne la relèvent et ne l'animent.

Bien vivre ne signifie, chez certaines gens, que bien boire et bien manger. Il me semble que c'est faire beaucoup d'honneur à ces messieurs, que de convenir avec eux, que vivre ainsi, c'est se presser de vivre ; comme si c'étoit se presser de vivre, que de prendre des précautions exactes pour ne jouir presque point de la vie. Car si notre calcul est juste, cette sorte de voluptueux glisse sur les grands plaisirs avec une rapidité qui leur permet à-peine de les effleurer.

Mais quelque piquans que soient les plaisirs de la table ; quelqu'utile que le palais soit au bonheur, et quelque profonde que soit la science des bons repas ; il est à présumer que je ne sais quelle ostentation d'élégance dans la façon d'être servi, et que la gloire d'exceller dans l'art de bien traiter son monde, font, dans les gens de plaisir, la haute idée qu'ils ont de leurs voluptés : car l'ordonnance des services, l'assortiment des mets, la richesse du buffet, et l'intelligence du cuisinier mis à part, le reste ne vaut presque pas la peine d'entrer en ligne de compte, de l'aveu même de ces épicuriens.

La débauche, qui n'est autre chose qu'un goût

trop vif pour les plaisirs des sens, emporte avec elle l'idée de société. Celui qui s'enferme pour s'enivrer, passera pour un sot, mais non pour un débauché. On traitera ses excès de crapule, mais non de libertinage. Les femmes débauchées ; je dis plus, les dernières des prostituées n'ignorent pas combien il importe à leur commerce de persuader ceux à qui elles livrent ou vendent leurs charmes, que le plaisir est réciproque, et qu'elles n'en reçoivent pas moins qu'elles n'en donnent. Sans cette imagination qui soutient, le reste seroit misérable, même pour les plus grossiers libertins.

Y a-t-il quelqu'un qui, seul et séparé de tout commerce, puisse se procurer, concevoir même quelque satisfaction durable ? Quel est le plaisir des sens capable de tenir contre les ennuis de la solitude ? Quelqu'exquis qu'on le suppose, y a-t-il homme qui ne s'en dégoûte, s'il ne peut s'en rendre la possession agréable en le communiquant à un autre ? Qu'on fasse des systèmes tant qu'on voudra ; qu'on affecte, pour l'approbation de ses semblables, tout le mépris imaginable ; que, pour assujettir la nature à des principes d'intérêt injurieux et nuisibles à la société, on se tourmente de toute sa force, ses vrais sentimens éclateront : à travers les chagrins, les troubles et les dégoûts, on dévoilera tôt ou tard les suites funestes de cette violence, le ridicule d'un pareil projet, et le châtiment qui convient à d'aussi monstrueux efforts.

Les plaisirs des sens, ainsi que les plaisirs de l'esprit, dépendent donc des affections sociales : où manquent ces inclinations, ils sont sans vigueur et sans force, et quelquefois même ils excitent l'impatience et le dégoût : ces sensations, sources fécondes de douceurs et de joie, sans eux ne rendent qu'aigreurs et que mauvaise humeur, et n'apportent que satiété et qu'indifférence. L'inconstance des appétits et la bizarrerie des goûts, si remarquables en tous ceux dont le sentiment n'assaisonne pas les plaisirs, en sont des preuves suffisantes. La communication soutient la gaîté : le partage anime l'amour. La passion la plus vive ne tarde pas à s'éteindre, si je ne sais quoi de réciproque, de généreux et de tendre, ne l'entretient : sans cet assaisonnement, la plus ravissante beauté seroit bientôt délaissée. Tout amour qui n'a de fondement que dans la jouissance de l'objet aimé, se tourne bientôt en aversion : l'effervescence des désirs commence; et la satiété, que suivent les dégoûts, achève de tourmenter ceux qui se livrent aux plaisirs avec emportement. Leurs plus grandes douceurs sont réservées pour ceux qui savent se modérer. Toutefois ils sont les premiers à convenir du vide qu'ils y trouvent. Les hommes sobres goûtent les plaisirs des sens dans toute leur excellence ; et ils sont tous d'accord que, sans une forte teinture d'affection sociale, ils ne donnent aucune satisfaction réelle.

Mais, avant que de finir cette section, nous allons remettre pour la dernière fois le penchant social dans la balance, et peser en gros les avantages de l'intégrité, et les suites fâcheuses du défaut de poids dans cette affection.

On est suffisamment instruit des soins nécessaires au bien-être de l'animal, pour savoir que, sans l'action, sans le mouvement et les exercices, le corps languit et succombe sous les humeurs qui l'oppressent ; que les nourritures ne font alors qu'augmenter son infirmité ; que les esprits qui manquent d'occupation au-dehors, se jettent sur les parties intérieures, et les consument ; enfin, que la nature devient elle-même sa propre proie, et se dévore. La santé de l'ame demande les mêmes attentions: cette partie de nous-mêmes a des exercices qui lui sont propres et nécessaires ; si vous l'en privez, elle s'appesantit et se détraque. Détournez les affections et les pensées de leurs objets naturels, elles reviendront sur l'esprit, et le rempliront de désordre et de trouble.

Dans les animaux et les autres créatures, à qui la nature n'a pas accordé la faculté de penser dans ce dégré de perfection que l'homme possède, telle a du-moins été sa prévoyance, que la quête journalière de leur vie, leurs occupations domestiques, et l'intérêt de leur espèce consument tout leur temps, et qu'en satisfaisant à ces fonctions différentes, la passion les met toujours dans une agitation proportionnée à leur constitution. Qu'on tire ces créatures de leur état laborieux et naturel, et qu'on les place dans une abondance qui satisfasse sans peine et avec profusion à tous leurs besoins ; leur tempérament ne tardera pas à se ressentir de cette luxurieuse oisiveté, et leurs facultés à se dépraver dans cette commode inaction. Si on leur accorde la nourriture à meilleur marché que la nature ne l'avoit entendu, elles rachèteront bien ce petit avantage, par la perte de leur sagacité naturelle, et de presque toutes les vertus de leur espèce.

Il n'est pas nécessaire de démontrer cet effet par des exemples. Quiconque a la moindre teinture d'histoire naturelle; quiconque n'a pas dédaigné tout-à-fait d'observer la conduite des animaux, et de s'instruire de leur façon de vivre et de conserver leur espèce, a dû remarquer, sans sortir du même système, une grande différence entre l'adresse des animaux sauvages, et celle des animaux apprivoisés. On peut dire que ceux-ci ne sont que des bêtes en comparaison de ceux-là. Ils n'ont ni la même industrie, ni le même instinct. Ces qualités seront foibles en eux, tant qu'ils resteront dans un esclavage aisé : mais leur rend-on la liberté ? rentrent-ils dans la nécessité de pourvoir à leurs besoins? ils recouvrent toutes leurs affections naturelles et, avec elles, toute la sagacité de leur espèce; ils reprennent, dans la peine, toutes les vertus qu'ils avoient oubliées dans l'aisance ; ils s'unissent entre eux plus étroitement ; ils montrent plus de tendresse pour leurs petits ; ils prévoient les saisons ; ils mettent en usage toutes les ressources que la nature leur suggère pour la conservation de leur espèce, contre l'incommodité des temps et les ruses de leurs ennemis. Enfin l'occupation et le travail les remettent dans leur bonté naturelle, et la nonchalance et les autres vices les abandonnent avec l'abondance et l'oisiveté.

Entre les hommes, l'indigence condamne les uns au travail, tandis que d'autres, dans une abondance complète, s'engraissent de la peine et de la sueur des premiers. Si ces opulens ne suppléent par quelque exercice convenable aux fatigues du corps dont ils sont dispensés par état ; si, loin de se livrer à quelque fonction honnête par elle-même et profitable à la société, telles que la littérature, les sciences, les arts, l'agriculture, l'économie domestique, ou les affaires publiques, ils regardent avec mépris toute occupation en général ; s'ils trouvent qu'il est beau de s'ensevelir dans une oisiveté profonde, et de s'assoupir dans une molesse ennemie de toute affaire, il n'est pas possible qu'à la faveur de cette nonchalance habituelle les passions n'exercent tous leurs caprices, et que dans ce sommeil des affections sociales, l'esprit qui conserve toute son activité ne produise mille monstres divers.

A quel excès la débauche n'est-elle pas portée dans ces villes qui sont depuis long-temps le siége de quelqu'empire ? Ces endroits peuplés d'une infinité de riches fainéans, et d'une multitude d'ignorans illustres, sont plongés dans le dernier débordement. Par-tout ailleurs, où les hommes assujettis au travail dès la jeunesse, se font honneur d'exercer dans un âge plus avancé des fonctions utiles à la société, il n'en est pas ainsi. Les désordres, habitans des grandes villes, des cours, des palais, de ces communautés opulentes de dervis oiseux, et de toute société dans laquelle la richesse a introduit la fainéantise, sont presque inconnus dans les provinces éloignées, dans les petites villes, dans les familles laborieuses, et chez l'espèce de peuple qui vit de son industrie.

Mais, si nous n'avons rien avancé jusqu'à-présent sur notre constitution intérieure qui ne soit dans la vérité; si l'on convient que la nature a des loix qu'elle observe avec autant d'exactitude dans l'ordonnance de nos affections que dans la production de nos membres et de nos organes; s'il est démontré que l'exercice est essentiel à la santé de l'ame, et que l'ame n'a point d'exercice plus salutaire que celui des affections sociales, on ne pourra nier que, si ces affections sont paresseuses ou léthargiques, la constitution intérieure ne doive souffrir et se déranger. On aura beau faire un art de l'indolence, de l'insensibilité et de l'indifférence ; s'envelopper dans une oisiveté systématique et raisonnée; les passions n'en auront que plus de facilité pour forcer leur prison, se mettre en pleine liberté, et semer dans l'esprit le désordre, le trouble et les inquiétudes. Privées de tout emploi naturel et honnête, elles se répandront en actions capricieuses, folles, monstrueuses et dénaturées. La balance qui tempéroit sera bientôt détruite, et l'architecture intérieure s'écroulera de fond en comble.

Ce seroit avoir des idées bien imparfaites de la méthode que la nature observe dans l'organisation des animaux, que d'imaginer qu'un aussi grand appui, qu'une colonne aussi considérable dans l'édifice intérieur que l'est l'économie des affections, peut être abattue ou ébranlée, sans entraîner l'édifice avec elle, ou le menacer d'une ruine totale.

Ceux qui seront initiés dans cette architecture morale, y remarqueront un ordre, des parties, des liaisons, des proportions et un édifice, tel qu'une passion seule trop étendue ou trop poussée affoiblit ou surcharge le reste, et tend à la ruine du tout. C'est ce qui arrive dans le cas de la phrénésie et de l'aliénation. L'esprit, trop violemment affecté d'un objet triste ou gai, succombe sous son effort; et sa chûte ne prouve que trop bien la nécessité du contrepoids et de la balance dans les affections. Ils distingueront dans les créatures différens ordres de passions, plusieurs espèces d'inclinations, et des penchans variés selon la différence des sexes, des organes et des fonctions de chacune. Ils s'appercevront que, dans chaque système, l'énergie et la diversité des causes répondent toujours exactement à la grandeur et à la diversité des effets à produire ; et que la constitution et les forces extérieures déterminent absolument l'économie intérieure des affections. De-sorte que par-tout où l'excès ou la foiblesse des affections, l'indolence ou l'impétuosité des penchans, l'absence des sentimens naturels ou la présence de quelques passions étrangères, caractériseront deux espèces rassemblées et confondues dans le même individu, il doit y avoir imperfection et désordre.

Rien de plus propre à confirmer notre systême, que la comparaison des êtres parfaits, avec ces créatures originellement imparfaites, estropiées entre les mains de la nature, et défigurées par quelqu'accident qu'elles ont essuyé dans la matrice qui les a produites. Nous appelons production monstrueuse, le mélange de deux espèces, un composé de deux sexes. Pourquoi donc celui dont la constitution intérieure est défigurée, et dont les affections sont étrangères à sa nature, ne seroit-il pas un monstre ? Un animal ordinaire nous paroît monstrueux et dénaturé, quand il a perdu son instinct ; quand il fuit ses semblables ; lorsqu'il néglige ses petits, et pervertit la destination des talens ou des organes qu'il a reçus. De quel œil devons-nous donc regarder, de quel nom appeler un homme qui manque des affections convenables à l'espèce humaine, et qui décèle un génie et un caractère contraires à la nature de l'homme ?

Mais quel malheur n'est-ce pas pour une créature destinée à la société plus particulièrement qu'aucune autre, d'être dénuée de ces penchans qui la porteroient au bien et à l'intérêt général de son espèce ? car il faut convenir qu'il n'y en a point de plus ennemie de la solitude que l'homme dans son état naturel. Il est entraîné malgré qu'il en ait à rechercher la connoissance, la familiarité et l'estime de ses semblables: telle est en lui la force de l'affection sociale, qu'il n'y a ni résolution, ni combat, ni violence, ni précepte qui le retiennent ; il faut ou céder à l'énergie de cette passion, ou tomber dans un abattement affreux et dans une mélancolie qui peut être mortelle.

L'homme insociable, ou celui qui s'exile volontairement (*) du monde, et qui, rompant tout commerce avec la société, en abjure entièrement

---

(*) Il n'est point ici question de ces pieux solitaires, que l'esprit de pénitence, la crainte des dangers du monde, ou quelqu'autre motif autorisé par les conseils de Jésus-Christ, et par les vues sages de son église, ont confinés dans les déserts. On considère dans tout le cours de cet ouvrage (comme on l'a déjà dit mille fois, quoiqu'il fût toujours aisé de s'en appercevoir) l'homme dans son état naturel, et non sous la loi de grace.

G *

les devoirs, doit être sombre, triste, chagrin, et mal constitué.

L'homme séquestré, ou celui qui est séparé des hommes et de la société, par accident ou par force, doit éprouver dans son tempérament de funestes effets de cette séparation. La tristesse et la mauvaise humeur s'engendrent par-tout où l'affection sociale est éteinte ou réprimée : mais a-t-elle occasion d'agir en pleine liberté et de se manifester dans toute son énergie, elle transporte la créature. Celui dont on a brisé les liens, qui renaît à la lumière au sortir d'un cachot où il a été long-temps détenu, n'est pas plus heureux dans les premiers momens de sa liberté. Il y a peu de personnes qui n'aient éprouvé la joie dont on est pénétré, lorsqu'après une longue retraite, une absence considérable, on ouvre son esprit, on décharge son cœur, on épanche son ame dans le sein d'un ami.

Cette passion se manifeste encore bien clairement dans les personnes qui remplissent des postes éminens ; dans les princes, dans les monarques, et dans tous ceux que leur condition met au-dessus du commerce ordinaire des hommes ; et qui, pour se conserver leurs respects, trouvent à propos de leur dérober leur personne et de laisser entre les hommages et leur trône une vaste distance. Ils ne sont (*) pas toujours les mêmes : cette affectation

---

(*) Les potentats orientaux, renfermés dans l'inse dément dans le domestique. Ces ténébreux monarques de l'Orient, ces fiers sultans, se rapprochent de ceux qui les environnent; se livrent et se communiquent: on remarque, à-la-vérité, qu'ils ne s'adressent pas ordinairement aux plus honnêtes gens; mais qu'importe à la certitude de nos propositions? il suffit que, soumis à la commune loi, ils aient besoin de confidens et d'amis. Que des gens sans aucun mérite, que des esclaves, que des hommes tronqués, que les mortels quelquefois les plus vils et les plus méprisables remplissent ces places d'honneur et soient érigés en favoris, l'énergie de l'affection sociale n'en sera que plus marquée. C'est pour des monstres que ces princes sont hommes:

---

térieur de leur serrail, se montrent rarement à leurs sujets, et jamais qu'avec une suite et un appareil propres à imprimer la terreur. Plongés dans les voluptés, à qui livrent-ils leur confiance? à un eunuque, ministre de leurs plaisirs; à un flatteur; à un vil officier, que la bassesse de sa naissance ou de son emploi dispense d'avoir des sentimens. Il n'est pas rare de voir un valet du serrail passer de dignités en dignités jusqu'à celle de visir; devenir le fléau des peuples, et finir par une mort tragique dans ces révoltes ordinaires à Constantinople, où le ministre est aussi lâchement abandonné par son maître et sacrifié à la fureur des rébelles, qu'il en fut aveuglement élevé à une place où l'on ne devroit jamais faire asseoir que le mérite et la vertu.

ils s'inquiètent pour eux ; c'est avec eux qu'ils se déploient, qu'ils sont ouverts, libres, sincères et généreux : c'est en leurs mains qu'ils se plaisent quelquefois à déposer leur sceptre. Plaisir franc et désintéressé, et même en bonne politique, la plupart du temps opposé à leurs vrais intérêts, mais toujours au bonheur de leurs sujets. C'est dans ces contrées, où l'amour des peuples ne dispose point du monarque, mais la foiblesse pour quelque vile créature ; c'est dans ces contrées, dis-je, qu'on voit l'étendart de la tyrannie arboré dans toutes ses couleurs : le prince devient sombre, méfiant et cruel ; ses sujets ressentent l'effet de ces passions horribles, mais nécessaires supports d'une couronne environnée de nuages épais, et couverte d'une obscurité qui la dérobe éternellement aux yeux, à l'accès et à la tendresse. Il est inutile d'appuyer cette réflexion du témoignage de l'histoire.

D'où l'on voit quelle est la force de l'affection sociale ; à quelle profondeur elle est enracinée dans notre nature ; par combien de branches elle est entrelacée avec les autres passions, et jusqu'à quel point elle est nécessaire à l'économie des penchans et à notre félicité.

Il est donc vrai que le grand et principal moyen d'être bien avec soi, c'est d'avoir les affections sociales ; et que manquer de ces penchans, c'est être misérable ; ce que j'avois à démontrer.

SECTION SECONDE.

Nous avons maintenant à prouver que la violence des affections privées rend la créature malheureuse.

Pour procéder avec quelque méthode, nous remarquerons d'abord que toutes les passions relatives à l'intérêt particulier et à l'économie privée de la créature, se réduisent à celles-ci : l'amour de la vie, le ressentiment des injures, l'amour des femmes et des autres plaisirs des sens ; le désir des commodités de la vie ; l'émulation ou l'amour de la gloire et des applaudissemens ; l'indolence ou l'amour des aises et du repos. C'est dans ces penchans relatifs au système individuel, que consistent l'intérêt et l'amour-propre.

Ces affections modérées et retenues dans de certaines bornes ne sont par elles-mêmes ni injurieuses à la société, ni contraires à la vertu morale. C'est leur excès qui les rend vicieuses. Estimer la vie plus qu'elle ne vaut, c'est être lâche. Ressentir trop vivement une injure, c'est être vindicatif. Aimer le sexe et les autres plaisirs des sens avec excès, c'est être luxurieux. Poursuivre avec avidité les richesses, c'est être avare. S'immoler aveuglément à l'honneur et aux applaudissemens, c'est être ambitieux et vain. Languir dans l'aisance, et s'abandonner sans réserve au repos, c'est être paresseux. Voilà le point où les passions privées deviennent nuisibles au bien général ; et c'est aussi dans ce dégré d'*intensité* qu'elles sont pernicieuses à la créature elle-même, comme on va voir en les parcourant chacune en particulier.

Si quelqu'affection privée pouvoit balancer les penchans généraux, sans préjudicier au bonheur particulier de la créature, ce seroit sans contredit l'amour de la vie. Qui croiroit cependant qu'il n'y en a aucune dont l'excès produise de si grands désordres et soit plus fatal à la félicité ?

Que la vie soit quelquefois un malheur, c'est un fait généralement avoué. Quand une créature en est réduite à desirer sincèrement la mort, c'est la traiter avec rigueur que de lui commander de vivre (*). Dans ces conjonctures, quoique la religion et la raison retiennent le bras, et ne permettent pas de finir ses maux en terminant ses jours, s'il se présente quelqu'honnête et plausible occasion de périr, on peut l'embrasser sans

---

(*) Sans compter toutes ces catastrophes désespérantes qui rendent la vie insupportable, l'amour de Dieu produit le même effet : *Cupio dissolvi, et esse cum Christo*, disoit Saint Paul. Mais si Judas l'apôtre, après avoir trahi son maitre, se fût contenté de désirer la mort, il auroit prononcé sur lui-même le jugement que Jésus-Christ en avoit déjà porté.

scrupule. C'est dans ces circonstances que les parens et les amis se réjouissent avec raison de la mort d'une personne qui leur étoit chère, quoiqu'elle ait eu peut-être la foiblesse de se refuser au danger, et de prolonger son malheur autant qu'il étoit en elle.

Puisque la nécessité de vivre est quelquefois un malheur ; puisque les infirmités de la vieillesse rendent communément la vie importune ; puisqu'à tout âge, c'est un bien que la créature est sujette à surfaire et à conserver à plus haut prix qu'il ne vaut, il est évident que l'amour de la vie ou l'horreur de la mort peut l'écarter de ses vrais intérêts, et la contraindre par son excès à devenir la plus cruelle ennemie d'elle-même.

Mais, quand on conviendroit qu'il est de l'intérêt de la créature de conserver sa vie dans quelque conjoncture et à quelque prix que ce puisse être, on pourroit encore nier qu'il fût de son bonheur d'avoir cette passion dans un dégré violent. L'excès est capable de l'écarter de son but et de la rendre inefficace : cela n'a presque pas besoin de preuve. Car, quoi de plus commun que d'être conduit, par la frayeur, dans le péril que l'on fuyoit ? Que peut faire, pour sa défense et pour son salut, celui qui a perdu la tête ? Or il est certain que l'excès de la crainte ôte la présence d'esprit. Dans les grandes et périlleuses occasions, c'est le courage, c'est la fermeté qui sauvent.

Le brave échappe à un danger qu'il voit ; mais le lâche, sans jugement et sans défense, se hâte vers le précipice que son trouble lui dérobe, et se jette tête baissée dans un malheur qui peut-être ne venoit point à lui.

Quand les suites de cette passion ne seroient pas aussi fâcheuses que nous les avons représentées, il faudroit toujours convenir qu'elle est pernicieuse en elle-même, si c'est un malheur que d'être lâche, et si rien n'est plus triste que d'être agité par ces spectres et ces horreurs qui suivent par-tout ceux qui redoutent la mort. Car ce n'est pas seulement dans les périls et les hasards que cette crainte importune ; lorsque le tempérament en est dominé, elle ne fait point de quartier : on frémit dans la retraite la plus assurée ; dans le réduit le plus tranquille, on s'éveille en sursaut. Tout sert à ses fins ; aux yeux qu'elle fascine, tout objet est un monstre : elle agit dans le moment où les autres s'en apperçoivent le moins ; elle se fait sentir dans les occasions les plus imprévues : il n'y a point de divertissemens si bien préparés, de parties si délicieuses, de quarts-d'heure si voluptueux qu'elle ne puisse déranger, troubler, empoisonner. On pourroit avancer qu'en estimant le bonheur, non par la possession de tous les avantages auxquels il est attaché, mais par la satisfaction intérieure que l'on ressent, rien n'est plus malheureux qu'une créature lâche et peureuse. Mais, si l'on ajoute à tous ces inconvéniens, les foiblesses occasionnées, et les bassesses exigées par un amour excessif de la vie ; si l'on met en compte toutes ces actions sur lesquelles on ne revient jamais qu'avec chagrin quand on les a commises, et qu'on ne manque jamais de commettre quand on est lâche ; si l'on considère la triste nécessité de sortir perpétuellement de son assiette naturelle, et de passer de perplexité en perplexité ; il n'y aura point de créature assez vile pour trouver quelque satisfaction à vivre à ce prix. Et quelle satisfaction pourroit-elle y trouver, après avoir sacrifié la vertu, l'honneur, la tranquillité et tout ce qui fait le bonheur de la vie ?

Un amour excessif de la vie est donc contraire aux intérêts réels et au bonheur de la créature.

Le ressentiment est une passion fort différente de la crainte, mais qui, dans un dégré modéré, n'est ni moins nécessaire à notre sûreté, ni moins utile à notre conservation. La crainte nous porte à fuir le danger ; le ressentiment nous rassure contre lui, et nous dispose à repousser l'injure qu'on nous fait, ou à résister à la violence qu'on nous prépare. Il est vrai que, dans un caractère vertueux, que dans une parfaite économie des affections, les mouvemens de la crainte et du ressentiment sont trop foibles pour former des passions. Le brave est circonspect, sans avoir peur ; et le sage résiste ou punit, sans s'irriter. Mais, dans les tempéramens ordinaires, la prudence et le courage peuvent s'allier avec une teinture légère d'indignation et de crainte, sans rompre la balance des affections. C'est en ce sens, qu'on peut regarder la colère comme une passion nécessaire. C'est elle qui, par les symptômes extérieurs dont ses premiers accès sont accompagnés, fait présumer à quiconque est tenté d'en offenser un autre, que sa conduite ne sera pas impunie, et le détourne, par la crainte qu'elle imprime, de ses mauvais desseins. C'est elle qui soulève la créature outragée, et lui conseille les représailles. Plus elle est voisine de la rage et du désespoir, plus elle est terrible. Dans ces extrémités, elle donne des forces et une intrépidité dont on ne se croyoit pas capable. Quoique le châtiment et le mal d'autrui soient sa fin principale, elle tend aussi à l'intérêt particulier de la créature, et même au bien général de son espèce. Mais seroit-il nécessaire d'exposer combien est funeste à son bonheur, ce qu'on entend communément par colère, soit qu'on la considère comme un mouvement furieux qui transporte la créature, ou comme une impression profonde qui suit l'offense, et que le désir de la vengeance accompagne toujours ?

On ne sera point surpris des suites affreuses du ressentiment et des effets terribles de la colère, si l'on conçoit qu'en satisfaisant ces passions cruelles, on se délivre d'un tourment violent, on se décharge d'un poids accablant, et l'on appaise un sentiment importun de misère. Le vindicatif se hâte de noyer toutes ses peines dans le mal d'autrui : l'accomplissement de ses désirs lui promet un torrent de voluptés. Mais, qu'est-ce que cette volupté ? C'est le premier quart-d'heure d'un criminel qui sort de la question : c'est la suspension subite de ses tourmens, ou le répit qu'il obtient de l'indulgence de ses juges, ou plutôt de la lassitude de ses bourreaux. Cette perversité, ce raffinement d'inhumanité, ces cruautés capricieuses, qu'on remarque dans certaines vengeances, ne sont autre chose que les efforts continuels d'un malheureux qui tente de se détacher de la roue : c'est un assouvissement de rage, perpétuellement renouvellé.

Il y a des créatures en qui cette passion s'allume avec peine, et s'éteint plus difficilement encore, quand elle est une fois allumée. Dans ces créatures, l'esprit de vengeance est une furie qui dort, mais qui, quand elle est éveillée, ne se repose point qu'elle ne soit satisfaite : alors son sommeil est d'autant plus profond, son repos paroît d'autant plus doux, que le tourment dont elle s'est délivrée étoit grand, et que le poids dont elle s'est déchargée étoit lourd. Si, en langage de galanterie, la jouissance de l'objet aimé s'appelle avec raison la fin des peines de l'amant; cette façon de parler convient tout autrement encore au vindicatif. Les peines de l'amour sont agréables et flatteuses ; mais celles de la vengeance ne sont que cruelles. Cet état ne se conçoit que comme une profonde misère, une sensation amère, dont le fiel n'est tempéré d'aucune douceur.

Quant aux influences de cette passion sur l'esprit et sur le corps, et à ses funestes suites dans les différentes conjonctures de la vie, c'est un détail qui nous méneroit trop loin : d'ailleurs, nos ministres se sont emparés de ces moralités analogues à la religion ; et nos sacrés rhéteurs en font retentir depuis si long-temps leurs chaires et nos temples, que, pour ne rien ajouter à la satiété du genre humain (*), en anticipant sur leurs droits, nous n'en dirons pas davantage. Aussi-bien, ce qui précède suffit, pour démontrer qu'on se rend malheureux en se livrant à la colère ; et que l'habitude de ce mouvement est une de ces maladies de tempérament, inséparables du malheur de la créature.

Passons à la volupté, et à ce qu'on appelle les plaisirs. S'il étoit aussi vrai, que nous avons démontré qu'il est faux que la meilleure partie des joies de la vie consiste dans la satisfaction des sens ; si, de plus, cette satisfaction est attachée à des

---

(*) Ce trait tombe sur l'église anglicane, qui peut se flatter d'être féconde en mauvais prédicateurs. Les Fléchier, les Bossuet, les Bourdaloue, et une infinité d'autres, écarteront à jamais ce reproche, de l'église gallicane.

objets extérieurs, capables de procurer par eux-mêmes, et en tout temps, des plaisirs proportionnés à leur quantité et à leur valeur ; un moyen infaillible d'être heureux, ce seroit de se pourvoir abondamment de ces choses précieuses qui font nécessairement la félicité. Mais, qu'on étende tant qu'on voudra l'idée d'une vie délicieuse, toutes les ressources de l'opulence ne fourniront jamais à notre esprit un bonheur uniforme et constant. Quelque facilité qu'on ait de multiplier les agrémens, en acquérant tout ce que peut exiger le caprice des sens ; c'est autant de bien perdu, si quelque vice dans les facultés intérieures, si quelque défaut dans les dispositions naturelles en altère la jouissance.

On remarque que ceux dont l'intempérance et les excès ont ruiné l'estomac, n'en ont pas moins d'appétit ; mais c'est un appétit faux, et qui n'est point naturel : telle est la soif d'un ivrogne ou d'un fiévreux. Cependant la satisfaction de l'appétit naturel, en un mot, le soulagement de la soif et de la faim, est infiniment supérieur à la sensualité des repas superflus de nos Pétrones les plus érudits, et de nos plus raffinés voluptueux. C'est une différence qu'ils ont eux-mêmes quelquefois éprouvée, que ce peuple épicurien, accoutumé à prévenir l'appétit, se trouve forcé, par quelque circonstance particulière, de l'attendre, et de pratiquer la sobriété ; qu'il arrive à ces délicats de ne trouver dans un souper de voyageur ou dans un déjeûné de chasse que quelques mets communs et grossiers pour ces palais friands, mais assaisonnés par la diette et par l'exercice; après avoir mangé d'appétit, ils conviendront avec franchise que la table la mieux servie ne leur a jamais fait tant de plaisir.

D'un autre côté, il n'est pas extraordinaire d'entendre des personnes qui ont essayé d'une vie laborieuse et pénible, et d'une table simple et frugale, regretter, dans l'oisiveté, des richesses; et au milieu des profusions de la somptuosité, l'appétit et la santé dont elles jouissoient dans leur première condition. Il est constant qu'en violentant la nature, en forçant l'appétit et en provoquant les sens, la délicatesse des organes se perd. Ce défaut corrompt ensuite les mets les plus exquis; et l'habitude achève bientôt d'ôter aux choses toute leur excellence. Qu'arrive-t-il de-là? que la privation en devient plus cuisante, et la possession moins douce. Les nausées, de toutes les sensations les plus disgracieuses, ne quittent point les intempérans; une réplétion apoplectique et des sensations usées répandent les aigreurs et le dégoût sur tout ce qu'on leur présente; de sorte qu'au-lieu de l'éternité de délices qu'ils attendoient de leurs somptuosités, ils n'en recueillent qu'infirmités, maladies, insensibilité d'organes, et inaptitude aux plaisirs : tant il est faux que, vivre en épicurien, ce soit user du temps et tirer bon parti de la vie.

Il est inutile de s'étendre sur les suites fâcheuses de la somptuosité : on peut concevoir, par ce que nous en avons dit, qu'elle est pernicieuse au corps qu'elle accable d'infirmités, et fatale à l'esprit qu'elle conduit à la stupidité.

Quant à l'intérêt particulier de la créature, il est évident que ce cours effréné de désirs augmentera sa dépendance en multipliant ses besoins ; qu'elle ne tardera pas à trouver ses fonds, quelque considérables qu'ils soient, insuffisans pour les dépenses qu'ils exigeront ; que, pour satisfaire à cette impérieuse somptuosité, il en faudra venir aux expédiens, sacrifier peut-être son honneur à l'accroissement de ses revenus, et s'abaisser à mille infâmes manœuvres, pour augmenter sa fortune. Mais à quoi bon m'occuper à démontrer le tort que le voluptueux se fait à lui-même ? laissons-le s'expliquer là-dessus (*). Dans l'impossibilité de résister au torrent qui l'entraîne, il déclarera, en s'y abandonnant, qu'il s'apperçoit bien qu'il court à une ruine certaine. On a tous les jours l'occasion d'entendre ces discours : j'en ai donc assez dit, pour conclure que la volupté, la débauche, et tout excès sont contraires aux vrais intérêts et au bonheur présent de la créature.

Il y a une espèce de luxure d'un ordre fort supé-

(*) Nam veræ voces tùm demùm pectore ab imo
Eliciuntur. LUCR.

rieur à celle dont nous avons parlé. La conservation de l'espèce est son but. Dans la rigueur, on ne peut la traiter de passion privée. Animée par l'amour et par la tendresse, ainsi que tout autre affection sociale ; aux plaisirs d'esprit, qu'elle est en état de procurer comme elle, elle réunit encore l'enchantement des sens. Telle est l'attention de la nature à l'entretien de chaque système, que, par une espèce de besoin animal, et par je ne sais quel sentiment intérieur d'indigence qu'elle a placé dans les créatures qui les composent, elle convie les sexes à s'approcher et à s'occuper ensemble de la perpétuité de leur espèce. Mais est-il de l'intérêt de la créature d'éprouver cette indigence dans un dégré violent ? C'est le point que nous avons à discuter.

Nous en avons assez dit, et sur les appétits naturels, et sur les penchans dénaturés, pour glisser ici sans scrupule sur cet article. Si l'on convient qu'il y a, dans la poursuite de tout autre plaisir, une dose d'ardeur qu'on ne peut excéder sans en altérer la jouissance et sans préjudicier ainsi à ses vrais intérêts, par quelle singularité celui-ci sortiroit-il de la loi générale, et ne reconnoîtroit-il point de limites ? Nous connoissons d'autres sensations ardentes, et qui, éprouvées dans un certain dégré, sont toujours voluptueuses, mais dont l'excès est une peine insupportable. Tel est le ris que le chatouillement excite : ce mouvement, *avec l'air de famille* et tous les traits du plaisir, n'en est pas moins un tourment. C'est la même chose dans l'espèce de luxure dont nous parlons : il y a des tempéramens pétris de salpêtre et de soufre, dans une fermentation continuelle, et d'une chaleur qui produit dans le corps des mouvemens dont la fréquence et la durée constituent une maladie qui a son rang et son nom dans la médecine. Quand quelques grossiers voluptueux se féliciteroient de cet état et s'y complairoient ; je doute que les délicats, que ceux qui font du plaisir, et leur souverain bien, et leur étude principale, s'accordassent avec eux sur ce point.

Mais, s'il y a dans toute sensation voluptueuse un point où le plaisir finit et la fureur commence ; si la passion a des limites qu'elle ne peut franchir sans nuire aux intérêts de la créature ; qui déterminera ces limites ? qui fixera ce point ? « La na-
» ture, seule arbitre des choses ». Mais où prendre la nature ?.... « Où ? dans l'état originel des
» créatures ; dans l'homme, dont une éducation vi-
» cieuse n'aura point encore altéré les affections ».

Celui qui a eu le bonheur d'être plié, dès sa jeunesse, à un genre de vie naturel ; d'être instruit à la sobriété ; pourvu d'un talent honnête et garanti des excès et de la débauche, exerce sur ses appétits un pouvoir absolu ; mais ces esclaves, pour être soumis, n'en sont pas moins propres à ses plaisirs : au contraire ; sains, vigoureux, et pleins d'une force et d'une activité que l'intempérance et l'abus ne leur ont point ôtées; ils n'en remplissent que mieux leurs fonctions. Et si, en ne supposant en deux créatures d'autre différence dans les organes et les sensations que celle qu'un régime de vie intempérant ou frugal peut y avoir produite, il étoit possible de comparer par expérience la somme des plaisirs de part et d'autre; je ne doute point que, sans égard pour les suites, en ne mettant en compte que la satisfaction seule des sens, on ne prononçât en faveur de l'homme sobre et vertueux.

Sans s'arrêter aux coups que cette frénésie porte à la vigueur des membres et à la santé du corps, le tort qu'elle fait à l'esprit est plus grand encore, quoique moins redouté. Une indifférence pour tout avancement; une consommation misérable du temps; l'indolence, la mollesse, la fainéantise et la révolte d'une multitude d'autres passions que l'esprit énervé, stupide, abruti, n'a ni la force, ni le courage de maîtriser; voilà les effets palpables de cet excès.

Les désavantages que cette sorte d'intempérance fait supporter à la société, et les avantages qui reviennent au monde de la sobriété contraire, ne sont pas moins évidens. De toutes les passions, aucune n'exerce un plus sévère despotisme sur ses esclaves. Les tributs n'adoucissent point son empire: plus on lui accorde, plus elle exige. La modestie et l'ingénuité naturelles, l'honneur et la fidélité, sont ses premières victimes. Il n'y a point d'affections déréglées, dont les caprices impétueux soulèvent tant d'orages, et poussent la créature plus directement au malheur.

Quant à cette passion, qui mérite particulièrement le titre d'intéressée, puisqu'elle a pour but la possession des richesses, les faveurs de la fortune, et ce qu'on appelle un état dans le monde; pour être avantageuse à la société et compatible avec la vertu, elle ne doit exciter aucun désir inquiet. L'industrie, qui fait l'opulence des familles et la puissance des états, est fille de l'intérêt; mais, si l'intérêt domine dans la créature, son bonheur particulier et le bien public en souffriront. La misère, qui la rongera, vengera continuellement l'injure faite à la société; car, plus cruel encore à lui-même qu'au genre humain, l'avare est la propre victime de son avarice.

Tout le monde convient que l'avarice et l'avidité sont deux fléaux de la créature. On sait, d'ailleurs, que peu de choses suffisent à l'usage et à la subsistance; et que le nombre des besoins seroit court, si l'on permettoit à la frugalité de les réduire, et si l'on s'exerçoit à la tempérance, à la sobriété et à un train de vie naturel, avec la moitié de l'application des soins et de l'industrie qu'on donne à la luxure et à la somptuosité. Mais, si la tempérance est avantageuse; si la modération conspire au bonheur; si les fruits en sont doux, comme nous l'avons démontré plus haut; quelle misère n'entraîneront point à leur suite les passions contraires? quel tourment n'éprouvera point une créature rongée de désirs, qui ne connoissent de bornes, ni dans leur essence, ni dans la nature de leur objet? Car, où s'arrêter? y a-t-il, dans cette immensité de choses qui peuvent exercer la cupidité, un point innaccessible à l'effort et à l'étendue des souhaits? quelle digue opposer à la manie d'entasser, à la fureur d'accumuler revenus sur revenus et richesses sur richesses?

De-là, naît dans les avares cette inquiétude que rien n'appaise; jamais enrichis par leurs trésors, et toujours appauvris par leurs désirs, ils ne trouvent aucune satisfaction en ce qu'ils possèdent, et sèchent, les yeux attachés sur ce qui leur manque. Mais quel contentement réel pourroit éclore d'un appétit si déréglé? Etre dévoré de la soif d'acquérir, soit honneurs, soit richesses, c'est avarice, c'est ambition; ce n'est point en jouir. Mais abandonnons ce vice à la haine et aux déclamations des hommes, chez qui, avare et misérable, sont des mots synonymes; et passons à l'ambition.

Tout retentit dans le monde des désordres de cette passion. En effet, lorsque l'amour de la louange excède une honnête émulation; quand cet enthousiasme franchit les bornes même de la vanité;

lorsque le désir de se distinguer entre ses égaux dégénère en un orgueil énorme ; il n'y a point de maux que cette passion ne puisse produire. Si nous considérons les prérogatives des caractères modestes et des esprits tranquilles ; si nous appuyons sur le repos, le bonheur et la sécurité qui n'abandonnent jamais celui qui sait se borner dans son état, se contenter du rang qu'il occupe dans la société, et se prêter à toutes les incommodités inhérentes à sa condition ; rien ne nous paroîtra ni plus raisonnable, ni plus avantageux que ces dispositions. Je pourrois placer ici l'éloge de la modération, et relever son excellence, en développant les désordres et les peines de l'ambition ; en exposant le ridicule et le vide de l'entêtement des titres, des honneurs, des prééminences, de la renommée, de la gloire, de l'estime du vulgaire, des applaudissemens populaires, et de tout ce qu'on entend par avantages personnels. Mais c'est un lieu commun auquel nous avons suppléé par la réflexion précédente.

Il est impossible que le désir des grandeurs s'élève dans une ame, devienne impétueux, et domine la créature, sans qu'elle soit en-même-temps agitée d'une proportionnelle aversion pour la médiocrité. La voilà donc en proie aux soupçons et aux jalousies ; soumise aux appréhensions d'un contre-temps ou d'un revers ; et exposée aux dangers et à toute la mortification des refus. La passion désordonnée de la gloire, des emplois, et d'un état brillant, anéantit donc tout repos et toute sécurité pour l'avenir, et empoisonne toute satisfaction et toute commodité présente.

Aux agitations de l'ambitieux, on oppose ordinairement l'indolence et ses langueurs: toute-fois ce caractère n'exclud, ni l'avarice, ni l'ambition; mais l'une dort en lui, et l'autre est sans effet. Cette passion léthargique est un amour désordonné du repos, qui décourage l'ame, engourdit l'esprit, et rend la créature incapable d'efforts, en grossissant à ses yeux les difficultés dont les routes de l'opulence et des honneurs sont parsemées. Le penchant au repos et à la tranquillité n'est ni moins naturel, ni moins utile, que l'envie de dormir : mais un assoupissement continuel ne seroit pas plus funeste au corps, qu'une aversion générale pour les affaires le seroit à l'esprit.

Or, que le mouvement soit nécessaire à la santé, on en peut juger par les tempéramens de l'homme fait à l'exercice, et de celui qui n'en a jamais pris; ou par la constitution mâle et robuste de ces corps endurcis au travail, et la complexion efféminée de ces automates nourris sur le duvet. Mais la fainéantise ne borne pas ses influences au corps : en dépravant les organes, elle amortit les plaisirs sensuels. Des sens, la corruption se transmet à l'esprit; c'est là qu'elle excite bien un autre ravage. Ce n'est qu'à la longue, que la machine éprouve des effets sensibles de l'oisiveté ; mais l'indolence afflige l'ame tout en l'occupant ; elle s'en empare avec les anxiétés, l'accablement, les ennuis, les aigreurs, les dégoûts et la mauvaise humeur : c'est à ces mélancoliques compagnes, qu'elle abandonne le tempérament ; état dont nous avons parlé et exposé la misère, en établissant combien l'économie des affections est nécessaire au bonheur.

Nous avons remarqué que, dans l'inaction du corps, les esprits animaux, privés de leurs fonctions naturelles, se jettent sur la constitution, et détruisent leurs canaux en exerçant leur activité ; image fidelle de ce qui se passe dans l'ame de l'indolent. Les affections et les pensées détournées de leurs objets, et contraintes dans leur action, s'irritent et engendrent l'aigreur, la mélancolie, les inquiétudes, et cent autres pestes du tempérament. Alors le flegme s'exhale ; la créature devient sensible, colère, impétueuse ; et dans ces dispositions inflammables, la moindre étincelle suffit pour mettre tout en feu.

Quant aux intérêts particuliers de la créature, que ne risque-t-elle pas ? Être environnée d'objets et d'affaires qui demandent de l'attention et des soins, et se trouver dans l'incapacité d'y pourvoir, quel état ! quelle foule d'inconvéniens, de ne pouvoir s'aider soi-même, et de manquer souvent de secours étrangers ! C'est le cas de l'indolent, qui n'a jamais cultivé personne ; et à qui les autres sont d'autant plus nécessaires, que, dans l'ignorance de tous les devoirs de la société, où son vice l'a retenu, il est plus inutile à lui-même. Ce penchant décidé pour la paresse, ce mépris du travail, cette oisiveté raisonnée, est donc une source intarissable de chagrins, et par-conséquent, un puissant obstacle au bonheur.

Nous avons parcouru les affections privées, et remarqué les inconvéniens de leur véhémence. Nous avons prouvé que leur excès étoit contraire à la félicité, et qu'elles précipitoient dans une misère actuelle la créature qu'elles dépravoient; que leur empire ne s'accroissoit jamais qu'aux dépens de notre liberté, et que, par leurs vues étroites et bornées, elles nous exposoient à contracter ces dispositions viles et sordides, si généralement détestées. Rien n'est donc et plus fâcheux en soi, et plus funeste dans les conséquences, que de les écouter, que d'en être l'esclave, et que d'abanbonner son tempérament à leur discrétion, et sa conduite à leurs conseils.

D'ailleurs, ce dévouement parfait de la créature à ses intérêts particuliers, suppose une certaine finesse dans le commerce, et je ne sais quoi de fourbe et de dissimulé dans la conduite et dans les actions. Et que deviennent alors la candeur et l'intégrité naturelles? que deviennent la sincérité, la franchise et la droiture? La confiance et la bonne-foi s'anéantissent; les envies, les soupçons et les jalousies vont se multiplier à l'infini : de jour en jour, les desseins particuliers s'étendront, et les vues générales se rétréciront : on rompra insensiblement avec ses semblables; et dans cet éloignement de la société, où l'on sera jeté par l'intérêt, on n'appercevra qu'avec mépris les liens qui nous-y tiennent attachés. C'est alors qu'on travaillera à réduire au silence, et bientôt à extirper ces affections importunes, qui ne cesseront de crier au fond de l'ame et de rappeler au bien général de l'espèce, comme aux vrais intérêts; c'est-à-dire, qu'on s'appliquera de toute sa force, à se rendre parfaitement malheureux.

Or, laissant à part les autres accidens que l'excès des affections privées doit occasionner, si leur but est d'anéantir les affections générales, il est évident qu'elles tendent à nous priver de la source de nos plaisirs, et à nous inspirer les penchans monstrueux et dénaturés qui mettroient le sceau à notre misère, comme on verra dans la section suivante et dernière.

SECTION TROISIÈME.

Il nous reste à examiner ces passions qui ne tendent ni au bien général, ni à l'intérêt particulier, et qui ne sont ni avantageuses à la société ni à la créature. Nous avons marqué leur opposition aux affections sociales et naturelles;

en les nommant penchans superflus et dénaturés.

De cette espèce est le plaisir cruel que l'on prend à voir des exécutions, des tourmens, des désastres, des calamités, le sang, le massacre et la destruction. Ç'a été la passion dominante de plusieurs tyrans, et de quelques nations barbares. Les hommes, qui ont renoncé à cette politesse de mœurs et de manières qui prévient la rudesse et la brutalité, et retient dans un certain respect pour le genre humain, y sont un peu sujets. Elle perce encore où manquent la douceur et l'affabilité. Telle est la nature de ce que nous appelons bonne éducation, qu'entre autres défauts, elle proscrit absolument l'inhumanité et les plaisirs barbares. Se complaire dans le malheur d'un ennemi, c'est un effet d'animosité, de haine, de crainte ou de quelqu'autre passion intéressée : mais s'amuser de la gêne et des tourmens d'une créature indifférente, étrangère ou naturelle, de la même espèce ou d'une autre, amie ou ennemie, connue ou inconnue; se repaître curieusement les yeux de son sang, et s'extasier dans ses agonies, cette satisfaction ne suppose aucun intérêt ; aussi, ce penchant est-il monstrueux, horrible, et totalement dénaturé.

Une teinte affoiblie de cette affection, c'est la satisfaction maligne que l'on trouve dans l'embarras d'autrui, espèce de méchanceté brouillonne et folâtre, qui consiste à se plaire dans le désordre ; disposition qu'on semble cultiver dans les enfans, et qu'en eux, on appelle espiéglerie (*). Ceux qui connoîtront un peu la nature de cette passion, ne s'étonneront point de ses suites fâcheuses ; ils seroient peut-être plus embarrassés à expliquer par quel prodige un enfant exercé entre les mains des femmes à se réjouir dans le désordre et le trouble, perd ce goût dans un âge plus avancé, et ne s'occupe pas à semer la dissention dans sa famille, à engendrer des querelles entre ses amis ; et même à exciter des révoltes dans la société. Mais heureusement cette inclination manque de fondement dans la nature, comme nous l'avons remarqué.

La malice, la malignité ou la mauvaise volonté seront des passions dénaturées, si le désir de mal faire, qu'elles inspirent, n'est excité ni par la colère, ni par la jalousie, ni par aucun autre motif d'intérêt.

L'envie qui naît de la prospérité d'une autre créature, dont les intérêts ne croisent point les nôtres, est une passion de l'espèce des précédentes.

Mettez au même nombre la misantropie, espèce d'aversion qui a dominé dans quelques personnes : elle agit puissamment chez ceux en qui la mauvaise humeur est habituelle, et qui, par une nature mauvaise, aidée d'une plus mauvaise éducation, ont contracté tant de rusticité dans

---

(*) Hæ nugæ in seria ducent mala. --- HORAT.

les manières et de dureté dans les mœurs, que la vue d'un étranger les offense. Le genre humain est à charge à ces atrabilaires ; la haine est toujours leur premier mouvement. Cette maladie de tempérament est quelquefois épidémique : elle est ordinaire aux nations sauvages, et c'est un des principaux caractères de la barbarie. On peut la regarder comme le revers de cette affection généreuse, exercée et connue chez les anciens sous le nom d'hospitalité ; vertu qui n'étoit proprement qu'un amour général du genre humain, qui se manifestoit dans l'affabilité pour les étrangers.

A ces passions, ajoutez toutes celles que les superstitions et des usages barbares font éclore : les actions qu'elles prescrivent sont trop horribles pour ne pas occasionner le malheur de ceux qui les révèrent.

Je nommerois ici les amours dénaturés tant dans l'espèce humaine que de celle-ci à une autre, avec la foule d'abominations qui les accompagnent ; mais, sans souiller ces feuilles de cet infâme détail, il est aisé de juger de ces appétits par les principes que nous avons posés.

Outre ces passions, qui n'ont aucun fondement dans les avantages particuliers de la créature, et qu'on peut nommer strictement penchans dénaturés, il y en a quelques autres qui tendent à son intérêt, mais d'une façon si démesurée, si injurieuse au genre humain, et si généralement détestée, que les précédentes ne paroissent guère plus monstrueuses.

Telle est cette ambitieuse arrogance, cette fierté tyrannique qui en veut à toute liberté, et qui reregarde toute prosperité d'un œil chagrin et jaloux. Telle est cette (*) sombre fureur, qui s'immoleroit volontiers la nature entière; cette noirceur, qui se repaît de sang et de cruautés raffinées; cette humeur fâcheuse, qui ne cherche qu'à s'exercer, et qui saisit avec acharnement la moindre occasion pour écraser des objets quelquefois dignes de pitié.

Quant à l'ingratitude et à la trahison, ce sont, à proprement parler, des vices purement négatifs; ils ne caractérisent aucun penchant : leur cause est indéterminée : ils dérivent de l'inconsistance et du désordre des affections en général. Lorsque ces taches sont sensibles dans un caractère; lorsque ces ulcères s'ouvrent sans sujet; quand la

---

(*) On trouve dans la vie de Caligula des exemples presqu'uniques de cette passion. Jaloux d'immortaliser sa mémoire par de vastes calamités, il envioit à Auguste le bonheur d'une armée entière, massacrée sous son règne; et à Tibère, la chûte de l'amphithéâtre sous lequel cinquante mille ames périrent. S'étant avisé, à la représentation de quelque pièce de théâtre, d'applaudir mal-à-propos un acteur que le peuple siffla : Ah! si tous ces gosiers, s'écriat-il, étoient sous une tête!... Voilà ce qu'on pourroit appeler le sublime de la cruauté.

créature favorise par de fréquentes rechûtes les progrès de cette gangrène; on peut conjecturer, à ces symptômes, qu'elle est infectée de quelque levain dénaturé, tel que l'envie, la malignité, la vengeance et les autres.

On peut objecter que ces affections, toutes dénaturées qu'elles sont, ne vont point sans plaisir; et qu'un plaisir, quelqu'inhumain qu'il soit, est toujours un plaisir, fût-il placé dans la vengeance, dans la malignité et dans l'exercice même de la tyrannie. Cette difficulté seroit sans réponse, si, comme dans les joies cruelles et barbares, on ne pouvoit arriver au plaisir qu'en passant par le tourment; mais aimer les hommes, les traiter avec humanité, exercer la complaisance, la douceur, la bienveillance et les autres affections sociales, c'est jouir d'une satisfaction immédiate à l'action, et qui n'est payée d'aucune peine antérieure; satisfaction originelle et pure, qui n'est prévenue d'aucune amertume. Au contraire, l'animosité, la haine, la malignité, sont des tourmens réels dont la suspension, occasionnée par l'accomplissement du désir, est comptée pour un plaisir. Plus ce moment de relâche est doux, plus il suppose de rigueur dans l'état précédent; plus les peines de corps sont aiguës, plus le patient est sensible aux intervalles de repos : telle est la cessation momentanée des tourmens de l'esprit pour le scélérat qui ne peut connoître d'autres plaisirs.

Les meilleurs caractères, les hommes les plus doux ont des momens fâcheux: alors une bagatelle est capable de les irriter. Dans ces orages légers, l'inquiétude et la mauvaise humeur leur ont causé des peines dont ils conviennent tous. Que ne souffrent donc point ces malheureux, qui ne connoissent presque pas d'autre état ; ces furies, ces ames infernales aufond desquelles le fiel, l'animosité, la rage et la cruauté ne cessent de bouillonner ? A quel excès d'impatience ne les portera point un accident imprévu ? Que ne ressentiront-ils pas d'un contre-temps qui surviendra, d'un affront qu'ils essuieront, et d'une foule d'antipathies cruelles que des offenses journalières ne cesseront de multiplier en eux ? Faut-il s'étonner que, dans cet état violent, ils trouvent une satisfaction souveraine à ralentir par le ravage et les désordres, les mouvemens furieux dont ils sont déchirés ?

Quant aux suites de cet état dénaturé, relativement au bien de la créature et aux circonstances ordinaires de la vie, je laisse à penser quelle figure doit faire, entre les hommes, un monstre qui n'a rien de commun avec eux ; quel goût pour la société peut rester à celui en qui toute affection sociale est éteinte ; quelle opinion concevra-t-il des dispositions des autres pour lui, avec le sentiment de ses dispositions réciproques pour eux.

Quelle tranquillité, quel repos y a-t-il pour un homme qui ne peut se cacher ? je ne dis pas qu'il est indigne de l'amour et de l'affection du genre humain ; mais qu'il en mérite toute l'aversion. Dans quel effroi de Dieu et des hommes ne vivra-t-il pas ? dans quelle mélancolie ne sera-t-il pas plongé ? mélancolie incurable par le défaut d'un ami dans la compagnie duquel il puisse s'étourdir ; sur le sein duquel il puisse reposer : quelque part qu'il aille, de quelque côté qu'il se tourne, en quelqu'endroit qu'il jette les yeux ; tout ce qui s'offre à lui, tout ce qu'il voit, tout ce qui l'environne, à ses côtés, sur sa tête, sous ses pieds, tout se présente à lui sous une forme effroyable et menaçante. Séparé de la chaîne des êtres, et seul contre la nature entière, il ne peut qu'imaginer toutes les créatures réunies par une ligue générale, et prêtes à le traiter en ennemi commun.

Cet homme est donc en lui-même, comme dans un désert affreux et sauvage, où sa vue ne rencontre que des ruines. S'il est dur d'être banni de sa patrie, exilé dans une terre étrangère, ou confiné dans une retraite ; que sera-ce donc que ce bannisement intérieur, et que cet abandon de toute créature ? Que ne souffrira point celui qui porte dans son cœur la solitude la plus triste, et qui trouve, au centre de la société, le plus affreux désert ? Être en guerre perpétuelle avec l'univers ; vivre dans un divorce irréconciliable avec la nature : quelle condition !

D'où je conclus que la perte des affections

naturelles et sociales, entraîne à sa suite une affreuse misère (*), et que les affections dénaturées rendent souverainement malheureux. Ce qui me restoit à prouver.

(*) Je ne crois pas qu'on trouve jamais l'histoire en contradiction avec cette conclusion de notre philosophie. Ouvrons les annales de Tacite, ces fastes de la méchanceté des hommes ; parcourons le règne de Tibère, de Caligula, de Claude, de Néron, de Galba, et le destin rapide de tous leurs courtisans ; et renonçons à nos principes, si dans la foule de ces scélérats insignes qui déchirèrent les entrailles de leur patrie, et dont les fureurs ont ensanglanté toutes les pages, toutes les lignes de cette histoire, nous rencontrons un heureux. Choisissons entre eux tous. Les délices de Caprée nous font-elles envier la condition de Tibère ? Remontons à l'origine de sa grandeur ; suivons sa fortune ; considérons-le dans sa retraite ; appuyons sur sa fin ; et, tout bien examiné, demandons-nous si nous voudrions être à-présent ce qu'il fut autrefois, le tyran de son pays, le meurtrier des siens, l'esclave d'une troupe de prostituées, et le protecteur d'une troupe d'esclaves.... Point de milieu ; il faut ou accepter le sort de ce prince, s'il fut heureux, ou conclure avec son historien :
« Qu'en sondant l'ame des tyrans, on y découvre
» des blessures incurables ; et que le corps n'est pas
» déchiré plus cruellement dans la torture, que l'es-
» prit des méchans par les reproches continuels du
» crime. *Si recludantur tyrannorum mentes, posse
» aspici laniatus et ictus ; quando ut corpora vulne-*

Philos. mor I.

CONCLUSION.

Nous avons donc établi, dans cette partie, ce que nous nous étions proposé. Or, puisqu'en suivant les idées reçues de dépravation et de vice, on ne peut être méchant et dépravé, que

Par l'absence ou la foiblesse des affections générales;

Par la violence des inclinations privées;

Ou par la présence des affections dénaturées :

» ribus, ita sævitiâ, libidine, malis consultis animus » dilaceretur ». Ce n'est pas tout. Si l'on parcourt les différens ordres de méchans, qui remplissent la distance morale de Sénèque à Néron, on distinguera de plus la misère actuelle dans une proportion constante avec la dépravation. Je m'attacherai seulement aux deux extrémités. Néron fait périr Britannicus son frère, Agrippine sa mère, sa femme Octavie, sa femme Poppée, Antonia sa belle-sœur, le consul Vestinus, Rufus Crispinus son beau-fils, et ses instituteurs Sénèque et Burrhus; ajoutez à ces assassinats, une multitude d'autres crimes de toute espèce; voilà sa vie. Aussi n'y rencontre-t-on pas un moment de bonheur; on le voit dans d'éternelles horreurs: ses transports vont quelquefois jusqu'à l'aliénation d'esprit; alors il apperçoit le Ténare entr'ouvert; il se croit poursuivi des furies; il ne sait où ni comment échapper à leurs flambeaux vengeurs; et toutes ces fêtes monstrueusement somptueuses qu'il ordonne, sont moins des amusemens qu'il

Si ces trois états sont pernicieux à la créature, et contraires à sa félicité présente; être méchant et dépravé, c'est être malheureux.

Mais, toute action vicieuse occasionne le malheur de la créature, proportionnellement à sa malice; donc toute action vicieuse est contraire à ses vrais intérêts: il n'y a que du plus ou du moins.

D'ailleurs, en développant l'effet des affections

---

se procure, que des distractions qu'il cherche. Sénèque, chargé par état de braver la mort, en présentant à son pupille les remontrances de la vertu, le sage Sénèque, plus attentif à entasser des richesses qu'à remplir ce périlleux devoir, se contente de faire diversion à la cruauté du tyran, en favorisant sa luxure; il souscrit, par un honteux silence, à la mort de quelques braves citoyens qu'il auroit dû défendre: lui-même, présageant sa chûte prochaine par celle de ses amis; moins intrépide avec tout son stoïcisme, que l'épicurien Pétrone; ennuyé d'échapper au poison en vivant des fruits de son jardin et de l'eau d'un ruisseau, va misérablement proposer l'échange de ses richesses pour une vie qu'il n'eût pas été fâché de conserver, et qu'il ne put racheter par elles; châtiment digne des soins avec lesquels il les avoit accumulées. On trouvera que je traite ce philosophe un peu durement; mais il n'est pas possible, sur le récit de Tacite, d'en penser plus favorablement: et pour dire ma pensée et deux mots, ni lui ni Burrhus ne sont pas aussi honnêtes-gens qu'on les fait. *Voyez* l'historien.

supposées dans un dégré conforme à la nature et à la constitution de l'homme, nous avons calculé les biens et les avantages actuels de la vertu; nous avons estimé, par voie d'addition et de soustraction, toutes les circonstances qui augmentent ou diminuent la somme de nos plaisirs : et, si rien ne s'est soustrait par sa nature, ou n'est échappé par inadvertence à cette arithmétique morale, nous pouvons nous flatter d'avoir donné à cet essai toute l'évidence des choses géométriques. Car, qu'on pousse le scepticisme si loin qu'on voudra (*);

―――――――――――――――――――

(*) « A quoi bon me prescrire des règles de conduite, dira peut-être un pyrrhonien, si je ne suis pas sûr de *la succession de mon existence* ? Peut-on me démontrer quelque chose pour l'avenir, sans supposer que je continue d'être *moi* ? Or, c'est ce que je nie. *Moi*, qui pense à-présent, est-ce *moi* qui pensoit il y a quatre jours ? Le souvenir est la seule preuve que j'en aie. Mais, cent fois j'ai cru me souvenir de ce que je n'avois jamais pensé; j'ai pris, pour fait constant, ce que j'avois rêvé : que sais-je encore si j'avois rêvé ? *Me l'a-t-on dit ? d'où cela me vient-il ? l'ai-je rêvé ?* Ce sont des discours que je tiens et que j'entends tous les jours : quelle certitude ai-je donc de mon identité ? *Je pense; donc je suis.* Cela est vrai. *J'ai pensé; donc j'étois.* C'est supposer ce qui est en question. *Vous étiez sans-doute, si vous avez pensé;* mais quelle démonstration avez-vous *que vous ayez pensé ?*... Aucune, il faut en convenir ». Cependant on agit,

qu'on aille jusqu'à douter de l'existence des êtres qui nous environnent; on n'en viendra jamais jusqu'à balancer sur ce qui se passe au-dedans de soi-même. Nos affections et nos penchans nous sont intimement connus; nous les sentons; ils existent, quels que soient les objets qui les exercent, imaginaires ou réels. La condition de ces êtres est indifférente à la vérité de nos conclusions. Leur certitude est même indépendante de notre état. Que je dorme ou que je veille, j'ai bien raisonné; car, qu'importe que ce qui me trouble, soit rêves fâcheux ou passions désordonnées, en suis-je moins troublé? Si, par hasard, la vie n'est qu'un songe, il sera question de le faire bon: et, cela supposé, voilà l'économie des passions qui devient nécessaire; nous voilà dans la même obligation d'être vertueux, pour rêver à notre aise; et nos démonstrations subsistent dans toute leur force.

Enfin nous avons donné, ce me semble, toute la certitude possible à ce que nous avons avancé,

---

on se pourvoit, comme si rien n'étoit plus vrai: le pyrrhonien même laisse ces subtilités à la porte de l'école, et suit le train commun. S'il perd au jeu, il paye comme si c'étoit lui qui eût perdu. Sans avoir plus de foi à ses raisonnemens que lui, je tiendrai donc pour assuré que *j'étois*, que *je suis*, et que *je continuerai d'être moi*; et conséquemment qu'il est possible de me démontrer *quel je dois être* pour mon bonheur.

sur la préférence des satisfactions de l'esprit aux plaisirs du corps; et de ceux-ci, lorsqu'ils sont accompagnés d'affections vertueuses, et goûtés avec modération, à eux-mêmes, lorsqu'on s'y livre avec excès, et qu'ils ne sont animés d'aucun sentiment raisonnable.

Ce que nous avons dit de la constitution de l'esprit, et de l'économie des affections qui forment le caractère, et décident du bonheur ou du malheur de la créature, n'est pas moins évident. Nous avons déduit, du rapport et de la connexion des parties, que, dans cette espèce d'architecture, affoiblir un côté, c'étoit les ébranler tous, et conduire l'édifice à sa ruine. Nous avons démontré que les passions, qui rendent l'homme vicieux, étoient pour lui autant de tourmens ; que toute action mauvaise étoit sujette aux remords ; que la destruction des affections sociales, l'affoiblissement des plaisirs intellectuels, et la connoissance intérieure qu'on n'en mérite point, sont des suites nécessaires de la dépravation. D'où nous avons conclu que le méchant n'avoit, ni en réalité, ni en imagination, le bonheur d'être aimé des autres, ni celui de partager leurs plaisirs; c'est-à-dire, que la source la plus féconde de nos joies étoit fermée pour lui.

Mais, si telle est la condition du méchant ; si son état, contraire à la nature, est misérable, horrible, accablant ; c'est donc pécher contre ses vrais intérêts, et s'acheminer au malheur, que d'enfreindre les principes de la morale. Au contraire, tempérer ses affections et s'exercer à la vertu, c'est tendre à son bien privé, et travailler à son bonheur.

C'est ainsi que la sagesse éternelle qui gouverne cet univers, a lié l'intérêt particulier de la créature au bien général de son système ; de sorte qu'elle ne peut croiser l'un sans s'écarter de l'autre, ni manquer à ses semblables sans se nuire à elle-même. C'est en ce sens qu'on peut dire de l'homme, qu'il est son plus grand ennemi, puisque son bonheur est en sa main, et qu'il n'en peut être frustré qu'en perdant de vue celui de la société et du tout dont il est partie. La vertu, la plus attrayante de toutes les beautés, la beauté par excellence, l'ornement et la base des affaires humaines, le soutien des communautés, le lien du commerce et des amitiés, la félicité des familles, l'honneur des contrées ; la vertu, sans laquelle tout ce qu'il y a de doux, d'agréable, de grand, d'éclatant et de beau, tombe et s'évanouit ; la vertu, cette qualité avantageuse à toute société, et plus généralement officieuse à tout le genre-humain, fait donc aussi l'intérêt réel et le bonheur présent de chaque créature en particulier.

L'homme ne peut donc être heureux que

par la vertu, et que malheureux sans elle. La vertu est donc le bien; le vice est donc le mal de la société, et de chaque membre qui la compose.

PENSÉES
PHILOSOPHIQUES.

Piscis hic non est omnium.

PENSÉES PHILOSOPHIQUES.

Quis leget hæc? PERS. *Sat.* 1.

J'écris de Dieu; je compte sur peu de lecteurs, et n'aspire qu'à quelques suffrages. Si ces pensées ne plaisent à personne, elles pourront n'être que mauvaises; mais je les tiens pour détestables, si elles plaisent à tout le monde.

I.

ON déclame sans fin contre les passions; on leur impute toutes les peines de l'homme; et l'on oublie qu'elles sont aussi la source de tous ses plaisirs. C'est, dans sa constitution, un élément dont on ne peut dire ni trop de bien ni trop de mal. Mais, ce qui me donne de l'humeur, c'est qu'on ne les regarde jamais que du mauvais côté. On croiroit faire injure à la raison, si l'on disoit un mot en faveur de ses rivales. Cependant, il n'y a que les passions, et les grandes passions, qui puissent élever l'ame aux grandes choses. Sans elles, plus de sublime, soit dans les mœurs, soit dans les ouvrages ; les beaux-arts retournent en enfance, et la vertu devient minutieuse.

II.

Les passions sobres font les hommes communs. Si j'attends l'ennemi, quand il s'agit du salut de ma patrie, je ne suis qu'un citoyen ordinaire. Mon amitié n'est que circonspecte, si le péril d'un ami me laisse les yeux ouverts sur le mien. La vie m'est-elle plus chère que ma maîtresse ? je ne suis qu'un amant comme un autre.

III.

Les passions amorties dégradent les hommes extraordinaires. La contrainte anéantit la grandeur et l'énergie de la nature. Voyez cet arbre ; c'est au luxe de ses branches que vous devez la fraîcheur et l'étendue de ses ombres : vous en jouirez jusqu'à ce que l'hiver vienne le dépouiller de sa chevelure. Plus d'excellence en poésie, en peinture, en musique, lorsque la superstition aura fait sur le tempérament l'ouvrage de la vieillesse.

IV.

Ce seroit donc un bonheur, me dira-t-on, d'avoir les passions fortes. Oui, sans-doute, si toutes sont à l'unisson. Etablissez entre elles une juste harmonie, et n'en appréhendez point de désordres. Si l'espérance est balancée par la crainte; le point-d'honneur, par l'amour de la vie; le penchant au plaisir, par l'intérêt de la santé: vous ne verrez ni libertins, ni téméraires, ni lâches.

V.

C'est le comble de la folie, que de se proposer la ruine des passions. Le beau projet, que celui d'un dévot, qui se tourmente comme un forcené, pour ne rien désirer, ne rien aimer, ne rien sentir; et qui finiroit par devenir un vrai monstre, s'il réussissoit !

V I.

Ce qui fait l'objet de mon estime dans un homme, pourroit-il être l'objet de mes mépris dans un autre ? Non, sans-doute. Le vrai, indépendant de mes caprices, doit être la règle de mes jugemens; et je ne ferai point un crime à celui-ci, de ce que j'admirerai dans celui-là comme une vertu. Croirai-je qu'il étoit réservé à quelques-uns de pratiquer des actes de perfection que la nature et la religion doivent ordonner indifféremment à tous ? Encore moins. Car, d'où leur viendroit ce privilège exclusif? Si Pacôme a bien fait de rompre avec le genre humain, pour s'enterrer dans une solitude, il ne m'est pas défendu de l'imiter: en l'imitant, je serai tout aussi vertueux que lui ; et je ne devine pas pourquoi cent autres n'auroient pas le même droit que moi. Cependant, il feroit beau voir une province entière, effrayée des dangers de la société, se disperser dans les forêts ; ses habitans vivre en bêtes farouches pour se sanctifier ; mille colonnes élevées sur les ruines de toutes affections sociales ; un nouveau peuple de *Stylites* se dépouiller, par religion, des sentimens de la nature, cesser d'être hommes, et faire les statues pour être vrais chrétiens.

VII.

Quelles voix ! quels cris ! quels gémissemens ! Qui a renfermés dans ces cachots tous ses cadavres plaintifs ? Quels crimes ont commis tous ces malheureux ? Les uns se frappent la poitrine avec des cailloux ; d'autres se déchirent le corps avec des ongles de fer ; tous ont les regrets, la douleur et la mort dans les yeux. Qui les condamne à ces tourmens ?... *Le Dieu qu'ils ont offensé*... Quel est donc ce Dieu ?... *Un Dieu plein de bonté*... Un Dieu plein de bonté trouveroit-il du plaisir à se baigner dans les larmes ? Les frayeurs ne feroient-elles pas injure à sa clémence ? Si des criminels avoient à calmer les fureurs d'un tyran, que feroient-ils de plus ?

VIII.

Il y a des gens dont il ne faut pas dire qu'ils craignent Dieu ; mais bien qu'ils en ont peur.

IX.

Sur le portrait qu'on me fait de l'Être suprême, sur son penchant à la colère, sur la rigueur de ses vengeances, sur certaines comparaisons qui nous expriment en nombre le rapport de ceux qu'il laisse périr, à ceux à qui il daigne tendre la main, l'ame la plus droite seroit tentée de souhaiter qu'il n'existât pas. L'on seroit assez tranquille en ce monde, si l'on étoit bien assuré que l'on n'a rien à craindre dans l'autre : la pensée qu'il n'y a point de Dieu n'a jamais effrayé personne ; mais bien celle qu'il y en a un, tel que celui qu'on me peint.

X.

Il ne faut imaginer Dieu ni trop bon ni méchant. La justice est entre l'excès de la clémence et la cruauté, ainsi que les peines finies sont entre l'impunité et les peines éternelles.

XI.

Je sais que les idées sombres de la superstition sont plus généralement approuvées que suivies ; qu'il est des dévots qui n'estiment pas qu'il faille se haïr cruellement pour bien aimer Dieu, et vivre en désespérés, pour être religieux : leur dévotion est enjouée ; leur sagesse est fort humaine : mais, d'où naît cette différence de sentimens entre des gens qui se prosternent aux pieds des mêmes autels ? La piété suivroit-elle aussi la loi de ce maudit tempérament ? Hélas ! comment en disconvenir ? Son influence ne se remarque que trop sensiblement dans le même dévot : il voit, selon qu'il est affecté, un Dieu vengeur ou miséricordieux, les enfers ou les cieux ouverts ; il tremble de frayeur, ou il brûle d'amour ; c'est une fièvre qui a ses accès froids et chauds.

XII.

Oui, je le soutiens ; la superstition est plus injurieuse à Dieu que l'athéisme. J'aimerois mieux, dit Plutarque, qu'on pensât qu'il n'y eut jamais de Plutarque au monde, que de croire que Plutarque est injuste, colère, inconstant, jaloux, vindicatif, et tel qu'il seroit bien fâché d'être.

XIII.

Le déiste seul peut faire tête à l'athée. Le superstitieux n'est pas de sa force. Son dieu n'est qu'un être d'imagination. Outre les difficultés de la matière, il est exposé à toutes celles qui résultent de la fausseté de ses notions. Un C.... un S.... auroient été mille fois plus embarrassans pour un Vanini, que tous les Nicoles et les Pascals (*) du monde.

XIV.

Pascal avoit de la droiture ; mais il étoit peureux et crédule. Élégant écrivain et raisonneur profond,

---

(*) Jansénistes célèbres.

il eût sans-doute éclairé l'univers, si la providence ne l'eût abandonné à des gens qui sacrifièrent ses talens à leurs haines. Qu'il seroit à souhaiter qu'il eût laissé aux théologiens de son temps le soin de vider leurs querelles ; qu'il se fût livré à la recherche de la vérité, sans réserve et sans crainte d'offenser Dieu, en se servant de tout l'esprit qu'il en avoit reçu ; et sur-tout, qu'il eût refusé pour maîtres, des hommes qui n'étoient pas dignes d'être ses disciples! On pourroit bien lui appliquer ce que l'ingénieux la Mothe disoit de La Fontaine : qu'il fut assez bête pour croire qu'Arnaud, de Sacy et Nicole valoient mieux que lui.

XV.

« Je vous dis qu'il n'y a point de Dieu ; que
» la création est une chimère ; que l'éternité du
» monde n'est pas plus incommode que l'éternité
» d'un esprit ; que, parce que je ne conçois pas
» comment le mouvement a pu engendrer cet uni-
» vers, qu'il a si bien la vertu de conserver, il
» est ridicule de lever cette difficulté, par l'exis-
» tence supposée d'un être que je ne conçois pas
» davantage ; que, si les merveilles, qui brillent
» dans l'ordre physique, décèlent quelque intelli-
» gence, les désordres qui règnent dans l'ordre
» moral, anéantissent toute providence. Je vous
» dis que, si tout est l'ouvrage d'un Dieu, tout
» doit être le mieux qu'il est possible : car, si

» tout n'est pas le mieux qu'il est possible, c'est
» en Dieu, impuissance ou mauvaise volonté. C'est
» donc pour le mieux, que je ne suis pas plus éclairé
» sur son existence : cela posé, qu'ai-je à faire
» de vos lumières ? Quand il seroit aussi démontré
» qu'il l'est peu, que tout mal est la source d'un
» bien ; qu'il étoit bon qu'un Britannicus, que le
» meilleur des princes pérît ; qu'un Néron, que le
» plus méchant des hommes régnât ; comment
» prouveroit-on qu'il étoit impossible d'atteindre
» au même but, sans user des mêmes moyens ?
» Permettre des vices, pour relever l'éclat des ver-
» tus, c'est un bien frivole avantage pour un in-
» convénient si réel ». Voilà, dit l'athée, ce que
je vous objecte ; qu'avez-vous à répondre ?....
« Que je suis un scélérat ; et que, si je n'avois
» rien à craindre de Dieu, je n'en combattrois
» pas l'existence ». Laissons cette phrase aux déclamateurs ; elle peut choquer la vérité ; l'urbanité
la défend ; et elle marque peu de charité. Parce
qu'un homme a tort de ne pas croire en Dieu,
avons-nous raison de l'injurier ? On n'a recours
aux invectives, que quand on manque de preuves.
Entre deux controversistes, il y a cent à parier
contre un, que celui qui aura tort se fâchera.
« Tu prends ton tonnerre, au-lieu de répondre,
» dit Ménippe à Jupiter ; tu as donc tort ».

XVI.

On demandoit un jour à quelqu'un, s'il y avoit

de vrais athées. Croyez-vous, répondit-il, qu'il y ait de vrais chrétiens ?

XVII.

Toutes les billevesées de la métaphysique ne valent pas un argument *ad hominem*. Pour convaincre, il ne faut quelquefois que réveiller le sentiment, ou physique ou moral. C'est avec un bâton, qu'on a prouvé au pyrrhonien qu'il avoit tort de nier son existence. Cartouche, le pistolet à la main, auroit pu faire à Hobbes une pareille leçon : « La » bourse ou la vie ; nous sommes seuls, je suis » le plus fort, et il n'est pas question entre nous » d'équité ».

XVIII.

Ce n'est pas de la main du métaphysicien, que sont partis les grands coups que l'athéisme a reçus. Les méditations sublimes de Mallebranche et de Descartes étoient moins propres à ébranler le matérialisme, qu'une observation de Malpighi. Si cette dangereuse hypothèse chancelle de nos jours, c'est à la physique expérimentale que l'honneur en est dû. Ce n'est que dans les ouvrages de Newton, de Muschenbroek, d'Hartzoeker et de Nieuwentit, qu'on a trouvé des preuves satisfaisantes de l'existence d'un être souverainement intelligent. Grâces aux travaux de ces grands hommes, le monde n'est plus un dieu ; c'est une machine qui à ses roues, ses cordes, ses poulies, ses ressorts et ses poids.

XIX.

Les subtilités de l'ontologie ont fait tout au plus des sceptiques ; c'est à la connoissance de la nature, qu'il étoit réservé de faire de vrais déistes. La seule découverte des germes a dissipé une des plus puissantes objections de l'athéisme. Que le mouvement soit essentiel ou accidentel à la matière, je suis maintenant convaincu que ses effets se terminent à des développemens : toutes les observations concourent à me démontrer que la putréfaction seule ne produit rien d'organisé ; je puis admettre que le mécanisme de l'insecte le plus vil n'est pas moins merveilleux que celui de l'homme ; et je ne crains pas qu'on en infère qu'une agitation intestine des molécules, étant capable de donner l'un, il est vraisemblable qu'elle a donné l'autre. Si un athée avoit avancé, il y a deux cents ans, qu'on verroit peut-être un jour des hommes sortir tout formés des entrailles de la terre, comme on voit éclore une foule d'insectes d'une masse de chair échauffée, je voudrois bien savoir ce qu'un métaphysicien auroit eu à lui répondre.

XX.

C'étoit en vain que j'avois essayé contre un athée les subtilités de l'école ; il avoit même tiré de la

foibles e de ces raisonnemens, une objection assez
forte. « Une multitude de vérités inutiles me sont
» démontrées sans réplique, disoit-il ; et l'exis-
» tence de Dieu, la réalité du bien et du mal moral,
» l'immortalité de l'ame, sont encore des problé-
» mes pour moi : quoi donc ! me seroit-il moins
» important d'être éclairé sur ces sujets, que d'être
» convaincu que les trois angles d'un triangle
» sont égaux à deux droits »? Tandis qu'en habile déclamateur, il me faisoit avaler à longs traits
toute l'amertume de cette réflexion, je rengageai
le combat par une question qui dût paroître singulière à un homme enflé de ses premiers succès....
Êtes-vous un être pensant, lui demandai-je ?....
« En pourriez-vous douter, me répondit-il d'un
» air satisfait ?... ». Pourquoi non ? qu'ai-je apperçu qui m'en convainque ?... des sons et des mouvemens ?... Mais le philosophe en voit autant
dans l'animal qu'il dépouille de la faculté de penser :
pourquoi vous accorderois-je ce que Descartes
refuse à la fourmi ? Vous produisez à l'extérieur
des actes assez propres à m'en imposer ; je serois
tenté d'assurer que vous pensez en effet ; mais la
raison suspend mon jugement. « Entre les actes
» extérieurs de la pensée, il n'y a point de liaison
» essentielle, me dit-elle ; il est impossible que
» ton antagoniste ne pense non plus que sa mon-
» tre : falloit-il prendre pour un être pensant, le
» premier animal à qui l'on apprit à parler ? Qui

» t'a révélé que tous les hommes ne sont pas
» autant de perroquets instruits à ton insu ?....
» Cette comparaison est tout-au-plus ingénieuse,
» me répliqua-t-il ; ce n'est pas sur le mouve-
» ment et les sons, c'est sur le fil des idées, la
» conséquence qui règne entre les propositions et
» la liaison des raisonnemens, qu'il faut juger
» qu'un être pense : s'il se trouvoit un perro-
» quet qui répondît à tout, je prononcerois, sans
» balancer, que c'est un être pensant.... Mais, qu'a
» de commun cette question avec l'existence de
» Dieu ? quand vous m'aurez démontré que l'hom-
» me en qui j'apperçois le plus d'esprit n'est peut-
» être qu'un automate, en serai-je mieux disposé à
» reconnoître une intelligence dans la nature ?... ».
C'est mon affaire, repris-je : convenez, cependant,
qu'il y auroit de la folie à refuser à vos semblables la faculté de penser. « Sans-doute ; mais que
» s'ensuit-il de-là ?... ». Il s'ensuit que, si l'univers, que dis-je l'univers, que si l'aile d'un papillon m'offre des traces mille fois plus distinctes d'une
intelligence, que vous n'avez d'indices que votre
semblable est doué de la faculté de penser, il
seroit mille fois plus fou de nier qu'il existe un
Dieu, que de nier que votre semblable pense. Or,
que cela soit ainsi, c'est à vos lumières, c'est
à votre conscience que j'en appelle : avez-vous
jamais remarqué dans les raisonnemens, les actions et la conduite de quelqu'homme que ce soit,

plus d'intelligence, d'ordre, de sagacité, de conséquence que dans le mécanisme d'un insecte? La Divinité n'est-elle pas aussi clairement empreinte dans l'œil d'un ciron, que la faculté de penser dans les ouvrages du grand Newton? Quoi! le monde formé prouve moins une intelligence que le monde expliqué?... Quelle assertion!... « Mais, » répliquez-vous, j'admets la faculté de penser » dans un autre, d'autant plus volontiers, que je » pense moi-même.... ». Voilà, j'en tombe d'accord, une présomption que je n'ai point; mais, n'en suis-je pas dédommagé par la supériorité de mes preuves sur les vôtres? L'intelligence d'un premier être ne m'est-elle pas mieux démontrée dans la nature, par ses ouvrages, que la faculté de penser dans un philosophe, par ses écrits? songez donc que je ne vous objectois qu'une aile de papillon, qu'un œil de ciron, quand je pouvois vous écraser du poids de l'univers. Ou je me trompe lourdement, ou cette preuve vaut bien la meilleure qu'on ait encore dictée dans les écoles. C'est sur ce raisonnement, et quelques autres de la même simplicité, que j'admets l'existence d'un Dieu, et non sur ces tissus d'idées sèches et métaphysiques, moins propres à dévoiler la vérité qu'à lui donner l'air du mensonge.

XXI.

J'ouvre les cahiers d'un professeur célèbre, et

je lis : — « Athées, je vous accorde que le mouve-
» ment est essentiel à la matière ; qu'en concluez-
» vous ?.... que le monde résulte du jet fortuit
» des atômes ? J'aimerois autant que vous me dis-
» siez que l'Iliade d'Homère, ou la Henriade de
» Voltaire, est un résultat de jets fortuits de ca-
» ractères ». Je me garderai bien de faire ce raisonnement à un athée : cette comparaison lui don-
neroit beau jeu. Selon les loix de l'analyse des
sorts, me diroit-il, je ne dois point être surpris
qu'une chose arrive lorsqu'elle est possible, et que
la difficulté de l'événement est compensée par la
quantité des jets. Il y a tel nombre de coups dans
lesquels je gagerois, avec avantage, d'amener cent
mille six-à-la-fois avec cent mille dez. Quelle que
fût la somme finie des caractères avec laquelle on
me proposeroit d'engendrer fortuitement l'Iliade,
il y a telle somme finie de jets qui me rendroit la
proposition avantageuse : mon avantage seroit même infini, si la quantité de jets accordée étoit infinie. Vous voulez bien convenir avec moi, conti-
nueroit-il, que la matière existe de toute éternité,
et que le mouvement lui est essentiel. Pour répondre à cette faveur, je vais supposer avec vous que
le monde n'a point de bornes ; que la multitude des
atômes étoit infini ; et que cet ordre qui vous étonne
ne se dément nulle part : or, de ces aveux réciproques, il ne s'ensuit autre chose, si-non que la
possibilité d'engendrer fortuitement l'univers, est

très-petite, mais que la quantité des jets est infinie, c'est-à-dire, que la difficulté de l'événement est plus que suffisamment compensée par la multitude des jets. Donc, si quelque chose doit répugner à la raison, c'est la supposition que, la matière s'étant mue de toute éternité, et qu'y ayant peut-être dans la somme infinie des combinaisons possibles un nombre infini d'arrangemens admirables, il ne se soit rencontré aucun de ces arrangemens admirables, dans la multitude infinie de ceux qu'elle a pris successivement. Donc, l'esprit doit être plus étonné de la durée hypothétique du chaos que de la naissance réelle de l'univers.

XXII.

Je distingue les athées en trois classes. Il y en a quelques-uns qui vous disent nettement qu'il n'y a point de Dieu, et qui le pensent; *ce sont les vrais athées* : un assez grand nombre, qui ne savent qu'en penser, et qui décideroient volontiers la question à croix ou pile; *ce sont les athées sceptiques* : beaucoup plus qui voudroient qu'il n'y en eût point, qui font semblant d'en être persuadés, qui vivent comme s'ils l'étoient; *ce sont les fanfarons du parti*. Je déteste les fanfarons; ils sont faux : je plains les vrais athées; toute consolation me semble morte pour eux : *et je prie Dieu* pour les sceptiques; ils manquent de lumières.

XXIII.

Le déiste assure l'existence d'un Dieu, l'immortalité de l'ame et ses suites: le sceptique n'est point décidé sur ces articles; l'athée les nie. Le sceptique a donc, pour être vertueux, un motif de plus que l'athée, et quelque raison de moins que le déiste. Sans la crainte du législateur, la pente du tempérament, et la connoissance des avantages actuels de la vertu, la probité de l'athée manqueroit de fondement, et celle du sceptique seroit fondée sur un *peut-être*.

XXIV.

Le scepticisme ne convient pas à tout le monde. Il suppose un examen profond et désintéressé : celui qui doute, parce qu'il ne connoît pas les raisons de crédibilité, n'est qu'un ignorant. Le vrai sceptique a compté et pesé les raisons. Mais ce n'est pas une petite affaire que de peser des raisonnemens. Qui de nous en connoît exactement la valeur ? Qu'on apporte cent preuves de la même vérité, aucune ne manquera de partisans. Chaque esprit a son télescope. C'est un colosse à mes yeux, que cette objection qui disparoît aux vôtres : vous trouvez légère une raison qui m'écrase. Si nous sommes divisés sur la valeur intrinsèque, comment nous accorderons-nous sur le poids relatif ? Dites-moi combien faut-il de preuves morales pour contre-balancer une conclusion métaphysique ? Sont-ce mes lunettes qui pèchent où les vôtres ? Si donc il est si difficile de peser des raisons, et s'il n'est

point de questions qui n'en aient pour et contre, et presque toujours à égale mesure, pourquoi tranchons-nous si vîte ? D'où nous vient ce ton si décidé ? N'avons-nous pas éprouvé cent fois que la suffisance dogmatique révolte ? « On me fait haïr
» les choses vraisemblables, dit l'auteur des Es-
» sais, quand on me les plante pour infaillibles.
» J'aime ces mots qui amollissent et modèrent la
» témérité de nos propositions ; *à l'aventure, au-*
» *cunement, quelque, on dit, je pense,* et autres
» semblables : et si j'eusse eu à dresser des enfans,
» je leur eusse tant mis en la bouche cette façon de
» répondre enquestante, non résolutive, *qu'est-ce*
» *à dire ? je ne l'entends pas, il pourroit être,*
» *est-il vrai ?* qu'ils eussent plutôt gardé la forme
» d'apprentifs à soixante ans, que de représenter
» les docteurs à dix ans, comme ils font ».

X X V.

Qu'est-ce que Dieu ? Question qu'on fait aux enfans, et à laquelle les philosophes ont bien de la peine à répondre.

On sait à quel âge un enfant doit apprendre à lire, à chanter, à danser, le latin, la géométrie. Ce n'est qu'en matière de religion qu'on ne consulte point sa portée ; à-peine entend-il, qu'on lui demande : Qu'est-ce que Dieu ? C'est dans le même instant, c'est de la même bouche qu'il apprend qu'il y a des esprits follets, des revenans, des loupsgaroux, et un Dieu. On lui inculque une des plus importantes vérités, d'une manière capable de la décrier un jour au tribunal de sa raison. En effet, qu'y aura-t-il de suprenant, si, trouvant à l'âge de vingt ans l'existence de Dieu confondue dans sa tête avec une foule de préjugés ridicules, il vient à la méconnoître et à la traiter ainsi que nos juges traitent un honnête homme qui se trouve engagé, par accident, dans une troupe de coquins ?

XXVI.

On nous parle trop tôt de Dieu : autre défaut ; on n'insiste pas assez sur sa présence. Les hommes ont banni la Divinité d'entre eux ; ils l'ont reléguée dans un sanctuaire ; les murs d'un temple bornent sa vue ; elle n'existe point au-delà. Insensés que vous êtes ! détruisez ces enceintes qui rétrécissent vos idées ; élargissez Dieu ; voyez-le par-tout où il est, ou dites qu'il n'est point. Si j'avois un enfant à dresser, moi, je lui ferois de la Divinité une compagnie si réelle, qu'il lui en coûteroit peut-être moins pour devenir athée, que pour s'en distraire. Au-lieu de lui citer l'exemple d'un autre homme qu'il connoît quelquefois pour plus méchant que lui, je lui dirois brusquement: *Dieu t'entend, et tu mens.* Les jeunes gens veulent être pris par les sens. Je multiplierois donc autour de lui les signes indicatifs de la présence divine. S'il se faisoit, par exemple, un cercle chez moi, j'y marquerois une

place à Dieu, et j'accoutumerois mon élève à dire :
« Nous étions quatre, Dieu, mon ami, mon gou-
» verneur et moi ».

XXVII.

L'ignorance et l'*incuriosité* sont deux oreillers fort doux; mais pour les trouver tels, il faut avoir *la tête aussi bien faite* que Montaigne.

XXVIII.

Les esprits bouillans, les imaginations ardentes ne s'accommodent pas de l'indolence du sceptique. Ils aiment mieux hasarder un choix que de n'en faire aucun; se tromper, que de vivre incertains: soit qu'ils se méfient de leurs bras, soit qu'ils craignent la profondeur des eaux, on les voit toujours suspendus à des branches dont ils sentent toute la foiblesse, et auxquelles ils aiment mieux demeurer accrochés que de s'abandonner au torrent. Ils assurent tout, bien qu'ils n'aient rien soigneusement examiné : ils ne doutent de rien, parce qu'ils n'en ont ni la patience, ni le courage. Sujets à des lueurs qui les décident, si par hasard ils rencontrent la vérité, ce n'est point à tâtons, c'est brusquement, et comme par révélation. Ils sont, entre les dogmatiques, ce qu'on appelle les illuminés chez le peuple dévot. J'ai vu des individus de cette espèce inquiète, qui ne concevoient pas comment on pouvoit allier la tranquillité d'esprit avec l'indécision.

« Le moyen de vivre heureux, sans savoir qui l'on est, d'où l'on vient, où l'on va, pourquoi l'on est venu » ! Je me pique d'ignorer tout cela, sans en être plus malheureux, répondoit froidement le sceptique : ce n'est point ma faute, si j'ai trouvé ma raison muette quand je l'ai questionnée sur mon état. Toute ma vie j'ignorerai, sans chagrin, ce qu'il m'est impossible de savoir. Pourquoi regretterois-je des connoissances que je n'ai pu me procurer, et qui, sans-doute, ne me sont pas fort nécessaires, puisque j'en suis privé ? J'aimerois autant, a dit un des premiers génies de notre siècle, m'affliger sérieusement de n'avoir pas quatre yeux, quatre pieds, et deux ailes.

XXIX.

On doit exiger de moi que je cherche la vérité, mais non que je la trouve. Un sophisme ne peut-il pas m'affecter plus vivement qu'une preuve solide ? Je suis nécessité de consentir au faux que je prends pour le vrai, et de rejeter le vrai que je prends pour le faux : mais, qu'ai-je à craindre, si c'est innocemment que je me trompe ? L'on n'est point récompensé dans l'autre monde, pour avoir eu de l'esprit dans celui-ci : y seroit-on puni pour en avoir manqué ? Damner un homme pour de mauvais raisonnemens, c'est oublier qu'il est un sot, pour le traiter comme un méchant.

XXX.

Qu'est-ce qu'un sceptique ? C'est un philosophe

qui a douté de tout ce qu'il croit, et qui croit ce qu'un usage légitime de sa raison et de ses sens lui a démontré vrai. Voulez-vous quelque chose de plus précis? Rendez sincère le pyrrhonien, et vous aurez le sceptique.

XXXI.

Ce qu'on n'a jamais mis en question, n'a point été prouvé. Ce qu'on n'a point examiné sans prévention, n'a jamais été bien examiné. Le scepticisme est donc le premier pas vers la vérité. Il doit être général, car il en est la pierre-de-touche. Si, pour s'assurer de l'existence de Dieu, le philosophe commence par en douter, y a-t-il quelque proposition qui puisse se soustraire à cette épreuve?

XXXII.

L'incrédulité est quelquefois le vice d'un sot ; et la crédulité, le défaut d'un homme d'esprit. L'homme d'esprit voit loin dans l'immensité des possibles; le sot ne voit guère de possible que ce qui est. C'est là peut-être ce qui rend l'un pusillanime, et l'autre téméraire.

XXXIII.

On risque autant à croire trop, qu'à croire trop peu. Il n'y a ni plus ni moins de danger à être polythéiste qu'athée : or, le scepticisme peut seul garantir également, en tout temps et en tout lieu, de ces deux excès opposés.

XXXIV.

Un semi-scepticisme est la marque d'un esprit foible; il décèle un raisonneur pusillanime, qui se laisse effrayer par les conséquences; un superstitieux, qui croit honorer son Dieu par les entraves où il met sa raison; une espèce d'incrédule, qui craint de se démasquer à lui-même : car si la vérité n'a rien à perdre à l'examen, comme en est convaincu le semi-sceptique, que pense-t-il au fond de son ame de ces notions privilégiées qu'il appréhende de sonder, et qui sont placées dans un recoin de sa cervelle, comme dans un sanctuaire dont il n'ose approcher?

XXXV.

J'entends crier de toute part à l'impiété. Le chrétien est impie en Asie, le musulman en Europe, le papiste à Londres, le calviniste à Paris, le le janséniste au haut de la rue St.-Jacques, le moliniste au fond du fauxbourg St.-Médard. Qu'est-ce donc qu'un impie? Tout le monde l'est-il, ou personne?

XXXVI.

Quand les dévots se déchaînent contre le scepticisme, il me semble qu'ils entendent mal leur intérêt, ou qu'ils se contredisent. S'il est certain qu'un culte vrai, pour être embrassé, et qu'un faux culte, pour être abandonné, n'ont besoin que d'être bien connus; il seroit à souhaiter qu'un doute universel se répandît sur la surface de la terre, et que tous les peuples voulussent bien mettre en question la vérité de leurs religions : nos missionnaires trouveroient la bonne moitié de leur besogne faite.

XXXVII.

Celui qui ne conserve pas par choix le culte qu'il a reçu par éducation, ne peût non plus se glorifier d'être chrétien ou musulman, que de n'être point né aveugle ou boiteux. C'est un bonheur, et non pas un mérite.

XXXVIII.

Celui qui mourroit pour un culte dont il connoîtroit la fausseté, seroit un enragé.

Celui qui meurt pour un culte faux, mais qu'il croit vrai, ou pour un culte vrai, mais dont il n'a point de preuves, est un fanatique.

Le vrai martyr est celui qui meurt pour un culte vrai, et dont la vérité lui est démontrée.

XXXIX.

Le vrai martyr attend la mort.
L'enthousiaste y court!

XL.

Celui qui, se trouvant à la Mecque, iroit insulter aux cendres de Mahomet, renverser ses autels, et troubler toute une mosquée, se feroit empaler, à-coup-sûr, et ne seroit peut-être pas canonisé. Ce zèle n'est plus à la mode. Polieucte ne seroit de nos jours qu'un insensé.

XLI.

Le temps des révélations, des prodiges, et des missions extraordinaires est passé. Le christianisme n'a plus besoin de cet échafaudage. Un homme, qui s'aviseroit de jouer parmi nous le rôle de Jonas, de courir les rues en criant : « Encore trois jours, » et Paris ne sera plus : Parisiens, faites pénitence, » couvrez-vous de sacs et de cendres, ou dans » trois jours vous périrez », seroit incontinent saisi, et traîné devant un juge, qui ne manqueroit pas de l'envoyer aux Petites-Maisons. Il auroit beau dire : « Peuples, Dieu vous aime-t-il moins que le » Ninivite ? Etes-vous moins coupables que lui » ? On ne s'amuseroit point à lui répondre ; et pour le traiter en visionnaire, on n'attendroit pas le terme de sa prédiction.

Elie peut revenir de l'autre monde quand il voudra ; les hommes sont tels, qu'il fera de grands miracles s'il est bien accueilli dans celui-ci.

XLII.

Lorsqu'on annonce au peuple un dogme qui contredit la religion dominante, ou quelque fait contraire à la tranquillité publique, justifiât-on sa mission par des miracles, le gouvernement a droit de sévir, et le peuple de crier : *Crucifige*. Quel danger n'y auroit-il pas à abandonner les esprits aux séductions d'un imposteur, ou aux rêveries d'un visionnaire ? Si le sang de Jésus-Christ a crié vengeance contre les Juifs, c'est qu'en le répandant, ils fermoient l'oreille à la voix de Moïse et des prophètes, qui le déclaroient le Messie. Un ange vint-il à descendre des cieux, appuyât-il ses raisonnemens par des miracles, s'il prêche contre la loi de Jésus-Christ, Paul veut qu'on lui dise anathême. Ce n'est donc pas par les miracles qu'il faut juger de la mission d'un homme, mais c'est par la conformité de sa doctrine avec celle du peuple auquel il se dit envoyé, *sur-tout lorsque la doctrine de ce peuple est démontrée vraie.*

XLIII.

Toute innovation est à craindre dans un gouvernement. La plus sainte et la plus douce des religions, le christianisme même ne s'est pas affermi sans causer quelques troubles. Les premiers enfans de l'église sont sortis plus d'une fois de la modération et de la patience qui leur étoient prescrites. Qu'il me soit permis de rapporter ici quelques fragmens d'un édit de l'empereur Julien ; ils caractériseront à merveille le génie de ce prince philosophe, et l'humeur des zélés de son temps.

J'avois imaginé, dit Julien, que les chefs des Galiléens sentiroient combien mes procédés sont différens de ceux de mon prédécesseur, et qu'ils m'en sauroient quelque gré : ils ont souffert, sous son règne, l'exil et les prisons ; et l'on a passé au fil de l'épée une multitude de ceux qu'ils appellent entre eux hérétiques.... Sous le mien, on a rappelé les exilés, élargi les prisonniers, et rétabli les proscrits dans la possession de leurs biens. Mais, telle est l'inquiétude et la fureur de cette espèce d'hommes, que, depuis qu'ils ont perdu le privilège de se dévorer les uns les autres, de tourmenter et ceux qui sont attachés à leurs dogmes, et ceux qui suivent la religion autorisée par les loix, ils n'épargnent aucun moyen, ne laissent échapper aucune occasion d'exciter des révoltes ; gens sans égard pour la vraie piété, et sans respect pour nos constitutions.... Toute-fois nous n'entendons pas qu'on les traîne aux pieds de nos autels, et qu'on leur fasse violence.... Quant au menu peuple, il paroît que ce sont ces chefs qui fomentent en lui l'esprit de sédition; furieux qu'ils sont des bornes que nous avons mises à leurs pouvoirs; car nous les avons bannis de nos tribunaux, et ils n'ont plus la commodité de disposer des testamens, de supplanter les héritiers légitimes, et de s'emparer des successions.... C'est pourquoi nous défendons à ce peuple de s'assembler en tumulte, et de cabaler chez ses prêtres séditieux.... Que cet édit fasse la sûreté de nos magistrats que les mutins ont insultés plus d'une fois, et mis en danger d'être lapidés.... Qu'ils se rendent paisiblement chez leurs chefs, qu'ils y prient, qu'ils s'y instruisent, et qu'ils y satisfassent au culte qu'ils en ont reçu; nous le leur permettons: mais qu'ils renoncent à tout dessein factieux.... Si ces assemblées sont pour eux une occasion de révolte, ce sera à leurs risques et fortunes; je les en avertis.... Peuples incrédules, vivez en paix.... Et vous qui êtes demeurés fidèles à la religion de votre pays et aux dieux de vos pères, ne persécutez point des voisins, des concitoyens, dont l'ignorance est encore plus à plaindre que la méchanceté n'est à blâmer.... C'est par la raison et non par la violence qu'il faut ramener les hommes à la vérité. Nous vous enjoignons donc à vous tous, nos fidèles sujets, de laisser en repos les Galiléens.

Tels étoient les sentimens de ce prince, à qui l'on peut reprocher le paganisme, mais non l'apostasie: il passa les premières années de sa vie sous différens maîtres, et dans différentes écoles; et fit, dans un âge plus avancé, un choix infortuné: il se décida malheureusement pour le culte de ses aïeux, et les dieux de son pays.

XLIV.

Une chose qui m'étonne, c'est que les ouvrages de ce savant empereur soient parvenus jusqu'à nous,

Ils contiennent des traits qui ne nuisent point à la vérité du christianisme, mais qui sont assez désavantageux à quelques chrétiens de son temps, pour qu'ils se sentissent de l'attention singulière que les pères de l'église ont eue de supprimer les ouvrages de leurs ennemis. C'est apparemment de ses prédécesseurs que Saint Grégoire le Grand avoit hérité du zèle barbare qui l'anima contre les lettres et les arts. S'il n'eût tenu qu'à ce pontife, nous serions dans le cas des Mahométans, qui en sont réduits pour toute lecture à celle de leur alcoran. Car, quel eût été le sort des anciens écrivains, entre les mains d'un homme qui solécisoit par principe de religion; qui s'imaginoit, qu'observer les règles de la grammaire, c'étoit soumettre Jésus-Christ à Donat, et qui se crut obligé en conscience de combler les ruines de l'antiquité?

XLV.

Cependant, la divinité des écritures n'est point un caractère si clairement empreint en elles, que l'autorité des historiens sacrés soit absolument indépendante du témoignage des auteurs profanes. Où en serions-nous, s'il falloit reconnoître le doigt de Dieu dans la forme de notre bible! Combien la version latine n'est-elle pas misérable? Les originaux même ne sont pas des chefs-d'œuvre de composition. Les prophètes, les apôtres, et les évangélistes ont écrit comme ils y entendoient. S'il nous étoit permis de regarder l'histoire du peuple hébreu comme une simple production de l'esprit humain, Moïse et ses continuateurs ne l'emporteroient pas sur Tite-Live, Salluste, César et Joseph, tous gens qu'on ne soupçonne pas assurément d'avoir écrit par inspiration. Ne préfère-t-on pas même le jésuite Berruyer à Moïse ? On conserve, dans nos églises, des tableaux qu'on nous assure avoir été peints par des anges et par la divinité même : si ces morceaux étoient sortis de la main de le Sueur ou de le Brun, que pourrois-je opposer à cette tradition immémoriale ? Rien du tout, peut-être. Mais quand j'observe ces célestes ouvrages, et que je vois à chaque pas les règles de la peinture violées dans le dessin et dans l'exécution, le vrai de l'art abandonné par-tout, ne pouvant supposer que l'ouvrier étoit un ignorant, il faut bien que j'accuse la tradition d'être fabuleuse. Quelle application ne ferois-je point de ces tableaux aux saintes écritures, si je ne savois combien il importe peu que ce qu'elles contiennent soit bien ou mal dit ? Les prophètes se sont piqués de dire vrai, et non pas de bien dire. Les apôtres sont-ils morts pour autre chose que pour la vérité de ce qu'ils ont dit, ou écrit ? Or, pour en revenir au point que je traite, de quelle conséquence n'étoit-il pas de conserver des auteurs profanes qui ne pouvoient manquer de s'accorder avec les auteurs sacrés, au-moins sur l'existence et les miracles de Jésus-Christ, sur les qualités et le caractère de Ponce-Pilate, et sur les actions et le martyre des premiers chrétiens ?

XLVI.

Un peuple entier, me direz-vous, est témoin de ce fait; oserez-vous le nier? Oui, j'oserai, tant qu'il ne me sera pas confirmé par l'autorité de quelqu'un qui ne soit pas de votre parti, et que j'ignorerai que ce quelqu'un étoit incapable de fanatisme et de séduction. Il y a plus. Qu'un auteur d'une impartialité avouée, me raconte qu'un gouffre s'est ouvert au milieu d'une ville; que les dieux consultés sur cet événement, ont répondu qu'il se refermera si l'on y jette ce que l'on possède de plus précieux; qu'un brave chevalier s'y est précipité, et que l'oracle s'est accompli; je le croirai beaucoup moins que s'il eût dit simplement qu'un gouffre s'étant ouvert, on employa un temps et des travaux considérables pour le combler. Moins un fait a de vraisemblance, plus le témoignage de l'histoire perd de son poids. Je croirois sans peine un seul honnête homme qui m'annonceroit *que sa majesté vient de remporter une victoire complète* sur les alliés; mais, tout Paris m'assureroit qu'un mort vient de ressusciter à Passy, que je n'en croirois rien. Qu'un historien nous en impose, ou que tout un peuple se trompe, ce ne sont pas des prodiges.

XLVII.

Tarquin projette d'ajouter de nouveaux corps

de cavalerie à ceux que Romulus avoit formés. Un augure lui soutient que toute innovation dans cette milice est sacrilège, si les dieux ne l'ont autorisée. Choqué de la liberté de ce prêtre, et résolu de le confondre et de décrier en sa personne un art qui croisoit son autorité, Tarquin le fait appeler sur la place publique, et lui dit : « Devin, » ce que je pense est-il possible ? Si ta science » est telle que tu la vantes, elle te met en état de » répondre ». L'augure ne se déconcerte point, consulte les oiseaux, et répond : « Oui, prince, ce » que tu penses se peut faire ». Lors, Tarquin tirant un rasoir de dessous sa robe, et prenant à la main un caillou : « Approche, dit-il au devin, » coupe-moi ce caillou, avec ce rasoir ; car j'ai » pensé que cela se pouvoit ». Navius, c'est le nom de l'augure, se tourne vers le peuple, et dit avec assurance : « Qu'on applique le rasoir au caillou, » et qu'on me traîne au supplice, s'il n'est divisé » sur-le-champ ». L'on vit en effet, contre toute attente, la dureté du caillou céder au tranchant du rasoir : ses parties se séparent si promptement, que le rasoir porte sur la main de Tarquin, et en tire du sang. Le peuple, étonné, fait des acclamations; Tarquin renonce à ses projets, et se déclare protecteur des augures; on enferme, sous un autel, le rasoir et les fragmens du caillou. On élève une statue au devin : cette statue subsistoit encore sous le règne d'Auguste ; et l'antiquité profane et sacrée

K. *

nous atteste la vérité de ce fait, dans les écrits de Lactance, de Denys d'Halicarnasse, et de Saint Augustin.

Vous avez entendu l'histoire; écoutez la superstition. « Que répondez-vous à cela ? il faut, dit
» le superstitieux Quintus à Cicéron son frère, il
» faut se précipiter dans un monstrueux pyrrho-
» nisme, traiter les peuples et les historiens de
» stupides, et brûler les annales, ou convenir de
» ce fait. Nierez-vous tout, plutôt que d'avouer
» que les dieux se mêlent de nos affaires ?

Hoc ego philosophi non arbitror testibus uti, qui aut casu veri aut malitiâ falsi, fictique esse possunt. Argumentis et rationibus oportet, quare quidque ita sit, docere, non eventis, iis præsertim quibus mihi non liceat credere..... Omitte igitur lituum Romuli, quem in maximo incendio negas potuisse comburi? Contemne cotem Accii Navii? Nihil debet esse in philosophiâ commentitiis fabellis loci. Illud erat philosophi, totius augurii primùm naturam ipsam videre, deindè Inventionnem, deindè Constantiam..... Habent Etrusci exaratum puerum autorem disciplinæ suæ. Nos quem? Acciumne Navium? Placet igitur humanitatis expertes habere Divinitatis autores? Mais c'est la croyance des rois, des peuples, des nations, et du monde. *Quasi verè quidquam sit tam valdè, quàm nihil sapere vulgare? Aut quasi tibi ipsi in judicando placeat multitudo*. Voilà la réponse du philosophe. Qu'on me cite un seul prodige auquel elle ne soit pas applicable ? Les pères de l'église, qui voyoient sans doute de grands inconvéniens à se servir des principes de Cicéron, ont mieux aimé convenir de l'aventure de Tarquin, et attribuer l'art de Navius au diable. C'est une belle machine que le diable.

XLVIII.

Tous les peuples ont de ces faits, à qui, pour être merveilleux, il ne manque que d'être vrais ; avec lesquels on démontre tout, mais qu'on ne prouve point ; qu'on n'ose nier sans être impie, et qu'on ne peut croire sans être imbécille.

XLIX.

Romulus, frappé de la foudre, ou massacré par les sénateurs, disparoît d'entre les romains. Le peuple et le soldat en murmurent. Les ordres de l'état se soulèvent les uns contre les autres ; et Rome naissante, divisée au-dedans, et environnée d'ennemis au-dehors, étoit au bord du précipice, lorsqu'un certain Proculeius s'avance gravement et dit : « Romains, ce prince, que vous regrettez, » n'est point mort : il est monté aux cieux, où il » est assis à la droite de Jupiter. Va, m'a-t-il dit, » calme tes concitoyens, annonce-leur que Romu- » lus est entre les dieux ; assure-les de ma protec-

» tion ; qu'ils sachent que les forces de leurs » ennemis ne prévaudront jamais contre eux : le » destin veut qu'ils soient un jour les maîtres du » monde ; qu'ils en fassent seulement passer la » prédiction d'âge en âge, à leur postérité la plus » reculée ». Il est des conjonctures favorables à l'imposture ; et si l'on examine quel étoit alors l'état des affaires de Rome, on conviendra que Proculeius étoit homme de tête, et qu'il avoit su prendre son temps. Il introduisit dans les esprits un préjugé qui ne fut pas inutile à la grandeur future de sa patrie.... *Mirùm est quantùm illi viro nuntianti hæc fides fuerit ; quamque desiderium Romuli apud plebem, factâ fide immortalitatis, lenitum sit. Famam hanc admiratio viri et pavor præsens nobilitavit ; deindè à paucis initio facto, Deum, Deo natum salvere universi Romulum jubent.* C'est-à-dire, que le peuple crut à cette apparition ; que les sénateurs firent semblant d'y croire, et que Romulus eut des autels. Mais les choses n'en demeurèrent pas là. Bientôt ce ne fut point un simple particulier à qui Romulus s'étoit apparu. Il s'étoit montré à plus de mille personnes en un jour. Il n'avoit point été frappé de la foudre, les sénateurs ne s'en étoient point défaits à la faveur d'un temps orageux : mais il s'étoit élevé dans les airs au milieu des éclairs et au bruit du tonnerre, à la vue de tout un peuple ; et cette aventure se *aalfeutra*, avec le temps, d'un si grand nombre de pièces, que les esprits forts du siècle suivant devoient en être fort embarrassés.

L.

Une seule démonstration me frappe plus que cinquante faits. Grace à l'extrême confiance que j'ai en ma raison, ma foi n'est point à la merci du premier saltimbanque. Pontife de Mahomet, redresse des boiteux ; fais parler des muets ; rends la vue aux aveugles ; guéris des paralytiques ; ressuscite des morts ; restitue même aux estropiés les membres qui leur manquent, miracle qu'on n'a point encore tenté ; et à ton grand étonnement, ma foi n'en sera point ébranlée. Veux-tu que je devienne ton prosélyte ? laisse tous ces prestiges, et raisonnons. Je suis plus sûr de mon jugement que de mes yeux.

Si la religion que tu m'annonces est vraie, sa vérité peut être mise en évidence et se démontrer par des raisons invincibles. Trouve-les, ces raisons. Pourquoi me harceler par des prodiges, quand tu n'as besoin, pour me terrasser, que d'un syllogisme ? Quoi donc, te seroit-il plus facile de redresser un boiteux, que de m'éclairer ?

LI.

Un homme est étendu sur la terre, sans sentiment, sans voix, sans chaleur, sans mouvement. On le tourne, on le retourne, on l'agite, le feu lui est appliqué, rien ne l'émeut : le fer chaud n'en peut arracher un symptôme de vie; on le croit mort : l'est-il? non. C'est le pendant du prêtre de Calame, « *Qui, quando ei placebat, ad imitatas* » *quasi lamentantis hominis voces, ita se aufe-* » *rebat à sensibus et jacebat simillimus mortuo,* » *ut non solùm vellicantes atque pungentes mi-* » *nimè sentiret, sed aliquandò etiam igne ure-* » *retur admoto, sine ullo doloris sensu, nisi post* » *modum ex vulnere, etc.* ». S. Aug. Cit. de Dieu, liv. 14. ch. 24. Si certaines gens avoient rencontré, de nos jours, un pareil sujet, ils en auroient tiré bon parti. On nous auroit fait voir un cadâvre se ranimer sur la cendre d'un prédestiné ; le recueil du magistrat jauséniste se seroit enflé d'une résurrection, et le constitutionnaire se tiendroit peut-être confondu.

L I I.

Il faut avouer, dit le logicien de Port-Royal, que Saint Augustin a eu raison de soutenir, avec Platon, que le jugement de la vérité et la règle pour discerner, n'appartiennent pas aux sens, mais à l'esprit : *non est veritatis judicium in sensibus*. Et même, que cette certitude que l'on peut tirer des sens, ne s'étend pas bien loin, et qu'il y a plusieurs choses que l'on croit savoir par leur entremise, et dont on n'a point une pleine assurance. Lors donc que le témoignage des sens contredit, ou ne contrebalance point l'autorité de la raison, il n'y a pas à opter : en bonne logique, c'est à la raison qu'il faut s'en tenir.

LIII.

Un fauxbourg retentit d'acclamations : la cendre d'un prédestiné y fait, en un jour, plus de prodiges que Jésus-Christ n'en fit en toute sa vie. On y court; on s'y porte; j'y suis la foule. J'arrive à-peine, que j'entends crier : miracle ! miracle ! J'approche, je regarde, et je vois un petit boiteux qui se promène à l'aide de trois ou quatre personnes charitables qui le soutiennent; et le peuple qui s'en émerveille, de répéter : miracle ! miracle ! Où donc est le miracle, peuple imbécille ? Ne vois-tu pas que ce fourbe n'a fait que changer de béquilles. Il en étoit, dans cette occasion, des miracles, comme il en est toujours des esprits. Je jurerois bien que tous ceux qui ont vu des esprits, les craignoient d'avance, et que tous ceux qui voyoient là des miracles, étoient bien résolus d'en voir.

LIV.

Nous avons toute-fois, de ces miracles prétendus, un vaste recueil qui peut braver l'incrédulité la plus déterminée. L'auteur est un sénateur, un homme grave, qui faisoit profession d'un matérialisme assez mal entendu, à-la-vérité, mais qui n'attendoit pas sa fortune de sa conversion : témoin oculaire des faits qu'il raconte, et dont il a pu juger sans prévention et sans intérêt, son témoignage est accompagné de mille autres. Tous disent qu'ils ont vu, et leur déposition a toute l'authenticité possible : les actes originaux en sont conservés dans les archives publiques. Que répondre à cela ? Que répondre ? que ces miracles ne prouvent rien, tant que la question de ses sentimens ne sera point décidée.

L V.

Tout raisonnement qui prouve pour deux partis, ne prouve ni pour l'un ni pour l'autre. Si le fanatisme a ses martyrs, ainsi que la vraie religion ; et si, entre ceux qui sont morts pour la vraie religion, il y a eu des fanatiques ; ou comptons, si nous le pouvons, le nombre des morts, et croyons ; ou cherchons d'autres motifs de crédibilité.

L V I.

Rien n'est plus capable d'affermir dans l'irréligion, que de faux motifs de conversion. On dit tous les jours à des incrédules : Qui êtes-vous, pour attaquer une religion que les Paul, les Tertullien, les Athanase, les Chrysostôme, les Augustin, les Cyprien, et tant d'autres illustres personnages ont si courageusement défendue ? Vous avez sans-doute apperçu quelque difficulté qui

avoit échappé à ces génies supérieurs ; montrez-nous donc que vous en savez plus qu'eux ; ou sacrifiez vos doutes à leurs décisions, si vous convenez qu'ils en savoient plus que vous : raisonnement frivole. Les lumières des ministres ne sont point une preuve de la vérité d'une religion. Quel culte plus absurde que celui des Egyptiens, et quels ministres plus éclairés !... Non, je ne peux adorer cet oignon. Quel privilège a-t-il sur les autres légumes ? Je serois bien fou de prostituer mon hommage à des êtres destinés à ma nourriture ! La plaisante divinité, qu'une plante que j'arrose, qui croît et meurt dans mon potager !...
« Tais-toi, misérable, tes blasphèmes me font » frémir : c'est bien à toi à raisonner ! en sais-tu » là-dessus plus que le Sacré Collége »? Qui es-tu, pour attaquer tes dieux, et donner des leçons de sagesse à leurs ministres ? Es-tu plus éclairé que ces oracles que l'univers entier vient interroger ? Quelle que soit ta réponse, j'admirerai ton orgueil ou ta témérité.... Les chrétiens ne sentiront-ils jamais toute leur force ? et n'abandonneront-ils point ces malheureux sophismes à ceux dont ils sont l'unique ressource ? *Omittamus ista communia quæ ex utráque parte dici possunt, quanquam verè ex utráque parte dici non possint.* S. Aug. L'exemple, les prodiges et l'autorité peuvent faire des dupes ou des hypocrites : la raison seule fait des croyans.

LVII.

On convient qu'il est de la dernière importance de n'employer à la défense d'un culte que des raisons solides ; cependant on persécuteroit volontiers ceux qui travaillent à décrier les mauvaises. Quoi donc ! n'est-ce pas assez que l'on soit chrétien ; faut-il encore l'être par de mauvaises raisons ? Dévots, je vous en avertis ; je ne suis pas chrétien, parce que Saint Augustin l'étoit ; mais je le suis, parce qu'il est raisonnable de l'être.

LVIII.

Je connois les dévots : ils sont prompts à prendre l'allarme. S'ils jugent une fois que cet écrit contient quelque chose de contraire à leurs idées, je m'attends à toutes les calomnies qu'ils ont répandues sur le compte de mille gens qui valoient mieux que moi. Si je ne suis qu'un déiste et qu'un scélérat, j'en serai quitte à bon marché. Il y a long-temps qu'ils ont damné Descartes, Montaigne, Locke et Bayle ; et j'espère qu'ils en damneront bien d'autres. Je leur déclare cependant que je ne me pique d'être ni plus honnête homme, ni meilleur chrétien que la plûpart de ces philosophes. Je suis né dans l'église catholique, apostolique et romaine ; et je me soumets de toute ma force à ses décisions. Je veux mourir dans la religion de mes pères, et je la crois bonne autant qu'il est possible à quiconque n'a jamais eu aucun commerce immédiat avec la divinité, et qui n'a jamais été témoin d'aucun miracle. Voilà ma profession de foi : je suis presque sûr qu'ils en seront mécontens, bien qu'il n'y en ait peut-être pas un entr'eux qui soit en état d'en faire une meilleure.

LIX.

J'ai lu quelquefois Abadie, Huet, et les autres. Je connois suffisamment les preuves de ma religion, et je conviens qu'elles sont grandes; mais le seroient-elles cent fois davantage, le christianisme ne me seroit point encore démontré. Pourquoi donc exiger de moi que je croye qu'il y a trois personnes en Dieu, aussi fermement que je crois que les trois angles d'un triangle sont égaux à deux droits? Toute preuve doit produire en moi une certitude proportionnée à son dégré de force ; et l'action des démonstrations géométriques, morales et physiques, sur mon esprit, doit être différente; ou cette distinction est frivole.

LX.

Vous présentez à un incrédule un volume d'écrits dont vous prétendez lui démontrer la divinité. Mais, avant que d'entrer dans l'examen de vos preuves, il ne manquera pas de vous questionner sur cette collection. A-t-elle toujours été la même, vous demandera-t-il ? Pourquoi est-elle à-présent moins ample qu'elle ne l'étoit il y a quelques siècles ? De quel droit en a-t-on banni tel et tel ouvrage, qu'une autre secte révère, et conservé tel et tel autre qu'elle a rejeté ? Sur quel fondement avez-vous donné la préférence à ce manuscrit ? Qui vous a dirigés dans le choix que vous avez fait entre tant de copies différentes, qui sont des preuves évidentes que ces sacrés auteurs ne vous ont pas été transmis dans leur pureté originelle et première ? Mais, si l'ignorance des copistes, ou la malice des hérétiques les a corrompus, comme il faut que vous en conveniez, vous voilà forcés de les restituer dans leur état naturel, avant que d'en prouver la divinité; car ce n'est pas sur un recueil d'écrits mutilés que tomberont vos preuves, et que j'établirai ma croyance. Or, qui chargerez-vous de cette réforme ? l'église. Mais je ne peux convenir de l'infaillibilité de l'église, que la divinité des écritures ne me soit prouvée. Me voilà donc dans un scepticisme nécessité.

On ne répond à cette difficulté, qu'en avouant que les premiers fondemens de la foi sont purement humains; que le choix entre les manuscrits, que la restitution des passages, enfin que la collection s'est faite par des règles de critique ; et je ne refuse point d'ajouter à la divinité des livres sacrés un dégré de foi, proportionné à la certitude de ces règles.

L X I.

C'est en cherchant des preuves, que j'ai trouvé des difficultés. Les livres, qui contiennent les motifs de ma croyance, m'offrent en-même-temps les raisons de l'incrédulité. Ce sont des arsenaux communs. Là, j'ai vu le déiste, s'armer contre l'athée; le déiste et l'athée, lutter contre le juif; l'athée, le déiste et le juif, se liguer contre le chrétien; le chrétien, le juif, le déiste et l'athée, se mettre aux prises avec le musulman; l'athée, le déiste, le juif, le musulman, et la multitude des sectes du christianisme, fondre sur le chrétien; et le sceptique seul contre tous. J'étois juge des coups. Je tenois la balance entre les combattans; ses bras s'élevoient ou s'abaissoient, en raison des poids dont ils étoient chargés. Après de longues oscillations, elle pencha du côté du chrétien, mais avec le seul excès de sa pesanteur, sur la résistance du côté opposé. Je me suis témoin à moi-même de mon équité. Il n'a pas tenu à moi, que cet excès ne m'ait paru fort grand. J'atteste Dieu de ma sincérité.

LXII.

Cette diversité d'opinions a fait imaginer aux déistes un raisonnement plus singulier peut-être que solide. Cicéron, ayant à prouver que les Romains étoient les peuples les plus belliqueux de la terre, tire adroitement cet aveu de la bouche de leurs rivaux. Gaulois, à qui le cédez-vous en courage, si vous le cédez à quelqu'un? aux Romains. Parthes, après vous, quels sont les hommes les plus courageux ? les Romains. Africains, qui redouteriez-vous, si vous aviez à redouter quelqu'un ? les Romains. Interrogeons, à son exemple, le reste des religionnaires, vous disent les déistes. Chinois, quelle religion seroit la meilleure, si ce n'étoit la vôtre ? La religion naturelle. Musulmans, quel culte embrasseriez-vous, si vous abjuriez Mahomet ? Le naturalisme. Chrétiens, quelle est la vraie religion, si ce n'est la chrétienne ? La religion des juifs. Mais vous, juifs, quelle est la vraie religion, si le judaïsme est faux ? Le naturalisme. Or, ceux, continue Cicéron, à qui l'on accorde la seconde place d'un consentement unanime, et qui ne cèdent la première à personne, méritent incontestablement celle-ci.

ADDITION*

AUX

PENSÉES PHILOSOPHIQUES.

Il m'est tombé entre les mains un petit ouvrage fort rare, intitulé : *Objections diverses contre les écrits des différens théologiens.* Elagué et écrit avec un peu plus de chaleur, ce seroit une assez bonne suite des *Pensées philosophiques.* Voici quelques-unes des meilleures idées de l'auteur anonyme de l'ouvrage dont il s'agit.

I.

Les doutes, en matière de religion, loin d'être des actes d'impiété, doivent être regardés comme de bonnes œuvres, lorsqu'ils sont d'un homme qui reconnoît humblement son ignorance, et qu'ils naissent de la crainte de déplaire à Dieu par l'abus de la raison.

---

* Voyez, sur cette addition, l'article DIDEROT (*philosophie de*), dans le Dictionnaire de la philosophie ancienne et moderne, qui fait partie de l'Encyclopédie méthodique.

II.

Admettre quelque conformité entre la raison de l'homme et la raison éternelle, qui est Dieu, et prétendre que Dieu exige le sacrifice de la raison humaine, c'est établir qu'il veut et ne veut pas tout-à-la-fois.

III.

Lorsque Dieu, dont nous tenons la raison, en exige le sacrifice, c'est un faiseur de tours de gibecière, qui escamote ce qu'il a donné.

IV.

Si je renonce à ma raison, je n'ai plus de guide. Il faut que j'adopte en aveugle un principe sécondaire, et que je suppose ce qui est en question.

V.

Si la raison est un don du ciel, et qu'on en puisse dire autant de la foi, le ciel nous a fait deux présens incompatibles et contradictoires.

VI.

Pour lever cette difficulté, il faut dire que la foi est un principe chimérique, et qui n'existe point dans la nature.

VII.

Pascal, Nicole, et autres ont dit : « Qu'un

» Dieu punisse des peines éternelles la faute d'un
» père coupable sur tous ses enfans innocens,
» c'est une proposition supérieure, et non con-
» traire à la raison ». Mais, qu'est-ce donc qu'une proposition contraire à la raison, si celle qui énonce évidemment un blasphême ne l'est pas ?

VIII.

Égaré dans une forêt immense pendant la nuit, je n'ai qu'une petite lumière pour me conduire. Survient un inconnu qui me dit : Mon ami, souffle ta bougie pour mieux trouver ton chemin. Cet inconnu est un théologien.

IX.

Si ma raison vient d'en-haut, c'est la voix du ciel qui me parle par elle ; il faut que je l'écoute.

X.

Le mérite et le démérite ne peuvent s'appliquer à l'usage de la raison, parce que toute la bonne volonté du monde ne peut servir à un aveugle pour discerner des couleurs. Je suis forcé d'appercevoir l'évidence où elle est, et le défaut d'évidence où l'évidence n'est pas, à-moins que je ne sois un imbécille ; or, l'imbécilité est un malheur, et non pas un vice.

XI.

L'auteur de la nature, qui ne me récompensera

pas pour avoir été un homme d'esprit, a dit M. Diderot, ne me damnera pas pour avoir été un sot.

XII.

Et il ne te damnera pas même pour avoir été un méchant. Quoi donc ! n'as-tu pas déjà été assez malheureux, d'avoir été méchant ?

XIII.

Toute action vertueuse est accompagnée de satisfaction intérieure ; toute action criminelle, de remords ; or, l'esprit avoue sans honte et sans remords sa répugnance pour telles et telles propositions ; il n'y a donc ni vertu, ni crime, soit à les croire, soit à les rejeter.

XIV.

S'il faut encore une grace pour bien faire, à quoi a servi la mort de Jésus-Christ ?

XV.

S'il y a cent mille damnés pour un sauvé, le diable a toujours l'avantage, sans avoir abandonné son fils à la mort.

XVI.

Le Dieu des chrétiens est un père qui fait grand cas de ses pommes, et fort peu de ses enfans.

XVII.

Otez la crainte de l'enfer à un chrétien, et vous lui ôterez sa croyance.

XVIII.

Une religion vraie, intéressant tous les hommes, dans tous les temps et dans tous les lieux, a dû être éternelle, universelle et évidente ; aucune n'a ces trois caractères. Toutes sont donc trois fois démontrées fausses.

XIX.

Les faits, dont quelques hommes seulement peuvent être témoins, sont insuffisans pour démontrer une religion qui doit être également crue par tout le monde.

XX.

Les faits dont on appuie les religions sont anciens et merveilleux ; c'est-à-dire, les plus suspects qu'il est possible, pour prouver la chose la plus incroyable.

XXI.

Prouver l'évangile par un miracle, c'est prouver une absurdité par une chose contre nature.

XXII.

Mais, que Dieu fera-t-il à ceux qui n'ont pas entendu parler de son fils ? Punira-t-il des sourds, de n'avoir pas entendu ?

XXIII.

Que fera-t-il à ceux qui, ayant entendu parler de sa religion, n'ont pu la concevoir? Punira-t-il des pygmées, de n'avoir pas su marcher à pas de géant?

XXIV.

Pourquoi les miracles de J. C. sont-ils vrais, et ceux d'Esculape, d'Apollonius de Thyane, et de Mahomet sont-ils faux?

XXV.

Mais, tous les Juifs qui étoient à Jérusalem ont apparemment été convertis à la vue des miracles de J. C. Aucunement. Loin de croire en lui, ils l'ont crucifié. Il faut convenir que ces Juifs sont des hommes comme il n'y en a point : par-tout, on a vu les peuples entraînés par un seul faux miracle; et J. C. n'a pu rien faire du peuple juif avec une infinité de miracles vrais.

XXVI.

C'est ce miracle-là d'incrédulité des Juifs qu'il faut faire valoir, et non celui de sa résurrection.

XXVII.

Il est aussi sûr que deux et deux font quatre, que César a existé; il est aussi sûr que J. C. a existé que César. Donc il est aussi sûr que J. C. est ressuscité, que lui ou César a existé. Quelle logique! L'existence de J. C. et de César n'est pas un miracle.

X.XVIII.

On lit dans la vie de M. de Turenne, que le feu ayant pris dans une maison, la présence du Saint-Sacrement arrêta subitement l'incendie. D'accord. Mais on lit aussi dans l'histoire, qu'un moine ayant empoisonné une hostie consacrée, un empereur d'Allemagne ne l'eut pas plus-tôt avalée, qu'il en mourut.

XXIX.

Il y avoit là autre chose que les apparences du pain et du vin, ou il faut dire que le poison s'étoit incorporé au corps et au sang de J. C.

XXX.

Ce corps se moisit, ce sang s'aigrit. Ce Dieu est dévoré par les mites sur son autel. Peuple aveugle, Egyptien imbécille, ouvre donc les yeux!

XXXI.

La religion de J. C., annoncée par des ignorans, a fait les premiers chrétiens. La même religion, prêchée par des savans et des docteurs, ne fait aujourd'hui que des incrédules.

XXXII.

On objecte que la soumission à une autorité législative dispense de raisonner. Mais où est la religion sur la surface de la terre, sans une pareille autorité ?

XXXIII.

C'est l'éducation de l'enfance qui empêche un mahométan de se faire baptiser; c'est l'éducation de l'enfance qui empêche un chrétien de se faire circoncire; c'est la raison de l'homme fait qui méprise également le baptême et la circoncision.

XXXIV.

Il est dit dans saint Luc, que Dieu le père est plus grand que Dieu le fils; *pater major me est*. Cependant, au mépris d'un passage aussi formel, l'église prononce anathême au fidéle scrupuleux qui s'en tient littéralement aux mots du testament de son père.

XXXV.

Si l'autorité a pu disposer à son gré du sens de ce passage, comme il n'y en a pas un dans toutes les écritures qui soit plus précis, il n'y en pas un qu'on puisse se flatter de bien entendre, et dont l'église ne fasse dans l'avenir tout ce qu'il lui plaira.

XXXVI.

Tu es Petrus, et super hanc petram œdificabo ecclesiam meam. Est-ce là le langage d'un Dieu, ou une bigarrure digne du seigneur des Accords ?

XXXVII.

In dolore paries (Genes). Tu engendreras dans

la douleur, dit Dieu à la femme prévaricatrice. Et, que lui ont fait les femelles des animaux, qui engendrent aussi dans la douleur?

XXXVIII.

S'il faut entendre à la lettre, *pater major me est*, J. C. n'est pas dieu. S'il faut entendre à la lettre, *hoc est corpus meum*, il se donnoit à ses apôtres de ses propres mains; ce qui est aussi absurde que de dire que Saint-Denis baisa sa tête après qu'on la lui eût coupée.

XXXIX.

Il est dit qu'il se retira sur le mont des Oliviers, et qu'il pria. Et, qui pria-t-il? Il se pria lui-même.

XL.

Ce Dieu, qui fait mourir Dieu pour appaiser Dieu, est un mot excellent du baron de la Hontan. Il résulte moins d'évidence de cent volumes in-folio, écrits pour ou contre le christianisme, que du ridicule de ces deux lignes.

XLI.

Dire que l'homme est un composé de force et de foiblesse, de lumière et d'aveuglement, de petitesse et de grandeur, ce n'est pas lui faire son procès, c'est le définir.

XLII.

L'homme est comme Dieu, ou la nature l'a fait; et Dieu, ou la nature ne fait rien de mal.

XLIII.

Ce que nous appelons le péché originel, Ninon de l'Enclos l'appeloit le péché *original*.

XLIV.

C'est une impudence sans exemple, que de citer la conformité des évangélistes, tandis qu'il y a dans les uns des faits très-importans, dont il n'est pas dit un mot dans les autres.

XLV.

Platon considéroit la divinité sous trois aspects, la bonté, la sagesse et la puissance. Il faut se fermer les yeux, pour ne pas voir là la trinité des chrétiens. Il y avoit près de trois mille ans que le philosophe d'Athènes appeloit *Logos*, ce que nous appelons le Verbe.

XLVI.

Les personnes divines sont, ou trois accidens, ou trois substances. Point de milieu. Si ce sont trois accidens, nous sommes athées ou déistes. Si ce sont trois substances, nous sommes païens.

XLVII.

Dieu le père juge les hommes de sa vengeance éternelle : Dieu le fils les juge dignes de sa miséricorde infinie : le Saint-Esprit reste neutre. Comment accorder ce verbiage catholique, avec l'unité de la volonté divine ?

XLVIII.

Il y a long-temps qu'on a demandé aux théologiens d'accorder le dogme des peines éternelles avec la miséricorde infinie de Dieu ; et ils en sont encore là.

XLIX.

Et, pourquoi punir un coupable, quand il n'y a plus aucun bien à tirer de son châtiment ?

L.

Si l'on punit pour soi seul, on est bien cruel et bien méchant.

LI.

Il n'y a point de bon père, qui voulût ressembler à notre père céleste.

LII.

Quelle proportion entre l'offenseur et l'offensé ? Quelle proportion entre l'offensé et le châtiment ? Amas de bêtises et d'atrocités !

LIII.

Et de quoi se courrouce-t-il si fort, ce Dieu ? Et ne diroit-on pas que je puisse quelque chose pour ou contre sa gloire, pour ou contre son repos, pour ou contre son bonheur ?

LIV.

On veut que Dieu fasse brûler le méchant, qui

ne peut rien contre lui, dans un feu qui durera sans fin ; et on permettroit à-peine à un père de donner une mort passagère à un fils qui compromettroit sa vie, son honneur et sa fortune !

L V.

O chrétiens ! vous avez donc deux idées différentes de la bonté et de la méchanceté, de la vérité et du mensonge. Vous êtes donc les plus absurdes des dogmatistes, ou les plus outrés des pyrrhoniens.

L V I.

Tout le mal dont on est capable, n'est pas tout le mal possible : or, il n'y a que celui qui pourroit commettre tout le mal possible, qui pourroit aussi mériter un châtiment éternel. Pour faire de Dieu un être infiniment vindicatif, vous transformez un ver de terre en un être infiniment puissant.

L V I I.

A entendre un théologien exagérer l'action d'un homme que Dieu fit paillard, et qui a couché avec sa voisine, que Dieu fit complaisante et jolie, ne diroit-on pas que le feu ait été mis aux quatre coins de l'univers ? Eh ! mon ami, écoute Marc-Aurèle ; et tu verras que tu courrouces ton Dieu, pour le frottement illicite et voluptueux de deux intestins.

L V I I I.

Ce que ces atroces chrétiens ont traduit par

éternel, ne signifie, en hébreu, que *durable*. C'est de l'ignorance d'un hébraïsme, et de l'humeur féroce d'un interprête, que vient le dogme de l'éternité des peines.

LIX.

Pascal a dit : « Si votre religion est fausse, vous » ne risquez rien à la croire vraie ; si elle est vraie, » vous risquez tout à la croire fausse ». Un iman en peut dire tout autant que Pascal.

LX.

Que J. C. qui est Dieu, ait été tenté par le diable, c'est un conte digne des Mille et une nuits.

LXI.

Je voudrois bien qu'un chrétien, qu'un janséniste, sur-tout, me fît sentir le *cui bono* de l'incarnation. Encore ne faudroit-il pas enfler à l'infini le nombre des damnés, si l'on veut tirer quelque parti de ce dogme.

LXII.

Une jeune fille vivoit fort retirée : un jour, elle reçut la visite d'un jeune homme qui portoit un oiseau ; elle devint grosse : et l'on demande qui est-ce qui a fait l'enfant ? Belle question ! c'est l'oiseau.

LXIII.

Mais, pourquoi le cygne de Léda et les petites

flammes de Castor et Pollux nous font-ils rire, et que nous ne rions pas de la colombe et des langues de feu de l'évangile ?

LXIV.

Il y avoit, dans les premiers siècles, soixante évangiles presque également crus. On en a rejeté cinquante-six pour raison de puérilités et d'ineptie. Ne reste-t-il rien de cela, dans ceux qu'on a conservés ?

LXV.

Dieu donne une première loi aux hommes; il abolit ensuite cette loi. Cette conduite n'est-elle pas un peu d'un législateur qui s'est trompé, et qui le reconnoît avec le temps. Est-ce qu'il est d'un être parfait, de se raviser?

LXVI.

Il y a autant d'espèces de foi, qu'il y a de religions au monde.

LXVII.

Tous les sectaires du monde ne sont que des déistes hérétiques.

LXVIII.

Si l'homme est malheureux, sans être né coupable, ne seroit-ce pas qu'il est destiné à jouir d'un bonheur éternel, sans pouvoir, par sa nature, s'en rendre jamais digne?

LXIX.

Voilà ce que je pense du dogme chrétien : je ne dirai qu'un mot de sa morale. C'est que, pour un catholique père de famille, convaincu qu'il faut pratiquer, à la lettre, les maximes de l'évangile, sous peine de ce qu'on appelle l'enfer ; attendu l'extrême difficulté d'atteindre à ce dégré de perfection, que la foiblesse humaine ne comporte point; je ne vois d'autre parti, que de prendre son enfant par un pied, et que de l'écacher contre la terre, ou que de l'étouffer en naissant. Par cette action, il le sauve du péril de la damnation, et lui assure une félicité éternelle ; et je soutiens que cette action, loin d'être criminelle, doit passer pour infiniment louable, puisqu'elle est fondée sur le motif de l'amour paternel, qui exige que tout bon père fasse, pour ses enfans, tout le bien possible.

LXX.

Le précepte de la religion et la loi de la société, qui défendent le meurtre des innocens, ne sont-ils pas, en effet, bien absurdes et bien cruels, lorsqu'en les tuant, on leur assure un bonheur infini, et qu'en les laissant vivre, on les dévoue, presque sûrement, à un malheur éternel.

LXXI.

Comment, M. de la Condamine ! il sera permis d'inoculer son fils, pour le garantir de la petite-vérole; et il ne sera pas permis de le tuer, pour le garantir de l'enfer? Vous vous moquez.

LXXII.

Satis triumphat veritas si apud paucos, eosque bonos, accepta sit; nec ejus indoles placere multis.

DE LA SUFFISANCE
DE
LA RELIGION NATURELLE.

I.

La religion naturelle est l'ouvrage de Dieu ou des hommes. Des hommes, vous ne pouvez le dire, puisqu'elle est le fondement de la religion révélée.

Si c'est l'ouvrage de Dieu, je demande à quelle fin Dieu l'a donnée. La fin d'une religion qui vient de Dieu, ne peut être que la connoissance des vérités essentielles, et la pratique des devoirs importans.

Une religion seroit indigne de Dieu et de l'homme, si elle proposoit un autre but.

Donc, ou Dieu n'a pas donné aux hommes une religion qui satisfît à la fin qu'il a dû se proposer, ce qui seroit absurde, car cela supposeroit en lui impuissance ou mauvaise volonté; ou l'homme a obtenu de lui ce dont il avoit besoin. Donc, il ne lui falloit pas d'autres connoissances que celles qu'il avoit reçues de la nature.

Quant aux moyens de satifaire aux devoirs, il seroit ridicule qu'il les eût refusés ; car, de ces trois choses, la connoissance des dogmes, la pratique des devoirs, et la force nécessaire pour agir et pour croire, le manque d'une rend les deux autres inutiles.

C'est en-vain que je suis instruit des dogmes, si j'ignore les devoirs. C'est en-vain que je connois les devoirs, si je croupis dans l'erreur ou dans l'ignorance des vérités essentielles. C'est en-vain que la connoissance des vérités et des devoirs m'est donnée, si la grace de croire et de pratiquer m'est refusée.

Donc, j'ai toujours eu tous ces avantages. Donc, la religion naturelle n'avoit rien laissé à la révélation d'essentiel et de nécessaire à suppléer. Donc, cette religion n'étoit point insuffisante.

II.

Si la religion naturelle eût été insuffisante, c'eût été, ou en elle-même, ou relativement à la condition de l'homme.

Or, on ne peut dire ni l'un ni l'autre. Son insuffisance en elle-même seroit la faute de Dieu. Son insuffisance, relative à la condition de l'homme, supposeroit que Dieu eût pu rendre la religion naturelle suffisante, et par conséquent la religion révélée superflue, en changeant la condition de l'homme ; ce que la religion révélée ne permet pas de dire.

D'ailleurs, une religion insuffisante, relativement à la condition de l'homme, seroit insuffisante en elle-même; car la religion est faite pour l'homme; et toute religion, qui ne mettroit pas l'homme en état de payer à Dieu ce que Dieu est en droit d'exiger, seroit défectueuse en elle-même.

Et qu'on ne dise pas que, Dieu ne devant rien à l'homme, il a pu, sans injustice, lui donner ce qu'il vouloit; car remarquez qu'alors le don de Dieu seroit sans but et sans fruit; deux défauts que nous ne pardonnerions pas à l'homme, et que nous ne devons point reprocher à Dieu. Sans but; car Dieu ne pourroit se proposer d'obtenir de nous, par ce moyen, ce que ce moyen ne peut produire par lui-même. Sans fruit; puisqu'on soutient que le moyen est insuffisant pour produire aucun fruit qui soit légitime.

III.

La religion naturelle étoit suffisante, si Dieu ne pouvoit exiger de moi plus que cette loi ne me prescrivoit; or Dieu ne pouvoit exiger de moi plus que cette loi ne me prescrivoit, puisque cette loi étoit sienne, et qu'il ne tenoit qu'à lui de la charger plus ou moins de préceptes.

La religion naturelle suffisoit autant à ceux qui vivoient sous cette loi pour être sauvés, que la loi de Moïse aux juifs, et la loi chrétienne aux chrétiens. C'est la loi qui forme nos obligations; et nous ne pouvons être obligés au-delà de ses commandemens.

Donc, quand la loi naturelle eût pu être perfectionnée, elle étoit toute aussi suffisante pour les premiers hommes, que la même loi, perfectionnée, pour leurs descendans.

I V.

Mais, si la loi naturelle eût pu être perfectionnée par la loi de Moïse; et celle-ci, par la loi chrétienne; pourquoi la loi chrétienne ne pourroit-elle pas l'être par une autre qu'il n'a pas encore plû à Dieu de manifester aux hommes.

V.

Si la loi naturelle a été perfectionnée, c'est, ou par des vérités qui nous ont été révélées, ou par des vertus que les hommes ignoroient. Or, on ne peut dire ni l'un ni l'autre. La loi révélée ne contient aucun précepte de morale que je ne trouve recommandé et pratiqué sous la loi de nature; donc elle ne nous a rien appris de nouveau sur la morale. La loi révélée ne nous a apporté aucune vérité nouvelle; car, qu'est-ce qu'une vérité, si-non une proposition relative à un objet, conçue dans des termes qui me présentent des idées claires, et dont je conçois la liaison. Or, la religion révélée ne nous a apportée aucune de ces propositions. Ce qu'elle a ajouté à la loi naturelle consiste en cinq ou six propositions qui ne sont pas plus intelligibles pour moi, que si elles étoient exprimées en ancien carthaginois, puisque les idées représentées par les termes, et la liaison de ces idées entre elles, m'échappent entièrement.

Les idées représentées par les termes et leur liaison m'échappent; car, sans ces deux conditions, les propositions révélées, ou cesseroient d'être des mystères, ou seroient évidemment absurdes. Soit, par exemple, cette proposition révélée : les enfans d'Adam ont tous été coupables en naissant de la faute de ce premier père. Une preuve que les idées attachées aux termes, et leur liaison m'échappent dans cette proposition, c'est que si je substitue au nom d'*Adam* celui de *Pierre*, ou de *Paul*, et que je dise : les enfans de Paul ont tous été coupables en naissant de la faute de leur père, la proposition devient d'une absurdité convenue de tout le monde. D'où il s'ensuit, et de ce qui précède, que la religion révélée ne nous a rien appris sur la morale ; et que ce que nous tenons d'elle sur le dogme, se réduit à cinq ou six propositions inintelligibles, et qui, par conséquent, ne peuvent passer pour des vérités par rapport à nous. Car, si vous aviez appris à un paysan, qui ne sait point de latin, et moins encore de logique, le vers *Asserit A, negat E, verùm generaliter ambo*, croiriez-vous lui avoir appris une vérité nouvelle ? N'est-il pas de la nature de toute vérité d'être claire et d'éclairer ? deux qualités que les propositions révélées ne peuvent avoir. On ne dira pas qu'elles sont claires ; elles contiennent clairement, ou il est clair qu'elles contiennent une vérité, mais elles sont obscures ; d'où il s'ensuit que tout ce qu'on en infère doit partager la même obscurité ; car la conséquence ne peut jamais être plus lumineuse que le principe.

V I.

Cette religion est la meilleure, qui s'accorde le mieux avec la bonté de Dieu. Or, la religion naturelle s'accorde avec la bonté de Dieu ; car un des caractères de la bonté de Dieu, c'est de ne faire aucune acception de personne. Or, la loi naturelle est de toutes les loix celle qui cadre le mieux avec ce caractère ; car c'est d'elle que l'on peut vraiment dire que c'est la lumière que tout homme apporte au monde en naissant.

V I I.

Cette religion est la meilleure, qui s'accorde le mieux avec la justice de Dieu. Or, la religion ou la loi naturelle, de toutes les religions, est celle qui s'accorde le mieux avec la justice. Les hommes, présentés au tribunal de Dieu, seront jugés par quelque loi ; or, si Dieu juge les hommes par la loi naturelle, il ne fera injustice à aucun d'eux, puisqu'ils sont nés tous avec elle. Mais, par quelqu'autre loi qu'il les juge, cette loi n'étant point universellement connue comme la loi naturelle, il y en aura parmi les hommes à qui il fera injustice. D'où il s'ensuit, ou qu'il jugera chaque homme selon la loi qu'il aura sincèrement admise, ou que, s'il les juge tous par la même loi, ce ne peut être que par la loi naturelle, qui, également connue de tous, les a également obligés.

VIII.

Je dis, d'ailleurs : il y a des hommes dont les lumières sont tellement bornées, que l'universalité des sentimens est la seule preuve qui soit à leur portée ; d'où il s'ensuit, ou que la religion chrétienne n'est pas faite pour ces hommes-là, puisqu'elle n'a point pour elle cette preuve, et que par conséquent ils sont, ou dispensés de suivre aucune religion, ou forcés de se jetter dans la religion naturelle, dont les hommes admettent la bonté.

IX.

Cicéron, dit l'auteur des Pensées philosophiques, ayant à prouver que les Romains étoient les peuples les plus belliqueux de la terre, tire adroitement cet aveu de la bouche de leurs rivaux. Gaulois, à qui le cédez-vous en courage, si vous le cédez à quelqu'un ? Aux Romains. Parthes, après vous, quels sont les hommes les plus courageux ? Les, Romains. Africains, qui redouteriez-vous, si vous aviez à redouter quelqu'un ? Les Romains. Interrogeons, à son exemple, le reste des religionnaires, dit l'auteur des Pensées. Chinois, quelle religion seroit la meilleure, si ce n'étoit la vôtre ? La religion naturelle. Musulmans, quel culte embrasseriez-vous, si vous abjuriez Mahomet ? Le naturalisme. Chrétiens, quelle est la vraie religion, si ce n'est la chrétienne ? La religion des juifs. Et vous, juifs, quelle est la vraie religion, si le judaïsme est faux ? Le naturalisme. Or, ceux, continue Cicéron et l'auteur des Pensées, à qui l'on accorde la seconde place d'un consentement unanime, et qui ne cèdent la première à personne, méritent inconstablement celle-ci.

X.

Cette religion est la plus sensée au jugement des êtres raisonnables, qui les traite le plus en êtres raisonnables, puisqu'elle ne leur propose rien à croire qui soit au-dessus de leur raison, et qui n'y soit conforme.

XI.

Cette religion doit être embrassée préférablement à toute autre, qui offre le plus de caractères divins ; or, la religion naturelle est, de toutes les religions, celle qui offre le plus de caractères divins ; car il n'y a aucun caractère divin dans les autres cultes, qui ne se reconnoisse dans la religion naturelle ; et elle en a que les autres religions n'ont pas, l'immutabilité et l'universalité.

XII.

Qu'est-ce qu'une grace suffisante et universelle ? Celle qui est accordée à tous les hommes, avec laquelle ils peuvent toujours remplir leurs devoirs et les remplissent quelquefois.

Que sera-ce qu'une religion suffisante, si-non la religion naturelle, cette religion donnée à tous les hommes, et avec laquelle ils peuvent toujours remplir leurs devoirs et les ont remplis quelquefois ? D'où il s'ensuit que non-seulement la religion naturelle n'est pas insuffisante, mais qu'à proprement parler, c'est la seule religion qui le soit ; et qu'il seroit infiniment plus absurde de nier la nécessité d'une religion suffisante et universelle, que celle d'une grace universelle et suffisante. On ne peut nier la nécessité d'une grace universelle et suffisante, sans se précipiter dans des difficultés insurmontables, ni par conséquent celle d'une religion suffisante et universelle. Or la religion naturelle est la seule qui ait ce caractère.

XIII.

Si la religion naturelle est insuffisante de quelque façon que ce puisse être, il s'ensuivra de deux choses l'une, ou qu'elle n'a jamais été observée fidèlement par aucun homme qui n'en connoissoit point d'autre ; ou que des hommes qui auroient fidèlement observé la seule loi qui leur étoit connue, auront été punis ; ou qu'ils auront été récompensés. S'ils ont été récompensés, donc leur religion étoit suffisante, puisqu'elle a opéré le même effet que la religion chrétienne. Il est absurde qu'ils aient été punis. Il est incroyable qu'aucuns n'aient été fidèles observateurs de leur loi. C'est renfermer toute probité dans un petit coin de terre, ou punir de fort honnêtes-gens.

XIV.

De toutes les religions, celle-là doit être préférée, dont la vérité a plus de preuves pour elle, et moins d'objections. Or, la religion naturelle est dans ce cas ; car on ne fait aucune objection contre elle, et tous les religionnaires s'accordent à en démontrer la vérité.

XV.

Comment prouve-t-on son insuffisance ? 1°. Parce que cette insuffisance a été reconnue de tous les autres religionnaires. 2°. Parce que la connoissance du vrai et la pratique du bon a manqué aux plus sages naturalistes. Fausses preuves. Quant à la première partie, si tous les religionnaires se sont accordés pour convenir de son insuffisance, apparemment que les naturalistes n'en sont pas. En ce cas, le naturalisme retombe dans le cas de toutes les religions qui sont tenues pour les meilleures par chacun de ceux qui les professent, et non par les autres. Quant à la seconde partie, il est constant que depuis la religion révélée nous n'en connoissons pas mieux Dieu, ni nos devoirs. Dieu, parce que tous ses attributs intelligibles étoient découverts, et que les inintelligibles n'ajoutent rien à nos lumières; nous-mêmes, puisque la connoissance de nous-mêmes se rapportant toute à notre nature et à nos devoirs, nos devoirs se trouvent tous exposés dans les écrits des philosophes païens, et notre nature est toujours inintelligible, puisque ce qu'on prétend nous apprendre de plus que la philosophie, est contenu dans des propositions ou inintelligibles, ou absurdes, quand on les entend, et qu'on ne conclud rien contre le naturalisme de la conduite des naturalistes. Il est aussi facile que la religion naturelle soit bonne, et que ses préceptes aient été mal observés, qu'il l'est que la religion chrétienne soit vraie, quoiqu'il y ait une infinité de mauvais chrétiens.

X V I.

Si Dieu ne devoit aux hommes aucun moyen suffisant pour remplir leurs devoirs, au-moins il ne lui étoit pas permis par sa nature de leur en fournir un mauvais. Or, un moyen insuffisant est un mauvais moyen; car le premier caractère distinctif d'un bon moyen, c'est d'être suffisant. Mais, si la religion naturelle étoit absolument suffisante avec la grace ou la lumière universelle, pour soutenir un homme dans le chemin de la probité, qui est-ce qui m'assurera que cela n'est jamais arrivé ? D'ailleurs, la religion révélée ne sera plus que pour le mieux, et non pas de nécessité absolue; et s'il est arrivé à un naturaliste de persister dans le bien, il aura infiniment mieux mérité que le chrétien, puisqu'ils auront fait l'un et l'autre la même chose, mais le naturaliste avec infiniment moins de secours.

XVII.

Mais je demande qu'on me dise sincèrement laquelle des deux religions est la plus facile à suivre, ou la religion naturelle, ou la religion chrétienne. Si c'est la religion naturelle, comme je crois qu'on n'en peut jamais douter, le christianisme n'est donc qu'un fardeau sur-ajouté, et n'est donc plus une grace; ce n'est donc qu'un moyen très-difficile de faire ce qu'on pouvoit faire facilement. Si l'on répond que c'est la loi chrétienne, voici comme j'argumente. Une loi est d'autant plus difficile à suivre, que ses préceptes sont plus multipliés et plus rigides. Mais, dira-t-on, les secours pour les observer sont plus forts en comparaison des secours de la loi naturelle, que les préceptes de ces deux loix ne diffèrent par le nombre et la difficulté des préceptes. Mais, répondrai-je, qui est-ce qui a fait ce calcul, et cette compensation? Et n'allez pas me répondre que c'est Jésus-Christ et son église; car cette réponse n'est bonne que pour un chrétien, et je ne le suis pas encore : il s'agit de me le rendre; et ce ne sera pas apparemment par des solutions qui me supposent tel. Cherchez-en donc d'autres.

XVIII.

Tout ce qui a commencé aura une fin ; et tout ce qui n'a point eu de commencement ne finira point. Or, le christianisme a commencé; or, le judaïsme a commencé; or, il n'y a pas une seule religion sur la terre, dont la date ne soit connue, excepté la religion naturelle; donc elle seule ne finira point, et toutes les autres passeront.

XIX.

De deux religions, celle-là doit être préférée, qui est le plus évidemment de Dieu, et le moins évidemment des hommes. Or, la loi naturelle est évidemment de Dieu; et elle est infiniment plus évidemment de Dieu, qu'il n'est évident qu'aucune autre religion ne soit pas des hommes : car il n'y a point d'objection contre sa divinité, et elle n'a pas besoin de preuves ; au-lieu qu'on fait mille objections contre la divinité des autres, et qu'elles ont besoin, pour être admises, d'une infinité de preuves.

XX.

Cette religion est préférable, qui est la plus analogue à la nature de Dieu; or, la loi naturelle est la plus analogue à la nature de Dieu. Il est de la nature de Dieu d'être incorruptible; or, l'incorruptibilité convient mieux à la loi naturelle qu'à aucune autre; car les préceptes des autres loix sont écrits dans des livres sujets à tous les évènemens des choses humaines, à l'abolition, à la mésinterprétation, à l'obscurité, etc. Mais la religion naturelle, écrite dans le cœur, y est à l'abri de toutes les vicissitudes; et si elle a quelque révolution à craindre de la part des préjugés et des passions, ces inconvéniens-là sont communs avec les autres cultes, qui d'ailleurs sont exposés à des sources de changemens qui leur sont particulières.

XXI.

Ou la religion naturelle est bonne, ou elle est mauvaise. Si elle est bonne, cela me suffit; je n'en demande pas davantage. Si elle est mauvaise, la vôtre pèche donc par les fondemens.

XXII.

S'il y avoit quelque raison de préférer la religion chrétienne à la religion naturelle, c'est que celle-là nous offriroit, sur la nature de Dieu et de l'homme, des lumières qui nous manqueroient dans celle-ci. Or, il n'en est rien; car le christianisme, au-lieu d'éclaircir, donne lieu à une multitude infinie de ténèbres et de difficultés. Si l'on demande au naturaliste : pourquoi l'homme souffre-t-il dans ce monde ? il répondra, je n'en sais rien. Si l'on fait au chrétien la même question, il répondra par une énigme ou par une absurdité. Lequel des deux vaut mieux, de l'ignorance ou du mystère, ou plutôt la réponse des deux n'est-elle pas la même ? Pourquoi l'homme souffre-t-il en ce monde ? C'est un mystère, dit le chrétien. C'est un mystère, dit le naturaliste. Car, remarquez que la réponse du chrétien se résoud enfin à cela. S'il dit: l'homme souffre, parce que son aïeul a péché; et que vous insistiez, et pourquoi le neveu répond-il de la sottise de son aïeul? il dit, c'est un mystère; et répliquerois-je au chrétien, que ne disiez-vous d'abord comme moi? Si l'homme souffre en ce monde, sans qu'il paroisse l'avoir mérité, c'est un mystère. Ne voyez-vous pas que vous expliquez ce phénomène comme les Chinois expliquoient la suspension du monde dans les airs? Chinois, qu'est-ce qui soutient le monde? Un gros éléphant. Et l'éléphant, qui le soutient? Une tortue. Et la tortue? je n'en sais rien. Eh! mon ami, laisse-là l'éléphant et la tortue; et confesse d'abord ton ignorance.

XXIII.

Cette religion est préférable à toutes les autres, qui ne peut faire que du bien, et jamais du mal. Or, telle est la loi naturelle gravée dans le cœur de tous les hommes. Ils trouveront tous en eux-mêmes des dispositions à l'admettre, au-lieu que les autres religions, fondées sur des principes étrangers à l'homme, et par conséquent, nécessairement obscurs pour la plûpart d'entre eux, ne peuvent manquer que d'exciter des dissentions. D'ailleurs il faut admettre ce que l'expérience confirme. Or, il est d'expérience que les religions prétendues révélées ont causé mille malheurs, armé les hommes les uns contre les autres, et teint toutes les contrées de sang. Or la religion naturelle n'a pas coûté une larme au genre humain.

XXIV.

Il faut rejeter un système qui répand des doutes sur la bienveillance universelle, et l'égalité constante de Dieu. Or, le système, qui traite la religion naturelle d'insuffisante, jette des doutes sur la bienveillance universelle et l'égalité constante de Dieu. Je ne vois plus qu'un être rempli d'affections bornées et versatile dans ses desseins, restreignant ses bienfaits à un petit nombre de créatures, et improuvant dans un temps ce qu'il a commandé dans un autre: car, si les hommes ne peuvent être sauvés sans la religion chrétienne, Dieu devient, envers ceux à qui il la refuse, un père aussi dur qu'une mère qui auroit privé ou qui priveroit de son lait une partie de ses enfans. Si, au contraire, la religion naturelle suffit, tout rentre dans l'ordre; et je suis forcé de concevoir les idées les plus sublimes de la bienveillance et de l'égalité de Dieu.

XXV.

Ne pourroit-on pas dire que toutes les religions du monde ne sont que des sectes de la religion naturelle, et que les juifs, les chrétiens, les Musulmans, les Païens même ne sont que des naturalistes hérétiques et schismatiques. ?

XXVI.

Ne pourroit-on pas prétendre, conséquemment, que la religion naturelle est la seule vraiment subsistante ? car, prenez un religionnaire, quel qu'il soit, interrogez-le ; et bientôt vous vous appercevrez qu'entre les dogmes de sa religion, il y en a quelques-uns, ou qu'il croit moins que les autres, ou même qu'il nie, sans compter une multitude, ou qu'il n'entend pas, ou qu'il interprète à sa mode. Parlez à un second sectateur de la même religion, réitérez sur lui votre essai ; et vous le trouverez exactement dans la même condition que son voisin, avec cette différence seule, que ce dont celui-ci ne doute aucunement et qu'il admet, c'est précisément ou ce que l'autre nie ou suspecte ; que ce qu'il n'entend pas, c'est ce que l'autre croit entendre très-clairement; que ce qui l'embarrasse, c'est sur quoi l'autre n'a pas la moindre difficulté; et qu'ils ne s'accordent pas d'avantage sur ce qu'ils jugent mériter ou non une interprétation. Cependant tous ces hommes s'attroupent aux pieds des mêmes autels ; on les croiroit d'accord sur tout, et ils ne le sont presque sur rien. En sorte que, si tous se sacrifioient réciproquement les propositions sur lesquelles ils seroient en litige, ils se trouveroient presque naturalistes, et transportés, de leurs temples, dans ceux du déiste.

XXVII.

La vérité de la religion naturelle est, à la vérité des autres religions, comme le témoignage que je me rends à moi-même, est au témoignage que je reçois d'autrui ; ce que je sens, à ce qu'on me dit ; ce que je trouve écrit en moi-même du doigt de Dieu, à ce que les hommes vains, superstitieux et menteurs ont gravé sur la feuille ou sur le marbre ; ce que je porte en moi-même et rencontre le même par-tout, à ce qui est hors de moi, et change avec les climats. Ce qui n'a point été sincèrement contredit, ne l'est point et ne le sera jamais ; et ce qui, loin d'être admis, et de l'avoir été, ou n'a point été connu, ou a cessé de l'être, ou ne l'est point, ou bien est rejeté comme faux ; ce que ni le temps ni les hommes n'ont point aboli et n'aboliront jamais, et ce qui passe comme l'ombre ; ce qui rapproche l'homme civilisé et le barbare, le chrétien, l'infidèle, et le païen, l'adorateur de Jehova, de Jupiter et de Dieu, le philosophe et le peuple, le savant et l'ignorant, le vieillard et l'enfant, le sage même et l'insensé ; et ce qui éloigne le père du fils, arme l'homme contre l'homme, expose le savant et le sage à la haine et à la persécution de l'ignorant et de l'enthousiaste, et arrose de temps-entemps la terre du sang d'eux tous; ce qui est tenu pour saint, auguste et sacré par tous les peuples de la terre, et ce qui est maudit par tous les peuples de la terre, un seul excepté ; ce qui a fait élever vers le ciel, de toutes les religions du monde, l'hymne, la louange et le cantique, et ce qui a enfanté l'anathême, l'impiété, les exécrations et le blasphême ; ce qui me peint l'univers comme une seule et unique immense famille dont Dieu est le premier père, et ce qui me représente les hommes, divisés par poignées, et possédés par une foule de démons farouches et malfaisans, qui leur mettent le poignard dans la main droite, et la torche dans la main gauche, et qui les animent aux meurtres, aux ravages et à la destruction. Les siècles à venir continueront d'embellir l'un de ces tableaux des plus belles couleurs ; l'autre continuera de s'obscurcir par les ombres les plus noires. Tandis que les cultes humains continueront de se déshonorer dans l'esprit des hommes, par leurs extravagances et leurs crimes; la religion naturelle se couronnera d'un nouvel éclat, et peut-être fixera-t-elle enfin les regards de tous les hommes, et les ramènera-t-elle à ses pieds : c'est alors qu'ils ne formeront qu'une société ; qu'ils banniront d'entre eux ces loix bizarres qui semblent n'avoir été imaginées que pour les rendre méchans et coupables; qu'ils n'écouteront plus que la voix de la nature, et qu'ils recommenceront enfin d'être simples et vertueux. O mortels! comment avez-vous fait, pour vous rendre aussi malheureux que vous l'êtes? Que je vous plains, et que je vous aime! la commisération et la tendresse m'ont entraîné, je le sens bien; et je vous ai promis un bonheur, auquel vous avez renoncé et qui vous a fuis pour jamais.

INTRODUCTION

AUX GRANDS PRINCIPES,

ou

RÉCEPTION D'UN PHILOSOPHE.

AVERTISSEMENT DE L'ÉDITEUR

SUR LES DIALOGUES SUIVANS.

M. de Mont..., militaire fort dévot, crédule même jusqu'à la superstition, comme le sont plus ou moins tous les hommes peu instruits, ayant fait lire à Diderot le premier dialogue, ce philosophe y reconnut sans peine l'ouvrage d'un théologien, d'un de ces hommes qui se croient modestement les interprètes de la Divinité, et un moyen d'union entre elle et les foibles mortels. Il ne fut pas surpris, mais indigné du ton qui règne dans cet écrit, ou plutôt dans cette satyre, où bien loin d'exposer fidèlement, ainsi que l'exigeoient la justice et le respect qu'on doit à la vérité, la doctrine des incrédules modernes, on ne trouve par-tout que les définitions inexactes, et les fausses idées d'un controversiste ignorant ou de mauvaise foi, substituées à celles des philosophes, et les vrais principes de ceux-ci exagérés, portés à l'extrême, afin de rendre les uns et les autres tout-à-la-fois ridicules et odieux. Quoique très-éloigné par caractère, comme par réflexion, de tout ce qui pouvoit l'engager dans une dispute avec un prêtre, espèce d'homme qu'il ne faut avoir ni pour ami ni pour ennemi, Diderot proposa à M. de Mont...., que la diatribe anti-philosophique du théologien avoit fortifié dans ses préjugés, de répondre à cette déclamation, et d'en faire sentir le vague et la foiblesse. Cette réponse, qui est excellente, ainsi que les notes qu'il y joignit, ne lui coûta que le temps de l'écrire. M. de Mont..., qu'elle n'avoit pas fait changer d'opinion, mais qu'elle avoit rendu, sur plusieurs points importans, un peu moins sûr de son fait, la jugea digne d'une réfutation, et se hâta même, dans cette vue, de la communiquer au théologien. Celui-ci, qui, sans être lié avec Diderot, le rencontroit quelquefois dans une société qui leur étoit commune, cessa dès-lors de garder le voile de l'anonyme, et joua tout son jeu. Plein de confiance dans ses propres forces, et fier d'entrer en lice avec un philosophe qui jouissoit déjà d'une grande réputation, il entreprit de répondre sérieusement, et avec ordre, au dialogue où Diderot introduit le prosélyte répondant par lui-même. Mais, si, comme on ne le voit que trop souvent, un sophiste très-délié, très-subtil, peut donner à une mauvaise cause quelque apparence de justice, et fasciner avec art les yeux de quelques juges prévenus ou sans lumières, tous ses moyens de séduction n'ont aucun effet sur des esprits droits et pénétrans. Diderot ne trouva, comme il s'y attendoit, dans la réponse du théologien, que ces misérables lieux communs, dont, à la honte de la raison humaine, les différentes écoles de théologie retentissent tous les jours depuis près de vingt siècles, et qui suffiroient seuls pour prouver la fausseté du christianisme, quand l'absurdité de cette triste superstition ne seroit pas d'ailleurs démontrée par le simple exposé des faits et des dogmes qui lui servent de fondemens. Le silence lui parut d'abord le parti le plus sage qu'il eût à prendre dans cette circonstance assez délicate : mais la crainte de se compromettre, en mettant dans tout leur jour les paralogismes de son adversaire, céda au désir de faire triompher la vérité des vains sophismes d'un ergoteur, qui, par sottise ou par malice, confond tout pour tout obscurcir ; et il envoya à M. de Mont...., sa réponse à l'examen du prosélyte répondant par lui-même. Soit que le théologien sentît en effet toute la force du coup que les raisonnemens de Diderot portoient à l'édifice ruineux du christianisme, supposition que le caractère bien connu des prêtres, et en général la fausseté de leur esprit ne permet guère d'admettre ; soit plutôt que, sans être convaincu, il jugeât du-moins nécessaire de combattre avec d'autres armes un ennemi contre lequel celles qu'il avoit d'abord employées s'étoient brisées, il ne crut pas devoir ramasser le gant que Diderot lui avoit jeté d'une main ferme et hardie ; et, tantôt sous un prétexte, tantôt sous un autre, il remit sa défense à un autre temps qui ne vint point, et quitta une arène, où la vanité qui, dans la plupart des hommes ne va guère, même dans ses excès, jusqu'à leur cacher et éteindre en eux le sentiment de leur foiblesse, l'avertissoit qu'il ne pouvoit plus descendre, sans s'exposer publiquement à une défaite honteuse.

Ces éclaircissemens m'ont paru nécessaires pour l'intelligence de ce petit écrit, qu'on ne peut guère entendre, sans en connoître le motif et l'à-propos.

INTRODUCTION AUX GRANDS PRINCIPES,

OU

RÉCEPTION D'UN PHILOSOPHE.

UN SAGE, LE PROSÉLYTE, LE PARRAIN.

LE SAGE.

Que nous présentez-vous ?

LE PARRAIN.

Un enfant qui veut devenir un homme.

LE SAGE.

Que demande-t-il ?

LE PARRAIN.

La sagesse.

LE SAGE.

Quel âge a-t-il ?

LE PARRAIN.

Vingt-deux ans.

LE SAGE.

Est-il marié ?

LE PARRAIN.

Non. Il ne se mariera même pas ; mais il veut marier les prêtres et les moines.

LE SAGE.

De quelle nation est-il ?

LE PARRAIN.

Il est né en France ; mais il s'est fait naturaliser sauvage.

LE SAGE.

De quelle religion ?

LE PARRAIN.

Ses parens l'avoient fait catholique ; il s'est fait ensuite protestant : maintenant il désire devenir philosophe.

LE SAGE.

Voilà de très-bonnes dispositions. Il faut actuellement examiner ses principes. Jeune homme, que croyez-vous ?

LE PROSÉLYTE.

Rien que ce qui peut se démontrer.

LE SAGE.

Le passé, n'étant plus, ne peut se démontrer.

LE PROSÉLYTE.

Je ne le crois pas.

LE SAGE.

L'avenir, n'étant pas encore, ne peut se démontrer.

LE PROSÉLYTE.

Je ne le crois pas.

LE SAGE.

Le présent est passé, quand on le démontre.

LE PROSÉLYTE.

Je ne crois que ce qui me fait plaisir.

LE SAGE.

Fort bien. Par conséquent vous ne croyez pas au témoignage des hommes.

LE PROSÉLYTE.

Non, lorsqu'il me contredit.

LE SAGE.

Croyez-vous au témoignage de Dieu ?

LE PROSÉLYTE.

Non, dès qu'il me vient par les hommes.

LE SAGE.

Croyez-vous en Dieu ?

LE PROSÉLYTE.

C'est selon : si l'on entend par là la nature, la

vie universelle, le mouvement général, j'y crois ; si l'on entend même une suprême intelligence, qui, ayant tout disposé, laisse agir les causes secondes, soit encore ; mais je ne vais pas plus loin.

LE SAGE.

Croyez-vous à la révélation ?

LE PROSÉLYTE.

Je la crois le ressort employé par les prêtres, pour dominer sur les peuples.

LE SAGE.

Croyez-vous aux histoires qui la rapportent ?

LE PROSÉLYTE.

Non ; parce que tous les hommes sont trompés, ou trompeurs.

LE SAGE.

Croyez-vous aux témoignages dont on l'appuie ?

LE PROSÉLYTE.

Non, parce que je ne les examine point.

LE SAGE.

Croyez-vous que la divinité exige quelque chose des hommes ?

LE PROSÉLYTE.

Non ; si-non qu'ils suivent leur instinct.

LE SAGE.

Croyez-vous qu'elle demande un culte ?

LE PROSÉLYTE.

Non, puisqu'il ne peut lui être utile.

LE SAGE.

Que croyez-vous de l'ame ?

LE PROSÉLYTE.

Qu'elle peut bien n'être que le résultat de nos sensations.

LE SAGE.

De son immortalité ?

LE PROSÉLYTE.

Que c'est une hypothèse.

LE SAGE.

Que croyez-vous de l'origine du mal ?

LE PROSÉLYTE.

Je crois que c'est la civilisation et les loix qui l'ont fait naître, l'homme étant bon par lui-même.

LE SAGE.

Quels sont, à votre avis, les devoirs de l'homme ?

LE PROSÉLYTE.

Il ne doit rien, étant né libre et indépendant.

LE SAGE.

Que croyez-vous de juste ou d'injuste ?

LE PROSÉLYTE.

Que ce sont pures affaires de convention.

LE SAGE.

Des peines et des récompenses éternelles ?

LE PROSÉLYTE.

Que ce sont des inventions politiques, pour contenir la multitude.

LE SAGE.

Bon ; voilà un jeune homme fort éclairé. Rien n'empêche qu'il ne soit agrégé, s'il répond aux questions que prescrit la formule. Croyez-vous que la foi n'est qu'une crédulité superstitieuse, faite pour les ignorans et les imbécilles ?

LE PROSÉLYTE.

Je le crois, car cela est démontré.

LE SAGE.

Croyez-vous que la charité bien ordonnée est de faire son bien, à quelque prix que ce puisse être ?

LE PROSÉLYTE.

Je le crois, car cela est démontré.

LE SAGE.

Renoncez-vous au fanatisme de la continence, de la pénitence et de la mortification ?

LE PROSÉLYTE.

J'y renonce.

LE SAGE.

Renoncez-vous à la bassesse de l'humilité et du pardon des offenses ?

LE PROSÉLYTE.

J'y renonce.

LE SAGE.

Renoncez-vous aux prétendus avantages de la pauvreté, des afflictions et des souffrances ?

LE PROSÉLYTE.

J'y renonce.

LE SAGE.

Promettez-vous de reconnoître la raison pour souverain arbitre de ce qu'a pu ou dû faire l'Être-Suprême ?

LE PROSÉLYTE.

Je le promets.

LE SAGE.

Promettez-vous de reconnoître l'infaillibilité des sens ?

LE PROSÉLYTE.

Je le promets.

LE SAGE.

Promettez-vous de suivre fidèlement la voix de la nature et des passions ?

LE PROSÉLYTE.

Je le promets.

LE SAGE.

Voilà ce qui s'appelle un homme. Maintenant, pour vous rendre totalement la liberté, je vous débaptise au nom des auteurs d'Emile, de l'Esprit, et du Dictionnaire Philosophique. Vous voilà à-présent un vrai philosophe, et au nombre des heureux disciples de la Nature. Par le pouvoir qu'elle vous donne, ainsi qu'à nous, allez, arrachez, détruisez, renversez, foulez aux pieds les mœurs et la religion ; révoltez les peuples contre les souverains ; affranchissez les mortels du joug des loix divines et humaines : vous confirmerez votre doctrine par des miracles ; et voici ceux que vous ferez : Vous aveuglerez ceux qui voient ; vous rendrez sourds ceux qui entendent ; et vous ferez boiter ceux qui marchent droit. Vous produirez des serpens sous des fleurs ; et tout ce que vous toucherez se convertira en poison.

LE PROSÉLYTE RÉPONDANT PAR LUI-MÊME.

UN SAGE, LE PROSÉLYTE, LE PARRAIN.

LE SAGE.

Que nous présentez-vous ?

LE PARRAIN.

Un jeune homme de bonne-foi, qui cherche la vérité.

LE SAGE.

Est-il instruit ?

LE PARRAIN.

Il se pique d'ignorer bien des choses, que les autres croient savoir.

LE SAGE.

Est-il marié ?

LE PARRAIN.

Non, mais il espère l'être. Il regarde le célibat comme un attentat contre la nature, et le mariage comme une dette que chacun doit payer à la société.

LE SAGE.

De quelle nation est-il ?

LE PARRAIN.

Du pays où les enfans jettent des pierres à leurs maîtres (*).

LE SAGE.

De quelle religion ?

LE PARRAIN.

Il suit celle qu'il a trouvée écrite au fond de son cœur ; celle qui rend à l'Être-Suprême l'hommage le plus pur et le plus digne de lui ; celle qui n'a pas son existence dans certains temps et dans certains lieux, mais qui est de tous les temps et de tous les lieux ; celle qui a guidé les Socrate et les Aristide ; celle qui durera jusqu'à la fin des temps, parce que le code en est gravé dans le cœur

---

(*) Il n'y a guère que deux pays en Europe où l'on cultive la philosophie, en France et en Angleterre. En Angleterre, les philosophes sont honorés, respectés, montent aux charges, sont enterrés avec les rois. Voit-on que l'Angleterre s'en trouve plus mal pour cela ? En France, on les décrète, on les bannit, on les persécute, on les accable de mandemens, de satyres, de libelles. Ce sont eux cependant qui nous éclairent et qui soutiennent l'honneur de la nation. N'ai-je pas raison de dire que les Français sont des enfans, qui jettent des pierres à leurs maitres ?

humain, tandis que les autres ne feront que passer comme toutes les institutions humaines, que le torrent des siècles emmène et emporte avec lui.

LE SAGE.

Jeune homme, que croyez-vous ?

LE PROSÉLYTE.

Tout ce qui est prouvé, mais non pas au même dégré. Il y a des preuves de différens ordres, qui emportent chacun un différent dégré de croyance. La preuve physique et mathématique doit passer avant la preuve morale, comme celle-ci doit l'emporter sur la preuve historique. Ecartez-vous de là, vous n'êtes plus sûr de rien ; et c'est du renversement de cet ordre, que sont nées toutes les erreurs qui couvrent la terre. C'est la préférence qu'on a donnée à la preuve historique sur les autres, qui a donné cours à toutes les fausses religions (*). Une fois qu'il a été reçu que le témoignage des hommes devoit prévaloir sur le témoignage de la raison, la porte a été ouverte à toutes les absurdités ; et l'autorité, substituée par-tout aux principes les plus évidens, a fait de l'univers entier une école de mensonge.

LE SAGE.

Croyez-vous au témoignage des hommes ?

(*) Toutes les religions positives sont fondées sur la preuve historique.

LE PROSÉLYTE.

Oui, lorsque je les connois éclairés et de bonne-foi ; mais il y a tant de fourbes et d'ignorans !

LE SAGE.

Croyez-vous au témoignage de Dieu ?

LE PROSÉLYTE.

Au témoignage de Dieu ? Est-ce que Dieu parle ? Je croyois que Dieu ne parloit que par ses ouvrages, par les cieux, par la terre, par le moucheron comme par l'éléphant ; et voilà le langage auquel je reconnois la divinité. Mais, Dieu a-t-il jamais parlé autrement ?

LE SAGE.

Oui, il a parlé à ses favoris.

LE PROSÉLYTE.

A qui ? Est-ce à Zoroastre ? Est-ce à Noé ? Est-ce à Moïse ? Est-ce à Mahomet ? Ils sont une foule qui se vantent que Dieu leur a parlé. Ce qu'il y a de triste, c'est qu'il leur a tenu à tous un langage différent. Lequel croire ? Imposteurs ! pourquoi cherchez-vous à me séduire ? Qu'ai-je à faire de vos prétendues révélations ? N'ai-je pas assez de la voix de ma conscience ? C'est là que Dieu me parle bien plus sûrement que par votre bouche ; qu'il parle uniformément à tous les hommes, au sauvage comme au philosophe, au Lapon comme à l'Iroquois. Vos dogmes trompeurs se succèdent et se détruisent les uns les autres ; la voix de la conscience est toujours et par-tout la même : ne venez pas, par vos fausses doctrines, obscurcir cette lumière divine. Croyez-vous que, si Dieu vouloit m'apprendre quelque chose de plus que ce qu'il a gravé lui-même dans mon ame, il iroit se servir de vous ? N'est-ce pas lui qui me fait respirer, qui me fait penser ? A-t-il besoin d'organe, pour me faire connoître sa volonté ? Allez loin de moi ; et craignez que ce Dieu, dont vous osez vous dire les interprètes, ne vous punisse d'avoir emprunté son nom pour me tromper.

LE SAGE.

Croyez-vous en Dieu ?

LE PROSÉLYTE.

J'ai répondu d'avance à cette question.

LE SAGE.

Croyez-vous qu'il exige quelque chose des hommes ?

LE PROSÉLYTE.

Ce qu'il exige, il ne le leur fera pas dire par d'autres.

LE SAGE.

Croyez-vous qu'il demande un culte ?

LE PROSÉLYTE.

Foible mortel ! quel besoin la Divinité pourroit-elle avoir de tes hommages ? Penses-tu que tu puisses ajouter quelque chose à son bonheur, à sa gloire ? Honore-toi toi-même, en t'élevant à l'auteur de ton être ; mais tu ne peux rien pour lui ; il est trop au-dessus de ton néant. Songe sur-tout que, si quelque culte pouvoit lui plaire, ce seroit celui du cœur. Mais qu'importe de quelle manière tu lui exprimes tes sentimens ? Ne les lit-il pas dans ton ame ? Qu'importe dans quelle attitude, quel langage, quels vêtemens tu lui adresses tes prières ! Est-il comme ces rois de la terre, qui ne reçoivent les demandes de leurs sujets qu'avec de certaines formalités ? Garde-toi de rabaisser l'Être éternel à tes petitesses. Songe que, s'il étoit un culte qui fût seul agréable à ses yeux, il l'auroit fait connoître à toute la terre ; qu'il reçoit avec la même bonté les vœux du Musulman, du Catholique et de l'Indien ; du sauvage qui lui adresse ses cris dans le fond des forêts, comme du pontife qui le prie sous la tiare.

LE SAGE.

Croyez-vous à la révélation ?

LE PROSÉLYTE.

Il y a autant de révélations sur la terre, qu'il y a de religions (*). Par-tout les hommes ont cherché

(*) Il faut excepter la religion du sage Confucius ; et cet exemple seul doit suffire pour détromper ceux qui croient que l'erreur est nécessaire pour gouverner

à appuyer leurs imaginations de l'autorité du ciel. Chaque révélation se prétend fondée sur des preuves incontestables. Chacune dit avoir l'évidence pour soi. J'examine, je les vois toutes se contredire les unes les autres, et toutes contredire la raison ; je vois par-tout des amas d'absurdités qui me font pitié pour la foiblesse de l'esprit humain; et je me dis : A quoi sert de tromper les hommes ? Pourquoi ajouter des fictions ridicules aux vérités éternelles que Dieu nous enseigne par notre raison ? Ne voit-on pas qu'on les décrédite par cet indigne alliage ; et que, pour ne pouvoir tout croire, on en vient enfin à ne croire plus rien ? Pourquoi ne pas s'en tenir à ces notions primitives et évidentes, qui se trouvent gravées dans le cœur de tous les hommes ? Une religion, fondée sur ces notions simples, ne trouveroit point d'incrédules ; elle ne feroit qu'un seul peuple de tous les hommes ; elle ne couvriroit pas la terre de sang dans des temps d'ignorance, et ne seroit pas un fantôme méprisé dans les siècles éclairés. Mais ce ne sont pas des philosophes qui ont fait les religions ; elles sont l'ouvrage d'ignorans enthousiastes, ou d'égoïstes ambitieux.

---

les hommes. Point de miracles, point d'inspirations, point de merveilleux dans cette religion ; et cependant y a-t-il un peuple sur la terre mieux gouverné que le peuple de la Chine ?

LE SAGE.

Croyez-vous aux histoires qui rapportent la révélation ?

LE PROSÉLYTE.

Pas plus qu'à Hérodote ou à Tite-Live, lorsqu'ils me racontent des miracles.

LE SAGE.

Croyez-vous aux témoignages dont on l'appuie ?

LE PROSÉLYTE.

J'admets pour un moment l'authenticité de ces témoignages ; quelle force auront-ils contre les notions les plus claires et les plus évidentes ?

LE SAGE.

Que croyez-vous de l'ame ?

LE PROSÉLYTE.

Je ne parle pas de ce que je ne puis connoître.

LE SAGE.

De son immortalité ?

LE PROSÉLYTE.

Ne connoissant pas son essence, comment puis-je savoir si elle est immortelle ? Je sais que j'ai commencé, ne dois-je pas présumer de même que je finirai ? Cependant l'image du néant me fait frémir ; j'élève mon esprit à l'Être suprême, et je lui dis : Grand Dieu, toi qui m'as donné le bonheur de te connoître, ne me l'as-tu accordé que pour en jouir pendant quelques jours passagers ? Vais-je être replongé dans cet horrible gouffre du néant, où je suis resté enseveli depuis la naissance de l'éternité jusqu'au moment où ta bonté m'en a tiré ? Si tu pouvois te rendre sensible au sort d'un être qui est l'ouvrage de tes mains, n'éteins pas le flambeau de la vie que tu m'as donnée ; après avoir admiré tes merveilleux ouvrages dans ce monde, fais que dans un autre je puisse être ravi dans la contemplation de leur auteur.

LE SAGE.

Que croyez-vous de l'origine du mal ?

LE PROSÉLYTE.

Je ne dirai pas avec Pope que tout est bien. Le mal existe ; et il est une suite nécessaire des loix générales de la nature (*), et non l'effet d'une ridicule pomme. Pour que le mal ne fût pas, il fau-

---

(*) J'ai vu de savans systèmes, j'ai vu de gros livres écrits sur l'origine du mal ; et je n'ai vu que des rêveries. Le mal tient au bien même ; on ne pourroit ôter l'un sans l'autre ; et ils ont tous les deux leur source dans les mêmes causes. C'est des loix données à la matière, lesquelles entretiennent le mouvement et la vie dans l'univers, que dérivent les désordres physiques, les volcans, les tremblemens de terre, les tempêtes, etc. C'est de la sensibilité, source de tous nos plaisirs, que résulte la douleur. Quant au mal moral, qui n'est autre chose que

droit que ces loix fussent différentes. Je dirai de plus, que j'ai fait plusieurs fois mon possible pour concevoir un monde sans mal, et que je n'ai jamais pu y parvenir (*).

LE SAGE.

Quels sont, à votre avis, les devoirs de l'homme?

LE PROSÉLYTE.

De se rendre heureux. D'où dérive la nécessité

---

le vice ou la préférence de soi aux autres, il est un effet nécessaire de cet amour-propre, si essentiel à notre conservation, et contre lequel de faux raisonneurs ont tant déclamé. Pour qu'il n'y ait point de vices sur la terre, c'est aux législateurs à faire que les hommes n'y trouvent aucun intérêt.

(*) Je ne sais s'il peut y avoir un système où tout seroit bien ; mais je sais bien qu'il est impossible de le concevoir. Otez la faim et la soif aux animaux, qu'est-ce qui les avertira de pourvoir à leurs besoins ? Otez-leur la douleur, qu'est-ce qui les préviendra sur ce qui menace leur vie ? A l'égard de l'homme, toutes ses passions, comme l'a démontré un philosophe de nos jours, ne sont que le développement de la sensibilité physique. Pour faire que l'homme soit sans passions, il n'y a pas d'autre moyen que de le rendre automate. Pope a très-bien prouvé, d'après Léibnitz, que le monde ne sauroit être que ce qu'il est ; mais lorsqu'il en a conclu que tout est bien, il a dit une absurdité ; il devoit se contenter de dire que tout est nécessaire.

de contribuer au bonheur des autres, ou, en d'autres termes, d'être vertueux.

LE SAGE.

Que croyez-vous du juste et de l'injuste ?

LE PROSÉLYTE.

La justice est la fidélité à tenir les conventions établies. La justice ne peut consister en telles ou telles actions déterminées, puisque les actions, auxquelles on donne le nom de justes, varient selon les pays ; et que ce qui est juste dans l'un, est injuste dans l'autre. La justice ne peut donc être autre chose que l'observation des loix.

LE SAGE.

Que croyez-vous des peines et des récompenses éternelles ?

LE PROSÉLYTE.

Peines éternelles ? Dieu clément !

LE SAGE.

Croyez-vous que l'espérance des biens futurs ne vaut pas le moindre des plaisirs présens ?

LE PROSÉLYTE.

L'espérance, qu'elle soit bien ou mal fondée, est toujours un bien réel ; et un dévot Musulman, dans l'espérance des célestes houris qu'il ne possédera jamais, peut avoir plus de plaisir qu'un sultan dans la jouissance de tout son serrail.

LE SAGE.

Croyez-vous que la charité bien ordonnée est de faire son bien à quelque prix que ce puisse être ?

LE PROSÉLYTE.

Je crois que c'est l'opinion de ceux qui, sous le prétexte de leur salut, désertent la société à laquelle ils devroient tous leurs services, et qui, pour gagner le ciel, se rendent inutiles à la terre.

LE SAGE.

Renoncez-vous au fanatisme de la continence (*), de la pénitence et de la mortification ?

LE PROSÉLYTE.

Oh ! de tout mon cœur.

LE SAGE.

Renoncez-vous à la bassesse de l'humilité et du pardon des offenses ?

LE PROSÉLYTE.

L'humilité est mensonge ; où est celui qui se méprise lui-même ? Et si cet homme existe, malheur à lui ! Il faut s'estimer pour être estimable.

(*) Il faut avoir soin de distinguer la chasteté de la continence. La continence est un vice, puisqu'elle va contre les intentions de la nature ; la chasteté est l'abstinence des plaisirs de l'amour, hors des cas légitimes.

Quant au pardon des offenses, il est d'une grande ame; et c'étoit une vertu morale, avant d'être une vertu chrétienne.

LE SAGE.

Renoncez-vous à la pauvreté, aux afflictions, aux souffrances?

LE PROSÉLYTE.

Je voudrois bien qu'il dépendît de moi d'y renoncer.

LE SAGE.

Promettez-vous de reconnoître la raison pour souverain arbitre de ce qu'a pu ou dû faire l'Être suprême?

LE PROSÉLYTE.

Dieu peut tout, sans-doute, quoique cependant il ne soit pas en son pouvoir de changer les essences (*); mais il ne s'ensuit pas de là que Dieu a fait tout ce qu'il a pu faire. Dieu a-t-il fait réellement ce que vous lui attribuez? Voilà ce

---

(*) D'après ce principe reconnu dans les écoles sans être entendu, Dieu ne peut pas faire que la partie soit plus grande que le tout; que trois ne fassent qu'un; parce qu'il est de l'essence de la partie d'être plus petite que le tout, et de l'essence de trois de faire trois. L'un ou l'autre lui est aussi impossible que de faire un bâton sans deux bouts, ou un triangle sans trois côtés.

que la raison a droit d'examiner; et lorsqu'on nie certaines choses, ce n'est pas à la puissance de Dieu, c'est au témoignage des hommes qu'on refuse de croire.

LE SAGE.

Promettez-vous de reconnoître l'infaillibilité des sens (*) ?

(*) Les détracteurs des sens ne voient pas qu'en récusant leur témoignage, ils renversent les dogmes même qu'ils veulent établir. Car sur quoi est fondée la vérité de ces dogmes? Vous me répondez que c'est sur la parole de Dieu. Mais qui vous a dit que ceux qui ont cru entendre cette parole n'ont pas été trompés par leurs sens? Qui vous a dit que vos sens ne vous ont pas trompés aussi, lorsque vous avez cru apprendre cette parole de leur bouche? Dans quel cas faut-il rejetter leur autorité? Dans quel cas faut-il l'admettre? Je suppose que Dieu vienne me révéler lui-même les mystères, et me dire que du pain n'est pas du pain; pourquoi, dans ce cas-là, m'en rapporterois-je plutôt à mon oreille qu'à mes yeux, à mes mains, à mon palais, à mon odorat, qui m'assurent le contraire? Pourquoi ne me tromperois-je pas aussi bien en croyant entendre certaines paroles, qu'en croyant voir, toucher, sentir, goûter du pain? N'y a-t-il pas, au contraire, quatre à parier contre un, que c'est mon oreille qui me trompe; et dans cette contradiction de mes sens entre eux, ne dois-je pas, selon les règles de la raison, déférer au rapport du plus grand nombre? qu'on argumente, qu'on subtilise tant qu'on voudra, je défie de répondre à

LE PROSÉLYTE.

Oui, lorsqu'ils ne seront pas contredits par la raison.

LE SAGE.

Promettez-vous de suivre fidèlement la voix de la nature et des passions ?

LE PROSÉLYTE.

Que nous dit cette voix ? de nous rendre heureux. Doit-on et peut-on lui résister ? Non; l'homme le plus vertueux et le plus corrompu lui obéissent également. Il est vrai qu'elle leur parle un langage bien différent; mais que tous les hommes soient éclairés; et elle leur parlera à tous le langage de la vertu (*).

---

cette objection d'une manière à satisfaire un homme de bons sens. D'ailleurs, j'ai supposé Dieu me parlant par lui-même; que sera-ce lorsque sa parole ne me sera transmise qu'à travers une longue succession d'hommes ignorans ou menteurs, et que l'incertitude historique viendra se joindre aux autres difficultés ?

(*) On a tort de s'en prendre aux passions des crimes des hommes ; c'est leurs faux jugemens qu'il en faut accuser. Les passions nous inspirent toujours bien , puisqu'elles ne nous inspirent que le désir du bonheur ; c'est l'esprit qui nous conduit mal , et qui nous fait prendre de fausses routes pour y parvenir. Ainsi nous ne sommes criminels que parce que nous jugeons mal ; et c'est la raison , et non la nature qui

EXAMEN DU PROSÉLYTE

RÉPONDANT PAR LUI-MÊME.

Je ne croyois pas, monsieur, qu'une plaisanterie sur les partisans déraisonnables de la raison, dût vous mettre en dépense d'une profession de foi. Quoique vous nommiez ainsi ce second dialogue, je n'imagine pas que ce soit votre dernier mot. J'y reconnois bien ce que vos maîtres ont dit en plusieurs manières : ce sont leurs sentimens; mais, sont-ce les vôtres ? Vous avez voulu exercer votre

nous trompe. Mais, me dira-t-on, l'expérience est contraire à votre opinion; et nous voyons que les personnes les plus éclairées sont souvent les plus vicieuses. Je réponds que ces personnes sont en effet très-ignorantes sur leur bonheur; et là-dessus, je m'en rapporte à leur cœur : s'il est un seul homme sur la terre qui n'ait pas eu sujet de se repentir d'une mauvaise action par lui commise, qu'il me démente dans le fond de son ame. Eh ! que seroit la morale, s'il en étoit autrement ? Que seroit la vertu ? On seroit insensé de la suivre, si elle nous éloignoit de la route du bonheur; et il faudroit étouffer dans nos cœurs l'amour qu'elle nous inspire pour elle, comme

esprit en répondant à une plaisanterie par une autre (quoique j'avoue qu'elle est déplacée dans cette matière, et que j'ai eu tort de vous en donner l'exemple), où, encore plein de raisonnemens spécieux, vous vous persuadez de croire comme eux, parce que vous craigniez de croire autrement. Leur système est si commode, qu'il doit vous inspirer de la défiance : on n'est point vertueux à si bon marché.

Quoi qu'il en soit, si malheureusement ce que vous avez écrit est d'abondance de cœur comme d'esprit, je ne suis pas fâché que vous l'ayez fait. Ces opinions, ces maximes philosophiques fermentoient avec violence dans votre esprit; à-présent que vous les avez répandues au-dehors, vous pourrez raisonner avec plus de sang-froid. Si vous vou-

---

le penchant le plus funeste. Cela est affreux à penser. Non ; le chemin du bonheur est le chemin même de la vertu. La fortune peut lui susciter des traverses ; mais elle ne sauroit lui ôter ce doux ravissement, cette pure volupté qui l'accompagne. Tandis que les hommes et le sort sont conjurés contre lui, l'homme vertueux trouve, dans son cœur, avec abondance, le dédommagement de tout ce qu'il souffre. Le témoignage de soi, voilà la source des vrais biens et des vrais maux ; voilà ce qui fait la félicité de l'homme de bien parmi les persécutions et les disgraces ; et le tourment du méchant, au milieu des faveurs de la fortune.

lez examiner avec moi dans ces dispositions les réponses du prosélyte, je ne doute pas que vous ne rabattiez beaucoup de leur justesse; et que vous ne conveniez que ce qui paroît plein de force dans la chaleur de l'enthousiasme, en perd beaucoup au tribunal d'un jugement froid et rassis. C'est là que je vous traduis, pour discuter avec moi, sans aigreur, les raisonnemens de votre candidat philosophe. Permettez que je lui dise, non à vous :

1.° Si vous êtes de bonne-foi, avouez que vous vous êtes moins occupé à vous instruire de la religion, qu'à lire les écrits de ses adversaires; que vous avez penché tout d'un côté; que vous avez désiré trouver la vérité dans les objections, et craint de la rencontrer dans les preuves.

2.° Tout le monde est d'accord avec vous sur la sainteté du mariage; mais le bon sens s'indigne des déclamations perpétuelles des célibataires mondains par goût et par libertinage, contre ceux qui embrassent cet état dans des vues de religion et de pénitence.

3.° L'Angleterre n'a pas gagné pour les mœurs, plus que la France, à la philosophie du temps; c'est dans ces deux pays qu'elles sont le plus dépravées. Au-reste, malgré le respect des Anglais pour la philosophie, ils n'ont pas paru disposés en dernier lieu à élever au ministère les célèbres qu'on accable de mandemens.

4.° Qu'entendez-vous par l'hommage le plus

pur et le plus digne ? Y en a-t-il un au-dessus de celui de la religion chrétienne ? L'amour et la foi. Voilà les deux fondemens de cette religion. Peut-il y avoir de religion sans amour ? Or peut-on aimer ce qu'on ne connoît pas; et peut-on connoître autrement que par la foi ?

5.° *Il suit celle qu'il a trouvée écrite au fond de son cœur.* Ah! mon cher, si vous prenez ce qui est écrit dans votre cœur pour la loi de Dieu, vous lui faites écrire bien des sottises. Vous y trouverez écrit l'orgueil, l'envie, l'avarice, la malignité, la lubricité, et l'alphabet de tous les vices. Les égaremens de toute espèce où la nature humaine s'abandonne, livrée à elle-même, ne prouvent que trop que ce n'est pas au bien que notre cœur nous porte; et que l'homme avoit besoin d'un autre guide.

6.° Il est clair qu'il y a différentes preuves pour différens ordres de choses; qu'il n'en faut demander pour chaque objet que dans la classe qui lui est analogue. Mais la croyance leur est également due, quand dans leur ordre elles ont le dégré de perfection. C'est l'usage de la religion de les administrer telles; c'est celui de ses adversaires de tout confondre par le renversement dont vous vous plaignez. Ils demandent des preuves mathématiques dans des choses qui n'en sont pas susceptibles; ils admettent les historiques quand elles leur sont favorables; ils les rejettent quand elles les contredisent. Pour les faits, il ne peut y avoir d'autres preuves que les historiques; la religion est fondée sur la révélation qui est un fait ; et c'est la raison même qui adopte ce fait, fondé sur l'authenticité des monumens et l'unanimité des suffrages.

7.º *Est-ce que Dieu parle ?* La demande est singulière; et pourquoi ne parleroit-il pas ? Pourquoi celui qui a créé la parole ne parleroit-il pas ? pourquoi celui qui a fait l'œil ne verroit-il pas ? pourquoi celui qui a fait l'oreille n'entendroit-il pas ? Il parle par ses ouvrages, soit ; il manifeste ce qu'il peut, mais non pas ce qu'il veut. Il peut parler par inspiration, et il l'a fait ; il peut parler sous des formes sensibles, et il l'a fait. Qui peut lui refuser ce pouvoir, et se soustraire à sa volonté énoncée ?

8.º Ah ! mon cher, vous n'êtes plus ce jeune homme de bonne-foi, qui cherche la vérité modestement; vous avez pris votre parti, et parti violent. Cette tirade fanatico-déiste l'emporte sur la licence de vos maîtres; elle est presque mot pour mot dans un de leurs ouvrages (*); mais vous y avez ajouté des invectives qu'ils n'ont pas eu l'audace de proférer, et qui sont toujours des raisons contre ceux qui s'en servent. *Ils sont*, di-

---

(*) M....... seroit, je crois, embarrassé d'indiquer le tome et la page d'où cette tirade a été prise.

tes-vous, *une foule qui se vantent que Dieu leur a parlé;* mais sont-ils une foule qui le prouvent ? *Est-ce à Zoroastre ? Est-ce à Mahomet ?* Non, puisqu'ils ne le prouvent pas. *Est-ce à Moïse ?* Oui, parce qu'il le prouve par les preuves les plus solides, les plus authentiques, dont un fait puisse être appuyé. On veut vous séduire. Et qu'en revient-il aux auteurs du projet ? Quelle séduction que celle qui vous indique les moyens d'être l'objet de la complaisance de votre maître, et vous empêche de devenir celui de son indignation ? Vous croyez être en relation intime et directe avec lui; qu'il parle à votre conscience. Ingrat! vous ne la devez, cette conscience, qu'aux premiers principes de la religion où vous êtes né. Sans eux elle seroit peut-être celle du cannibale qui dévore ses pareils; celle du Madégasse qui vit dans le sang, et meurt le poignard à la main ; celle du nègre qui vend son père et ses enfans ; celle du Lapon, qui prostitue sa famille. Aussi privilégiés que vous, ils prétendront de même que c'est Dieu qui les inspire; et vous le rendrez ainsi auteur et complice des abominations qui font la honte de notre espèce; oui, la révélation se retirera de vous, puisque vous la rejetez; mais vous resterez dans l'horreur du vide et des ténèbres, jouet misérable de vos opinions et de celles d'autrui.

9.° Vous avez rejeté et invectivé la révélation, mais vous ne l'avez pas confondue : on peut être riche en expressions, et pauvre en preuves. Vous ne croyez pas aux histoires qui la rapportent : ne croyez donc aucun fait, car il ne vous parvient que par l'histoire. Il est aussi certain qu'Euclide n'étoit pas américain, qu'il l'est que le triangle est la moitié du parallélogramme; il est aussi certain qu'il y avoit un chandelier d'or dans le temple de Jérusalem, qu'il l'est qu'il y a des lampes dans nos églises ; le même genre de témoignage qui m'assure que Démosthènes étoit orateur en Grèce, me rend certain que Saint Paul étoit prédicateur de l'évangile ; le pyrrhonisme historique a ses bornes ; au-delà, il devient extravagance.

10.° *Quelle force auront des témoignages, contre des notions évidentes ?* Celle de nous faire connoître qu'il y a des choses au-dessus de notre raison. Je vous demande, moi, quelle force auront des notions contre des faits évidemment authentiques ? L'impossibilité de comprendre une chose n'est pas une raison pour nous de la rejeter. Nous ne concevons rien de ce qui se passe tous les jours sous nos yeux. Vous ne concevez pas comment un enfant vient au monde, comment un gland produit un chêne, comment votre volonté remue votre bras ; mais le fait va sans égard pour le raisonnement. La raison démontre que naturellement le peuple juif devroit être éteint ; et le peuple juif subsiste contre toute raison.

11.° *Si la Divinité exige quelque chose des*

hommes, elle ne le leur fera pas dire par d'autres. Non, sans leur donner le moyen de prouver leur mission, pour que le simple ne soit pas la dupe de l'imposteur. Aussi a-t-elle pris cette précaution dans le cas où elle s'est servie des hommes.

12.° *Si quelque culte pouvoit lui plaire, ce seroit celui du cœur.* Faites donc une juste application des termes. Le culte n'est pas dans le cœur; c'est la religion qui y réside; c'est l'amour qui en est l'essentiel, et que Dieu demande. Le culte est l'expression du sentiment; et l'ame ne peut s'en passer, sans tomber dans l'aridité et la froideur.

13.° Que pouvez-vous donc connoître si vous ne connoissez pas votre ame, et si vous ne sentez pas qu'elle n'est pas matérielle ? Assurément rien ne vous est intime. La prière, par laquelle vous demandez à Dieu l'immortalité, est très-belle. C'est dommage que vous ne la lui adressiez que lorsque vous êtes échauffé au combat contre son église, ceux qui adorent sa parole, et ceux qui font une étude particulière de ses loix.

14.° Qu'est-ce donc que ces loix de la nature, qui produisent le mal ? La nature a-t-elle d'autres loix que celles que Dieu lui a données ? Or Dieu ne peut vouloir ni ordonner le mal. Dites donc que le mal est une négation qui ne subsiste pas par elle-même, mais par l'opposition à la loi de Dieu. Où donc est, s'il vous plaît, le ridicule du fruit défen u? Que voulez-vous que Dieu défendît à un homme nouvellement créé ? pouvoit-il éprouver son obéissance autrement que sur quelque objet à son usage actuel ? S'il lui eût défendu celui de sa femme, vous seriez encore à naître. La sagesse de Dieu se trouve dans les plus petites choses ; et le ridicule de ceux qui le jugent, dans leurs plus victorieux argumens.

15.º La définition que vous donnez de la justice, n'est point exacte ; car, on peut être fidèle à des conventions très-injustes. C'est mettre l'effet avant la cause, que de faire consister la justice dans l'observation des loix, puisque les loix elles-mêmes ont été faites sur la justice. Vous qui voulez que Dieu vous révèle tout, et qui ne voulez de religion que votre conscience, quelle lumière y a-t-il répandu, si vous ne connoissez point de justice naturelle, si la vôtre dépend des conventions d'autrui ? Vous oubliez que, suivant vos principes, cette lumière éclaire le sauvage, le philosophe, le Lapon, l'Iroquois. La justice et la vertu sont la conformité de notre volonté à celle de Dieu.

16.º Une plaisanterie n'est pas une raison. A qui persuaderez-vous que, depuis David jusqu'à Pascal et Fénélon, la religion révélée n'a eu pour sectateurs que des ignorans et des imbéciles ? La prévention la plus outrée ne l'a jamais prétendu ; mais a été forcée de convenir que la même foi, annoncée aux simples et aux pauvres si chers à la divinité, avoit subjugué, chemin faisant, ce que chaque siècle a produit de plus grand en puissance et en génie.

17.° Ce n'est pas déserter la société, que de l'instruire par ses leçons et l'édifier par ses exemples. Quand même on ne la déserteroit pas, elle force bientôt ceux qui ne veulent pas participer à sa corruption, de l'abandonner. Trouvez-vous d'ailleurs que ceux, dont les principes autorisent le suicide, aient bonne grace de vouloir empêcher ceux qui se trouvent mal du monde, de s'en retirer?

18.° *Quel est l'homme qui se méprise lui-même ?* Celui qui se connoît mieux que les autres. Qui que nous soyons, chétifs mortels, nous sommes toujours si peu de chose ! Hélas ! le mépris réciproque des hommes prouve ce qu'ils valent.

19.° La voix de la nature vous dit de vous rendre heureux ; mais vraiment la religion ne vous dit pas autre chose. Elle fait plus ; elle vous crie : Ne faites point cela, pour n'être point à-présent et éternellement malheureux ; faites ceci, pour être actuellement et éternellement heureux. Vous cherchez le bonheur ; mais cherchez-le donc, non dans vos sens insatiables, mais là où il est, et où il sera *nunc et semper*. Vous voulez que tous les hommes soient éclairés, pour être vertueux : mais qui les éclairera ? Un autre homme sujet à la prévention, à l'erreur ? Où allumera-t-il sa lumière ? Ah !

mon cher, laissez-vous éclairer par celui qui a dit:
fiat lux.

RÉPONSE DE DIDEROT

A L'EXAMEN DU PROSÉLYTE RÉPONDANT PAR LUI-MÊME.

J'AI été très-honoré, monsieur, de la critique que vous avez faite de mon dialogue en réponse au vôtre; je vous dois sur-tout des remercîmens pour le ton de modération et de douceur avec lequel vous m'avez combattu : voilà comme on devroit toujours chercher la vérité. Comme mon dessein n'est pas d'entrer en controverse réglée, je ne ferai pas de réponse suivie à cette seconde pièce; je me contenterai de quelques remarques sur certains endroits qui m'ont paru peu justes. J'espère que la liberté, avec laquelle je continuerai de m'expliquer, ne vous déplaira pas. Tous les hommes ne peuvent pas avoir les mêmes sentimens; mais tous sont obligés d'être sincères : et on n'est pas coupable pour être dans l'erreur, mais pour trahir la vérité. Venons à votre examen.

Avouez, dites-vous d'abord, *que vous avez moins travaillé à vous instruire de la religion, qu'à lire les écrits de ses adversaires ; que vous avez penché tout d'un côté, etc.* Cette imputation n'est pas dans l'équité. Quelle preuve avez-vous de la partialité que vous m'attribuez, si ce n'est que je ne pense pas comme vous?

Il faut distinguer les célibataires par goût et par commodité, d'avec ceux qui embrassent cet état par des motifs de religion. Les uns et les autres ont tort; que ce soit par goût, ou par un zèle mal-entendu qu'on embrasse le célibat, la société n'y perd pas moins. Mais, direz-vous, la religion le conseille. C'est ce qui dépose contre elle.

L'Angleterre n'a pas gagné pour les mœurs, plus que la France, à la philosophie; c'est dans ces deux pays qu'elles sont le plus dépravées. Il faut être de bien mauvaise humeur contre la philosophie, pour l'accuser d'avoir corrompu les mœurs en France et en Angleterre, tandis qu'il y a tant d'autres causes sensibles de cette corruption.

Ah! mon cher, si vous prenez ce qui est écrit dans votre cœur pour la loi de Dieu, vous lui faites écrire bien des sottises. Vous qui m'accusez d'abuser des termes, n'en abusez-vous pas vous-même ici? N'est-il pas clair que, par cœur, j'entends en cette occasion la conscience, et non pas les passions?

Ils demandent des preuves démonstratives dans des choses qui n'en sont pas susceptibles. On sait bien que les faits historiques ne sont pas susceptibles de preuves démonstratives; et c'est pour cela même qu'ils ne peuvent jamais prévaloir contre des vérités démontrées. Quelque bien prouvé que soit un fait, il n'est jamais aussi évident qu'un axiôme de géométrie ; le fait peut rigoureusement être faux, l'axiôme ne peut pas l'être. Il est possible que cent historiens à-la-fois se trompent ou veuillent me tromper, lorsqu'ils m'assurent qu'il y a eu une ville de Troye ; il est impossible que le rayon ne soit pas la moitié du diamêtre. Mais d'ailleurs, quels sont les faits du christianisme si authentiquement prouvés ? Sont-ce les ténèbres qui couvrirent toute la surface de la terre à la mort de Jésus-Christ, pendant que les historiens contemporains, ni Grecs, ni Romains, n'en ont pas dit un mot ? Est-ce le soleil arrêté par Josué durant une demi-journée, tandis qu'aucun autre auteur n'a jamais parlé de ce phénomène ? La religion chrétienne a pour elle, dites-vous, l'universalité des témoignages ; cela est bientôt dit : cependant, combien d'historiens opposés aux historiens sacrés ; combien peut-être qui ont été falsifiés ; combien qui ont été supprimés, pendant que le peu qu'il y avoit de livres étoit entre les mains des moines ? Dans le fond, cette unanimité de suffrages, dont se vante le christianisme, se réduit à ceux de son parti.

La demande est singulière, est-ce que Dieu parle ? Je veux convenir que Dieu avoit besoin d'emprunter l'organe de la parole, pour faire connoître sa volonté aux hommes ; je veux convenir qu'il ne pouvoit communiquer immédiatement cette connoissance à notre ame, comme il lui communique le sentiment et la pensée ; pourquoi a-t-il chargé Pierre et Paul de m'en instruire ? Pourquoi ne me l'a-t-il pas annoncé lui-même ? Pourquoi y a-t-il même les trois quarts des hommes qui n'entendront jamais parler de ceux que, selon vous, Dieu a faits dépositaires de sa volonté ?

Ingrat ! vous ne la devez, cette conscience, dont vous parlez tant, qu'aux premiers principes de la religion où vous étes né. La conscience est de tous les temps ; elle n'est pas un fruit de la religion chrétienne, mais un présent du créateur; elle parloit aux Grecs et aux Romains comme elle parle aux Français : c'est aller contre des vérités trop connues, que de nier celle-là. Quant aux usages que vous citez de quelques nations barbares, ils ne prouvent rien ; on sait bien que les sauvages résistent quelquefois, ainsi que nous, à la voix de la conscience : d'ailleurs, parmi ces usages, il y en a qu'il seroit aisé de justifier ; mais cela nous meneroit trop loin.

Vous ne croyez pas aux histoires qui rapportent la révélation ; ne croyez donc aucun fait, car il ne nous parvient que par l'histoire. Quelle différence ! Vous mettez dans la même classe les faits qui s'accordent avec la physique et la raison, et ceux que la physique et la raison démentent. C'est cette conformité, ou cette opposition qui me fait discerner les vrais d'avec les faux. Je crois, sur la foi des historiens, que César a existé : mais s'ils me disoient que César étoit à Rome et dans les Gaules en-même-temps ; que César a fait un voyage dans la Lune, etc. je ne les croirois plus. La vérité est sans-cesse confondue dans l'histoire avec l'erreur, comme l'or et le plomb sont mêlés ensemble dans la mine ; la raison est le creuset qui les sépare. Les deux propositions qui suivent sont deux sophismes. Il s'en faut de beaucoup qu'il soit aussi certain qu'Euclide n'étoit pas américain, qu'il est certain que le triangle est la moitié du parallélogramme ; qu'il soit aussi sûr qu'il y avoit un chandelier d'or au temple de Jérusalem, qu'il est sûr qu'il y a des lampes dans nos églises ; avec une pareille logique, je ne suis pas surpris que nous ne soyons pas, vous et moi, d'accord.

Vous demandez quelle force auront des témoignages contre des notions évidentes ? Celle de nous faire connoître qu'il y a des choses au-dessus de la raison. Le témoignage des hommes, quoique vous en puissiez dire, n'aura jamais le pouvoir de faire croire à un homme raisonnable que deux et deux font trois ; en me disant qu'il y a des choses au-dessus de la raison, on ne me fera pas croire des absurdités. Sans-doute il y a des choses supérieures à notre raison ; mais je rejetterai hardiment tout ce qui y répugne, tout ce qui la choque. Quelle est cette manière de raisonner, qui met le témoignage des hommes au-dessus de l'évidence, comme si ce qui est évident pouvoit être faux, comme si l'évidence n'étoit pas la marque infaillible de la vérité ? Ceux qui veulent payer les autres de ces raisons, peuvent-ils en effet s'en contenter eux-mêmes ?

La raison démontre que naturellement la nation juive devroit être éteinte. La raison démontre, au contraire, que les Juifs se mariant et faisant des enfans, la nation juive doit subsister. Mais, direz-vous, d'où vient qu'on ne voit plus ni Carthaginois, ni Macédoniens ? La raison en est qu'ils ont été incorporés dans d'autres peuples ; mais la religion des Juifs, et celle des peuples chez lesquels ils habitent, ne leur permettant pas de s'incorporer avec eux, ils doivent faire une nation à part. D'ailleurs, les Juifs ne sont pas le seul peuple qui subsiste ainsi dispersé ; depuis un grand nombre d'années, les Guèbres et les Banians sont dans le même cas.

Non sans leur donner le moyen de prouver leur mission. Et comment l'ont-ils prouvée ? Par des miracles. Mais d'où vient que les Juifs, témoins des miracles éclatans de Moïse, ne s'y rendoient pas ? D'où vient qu'ils se révoltoient continuellement contre lui ? C'étoit, direz-vous, des cœurs endurcis. Mais moi, qui n'ai jamais vu les miracles de Moïse, et qui suis venu cinq mille ans après lui, suis-je bien coupable d'être aussi endurci qu'eux ?

L'ame ne peut se passer de culte, sans tomber dans l'aridité et la froideur. Qu'il y ait un culte, soit; mais que chacun puisse suivre celui de son pays; et que ceux qui prient Dieu en latin ne damnent pas ceux qui le prient en anglais ou en arabe.

Que pouvez-vous donc connoître, si vous ne connoissez pas votre ame, et si vous ne sentez pas qu'elle n'est pas matière ? Ame, matière! où sommes-nous? qui nous éclairera dans ces ténèbres? Vous qui connoissez si bien mon ame, expliquez-moi donc ce que c'est?

J'avoue que je n'entends rien à ceci. *Dites donc que le mal est une négation qui ne subsiste pas par elle-même, mais par l'opposition à la loi de Dieu.* Je ne dois m'en prendre sans-doute qu'à mon peu d'intelligence. A l'égard du péché originel, il étoit bien juste assurément qu'Adam fût châtié pour avoir mangé la pomme; mais vous et moi qui n'y avons pas touché, et tant d'autres qui n'ont pas même entendu prononcer le nom d'Adam, pourquoi en sommes-nous punis? Un pauvre Hottentot n'est-il pas bien malheureux d'être destiné en naissant aux flammes éternelles, parce qu'un homme, il y a six mille ans, a mangé une pomme dans un jardin (*) ?

(*) On répond judicieusement à cela, que tout le genre humain étoit renfermé dans l'individu du pre-

Si la justice n'est pas la fidélité à tenir les conventions établies, qu'est-elle donc ? La définition que vous en donnez ne lui convient pas plus qu'à toutes les autres vertus qui sont également une conformité à la volonté de Dieu. Mais, dites-vous, la justice ne peut pas être la fidélité à observer les conventions ou les loix, puisque les loix elles-mêmes ont été faites sur la justice. Les hommes, avant de faire les loix, avoient-ils, en effet, des notions de justice, et est-ce sur ces notions que les loix ont été faites ? Pour résoudre cette question, examinons comment les premières loix durent être formées. C'est la propriété acquise par le travail, ou par droit de premier occupant, qui fit sentir le premier besoin des loix. Deux hommes qui semèrent chacun un champ, ou qui entourèrent un terrain d'un fossé, et qui se dirent réciproquement : Ne touche pas à mes grains ou à mes fruits, et je ne toucherai pas aux tiens, furent les premiers législateurs. Ces conventions supposent-elles en eux aucune notion de justice ? et avoient-ils besoin, pour les faire, d'autre connoissance que celle de leur intérêt commun ? Il ne paroît pas. Comment donc acquirent-ils les idées du juste et de l'injuste ?

---

mier homme ; que tous les hommes ont péché en lui, et qu'il est juste qu'ils soient punis avec lui. Je ne sais si ce raisonnement est plus extravagant qu'injurieux à la justice de Dieu.

Elles se formèrent, dans leur esprit, de l'observation et de l'inobservation des conventions. L'une fut désignée par le nom de justice, l'autre par celui d'injustice; et les actes de ces deux relations opposées s'appelèrent justes et injustes. J'insiste donc, et je dis que la justice ne peut être autre chose que l'observation des loix (*).

Ce n'est pas déserter la société, que de l'instruire par ses leçons et l'édifier par ses exemples. Les exemples édifians des moines! Est-ce l'assassinat de Henri III, de Henri IV, celui du roi de Portugal, arrivé de nos jours, qui vous édifient? Quelle aveugle prévention en faveur de ces misérables peut vous faire parler ainsi? Avez-vous oublié tous les maux qu'ils ont faits à votre nation; les horreurs de la ligue, que leurs cris fanatiques ont excitée; le massacre de la Saint-Barthélemi, dont ils ont été les instigateurs; et tous les torrens de sang qu'ils ont fait répandre en France pendant deux cents ans de guerre de religion? Ils en feroient répandre encore, si les mêmes circonstances revenoient; ils n'ont pas changé d'esprit; ils gémissent de voir le siècle éclairé. Que les temps d'ignorance reparoissent, vous les verrez sortir encore des ténèbres de leur cloître, pour gouverner et bouleverser les états.

(*) Qu'on définisse la justice de tant de manières qu'on voudra, toute autre définition sera obscure, et sujette à contestation.

Par quel inconcevable aveuglement a-t-on pu laisser subsister jusqu'à nos jours ces sociétés pernicieuses? Je ne parlerai point ici de leurs mœurs; mais tous ceux qui ont été à portée de les connoître savent dans quel excès de dissolution et de dérèglement ils vivent dans leurs maisons. Cette classe d'hommes est devenue encore plus vile de nos jours; elle n'est plus composée que de gens de la lie du peuple, qui aiment mieux vivre lâchement aux dépens de la charité publique, que de gagner honnêtement leur vie dans un atelier ou derrière une charrue. Ainsi, ils ne se contentent pas de priver la société de travail; ils enlèvent encore les fruits du leur aux citoyens utiles. Puisse l'homme de génie (*), placé actuellement au timon de l'état, joindre aux grands services qu'il a déjà rendus à la nation, celui de réformer, au profit de la nation, ces corps nombreux qui la rongent et la dépeuplent! En conservant à la patrie plus de quatre-vingt mille citoyens qui lui sont enlevés à chaque génération, il méritera plus d'elle que par des victoires et des conquêtes. Une postérité nouvelle, qui, sans lui, n'auroit point été, le bénira un jour de lui avoir donné la vie; et ainsi il sera le bienfaiteur de la race présente et des races à venir.

(*) M. le duc de Choiseul.

SUITE DE L'APOLOGIE DE M. L'ABBÉ DE PRADES,

ou

Réponse à l'Instruction pastorale de M. l'évêque d'Auxerre *.

TROISIÈME PARTIE.

Nil conscire sibi, nullâ pallescere culpâ.

---

* Cette troisième partie de l'apologie de l'abbé de Prades est de Diderot, et c'est un modèle d'une discussion exacte et précise. Voyez ce que j'en ai dit dans mes mémoires sur la vie et les ouvrages de Diderot, qui suivront de près cette nouvelle édition de ses Œuvres.
NOTE DE L'ÉDITEUR.

AVERTISSEMENT.

La première partie de mon apologie, contient l'histoire de ma condamnation, ma thèse latine et française, avec quelques lettres écrites à la faculté de théologie, à M. l'archevêque de Paris et à M. l'ancien évêque de Mirepoix, preuves non suspectes de ma docilité et de ma soumission.

La seconde est composée de la justification des propositions condamnées contre la censure de la faculté de théologie et le mandement de M. l'archevêque de Paris; de la conformité de mon sentiment sur les guérisons de J. C. avec l'opinion de Dom la Taste, évêque de Bethléem, et de M. le Rouge, docteur de Sorbonne, et de ma réponse au mandement de mon évêque M. de Montauban.

Mon apologie n'auroit eu que ces

deux parties qui paroîtroient à-présent, si l'instruction pastorale de M. d'Auxerre n'eût donné lieu à cette troisième, que j'ai cru devoir publier la première, de crainte qu'elle ne vînt un peu tard après les deux autres. Ce n'est pas qu'elle ne renferme des vérités de tous les temps sur l'usage de la raison en théologie, l'étude de la philosophie, les causes finales, l'origine de nos idées, les fondemens de toute société, l'état de nature, etc.... : car je n'ai rien négligé pour survivre à l'instruction à laquelle je répondois ; mais il ne falloit pas laisser aux préjugés dont elle fourmille, le temps de prendre racine dans les esprits qui ne sont déjà que trop prévenus.

Cette troisième partie est autant la défense du discours préliminaire de l'encyclopédie, d'où j'ai tiré ma première position, que la défense de ma thèse. Quel que soit le jugement que puisse en porter M. d'Auxerre, je crois qu'il doit se féliciter d'être tombé plutôt entre mes mains qu'entre les mains de M. d'Alembert : car on pourroit bien appliquer à cet illustre et redoutable athlète ce que Diomède dit à Glaucus: *Insensé, tu ne sais pas que c'est contre moi que le ciel envoie les enfans des pères infortunés.*

Les renvois et les chiffres qu'on rencontrera dans cette partie, sont relatifs aux articles et aux pages des deux parties qui devoient précéder, et qui ne se feront pas attendre long-temps.

OBSERVATIONS

SUR

L'INSTRUCTION PASTORALE

DE

M.ᴳᴿ L'ÉVÊQUE D'AUXERRE.

On achevoit d'imprimer mon apologie, lorsque j'ai reçu une instruction pastorale de M. l'évêque d'Auxerre, dans laquelle ce prélat se propose de démontrer que *la vérité et la sainteté de la religion ont été méconnues et attaquées en plusieurs chefs dans la thèse que j'ai soutenue en Sorbonne, et que je viens de justifier.*

J'ai lu cette instruction avec toute l'attention dont je suis capable, et dans la disposition la plus sincère de supprimer ma défense, d'avouer ma faute, et d'en demander pardon à Dieu et aux hommes ; si M. d'Auxerre remplissoit la promesse de son titre, et s'il me prouvoit que mes expressions s'étoient écartées en quelques endroits de la pureté de mes sentimens : car c'est là tout ce que j'avois à craindre de lui ; l'impiété n'ayant jamais habité dans mon cœur, le pis qui pouvoit m'être arrivé, c'est qu'elle se fût malheureusement trouvée sur mes lèvres.

Mais l'instruction pastorale de M. d'Auxerre ne m'a point ôté la persuasion intérieure de mon innocence. J'écoutois la voix de ma conscience en-mêm-etemps que je lisoisson ouvrage ; et elle ne m'a rien reproché. Je n'ai senti qu'une chose bien plus redoutable pour mes adversaires que pour moi ; c'est que la prévention et le zèle peuvent aveugler les hommes les plus éclairés, leur montrer des erreurs monstrueuses dans les propositions les plus chrétiennes et les plus vraies, leur faire adopter des conjectures téméraires comme des faits démontrés, et les emporter au-delà des bornes de toute justice.

Ma réponse à M. d'Auxerre ne sera pas aussi étendue que le volume de son instruction sembleroit l'exiger : ce volume renfermant un certain nombre de vérités, que je voudrois avoir signées de mon sang ; quelques objections qui s'adressent à d'autres que moi, dans le grand nombre de celles qui me concernent ; plusieurs que j'avois prévues et que j'ai réfutées dans mon apologie ; d'autres qu'il m'étoit impossible de prévoir, et auxquelles je vais satisfaire.

I.

M. l'évêque d'Auxerre, après avoir peint avec

beaucoup de chaleur et de vérité, dans les premières pages de son instruction, les progrès énormes que l'impiété a faits de nos jours, s'écrie, pag. 10 et 11 : « Qui auroit jamais pu prévoir
» qu'une doctrine anti-chrétienne seroit publique-
» ment soutenue en Sorbonne, par un de ses
» bacheliers, avec l'approbation du président et
» des censeurs, sans qu'aucun de ses docteurs
» réclamât ? Mais, ce qui est encore plus surpre-
» nant, c'est que, toute la licence ayant assisté
» à cette thèse, et quelqu'un des bacheliers l'ayant
» vivement attaquée sur quelqu'une des impiétés
» qu'elle contient, ce cri de la foi, si juste et
» si nécessaire, n'ait pas réveillé les docteurs pré-
» sens, et qu'ils aient laissé finir tranquillement
» une action si nuisible à la religion, et si in-
» jurieuse à la faculté de théologie de Paris. Qu'on
» dise tant qu'on voudra qu'il y a eu de l'artifice
» et de la fraude, pour faire passer la thèse ; qu'on
» tâche d'excuser le syndic et le président, en
» couvrant leur fraude du nom de surprise et de
» négligence : ce sont là des excuses peu receva-
» bles de la part de docteurs préposés pour exa-
» miner les thèses et pour y présider : elles ne
» suffisent pas, pour effacer l'opprobre qui en re-
» tombe sur la faculté même.... Plaignons la
» faculté des pertes qu'elle a faites, et du déchet
» où elle est tombée »..... Ajoutons, nous, à cette peinture, un trait bien frappant, et qui

n'auroit pas dû échapper de la mémoire de M. d'Auxerre, de ce prélat qui paroît s'attacher, avec tant de zèle, de charité et d'amour pour la religion, à déshonorer la Sorbonne et la faculté de théologie toute entière; c'est que cette doctrine *anti-chrétienne*, applaudie de toute la faculté avant que d'être proscrite, a trouvé pour défenseurs les hommes les plus sages et les plus éclairés des maisons de Navarre et de Sorbonne, lorsqu'on l'eut déférée, et qu'il fut question de la proscrire.

Que la faculté de théologie répondra-t-elle à M. d'Auxerre ? Se tiendra-t-elle pour couverte *d'opprobre;* et laissera-t-elle passer à la postérité sa honte scellée dans les ouvrages d'un évêque et dans les fastes de l'église ? Mais pourra-t-elle réclamer contre les reproches d'ignorance, de négligence, d'avilissement, de dégradation, dont elle est accablée par le prélat janséniste, sans s'avouer coupable envers moi de l'injustice la plus criante ? Docteurs de Sorbonne, répondez; voici l'argument qu'on vous propose. S'il est vrai que ma thèse fût un tissu de blasphêmes horribles, comme vous l'avez annoncé dans le préambule de votre censure, vous avez tous applaudi à mon impiété; et M. d'Auxerre a raison. Si ma thèse, au contraire, n'expose rien qui ne soit conforme aux principes de la saine philosophie et aux vérités du christianisme, pourquoi l'avez-vous condamnée comme un tissu de blasphêmes ? Il n'y a point de milieu; il faut, ou souscrire aux accusations de M. d'Auxerre par le silence le plus humiliant, ou rétracter votre censure. O docteurs ! vous n'avez pas tardé à recueillir les fruits amers de votre injustice; vous avez cru pouvoir écraser impunément l'innocence, parce qu'elle étoit sans appui, sans force et sans protection: mais l'œil de vos ennemis étoit ouvert sur vos démarches ; et ma vengeance est venue d'où je l'attendois. Ces mots de M. d'Auxerre, *rien ne peut effacer l'opprobre qui est retombé sur la faculté même*, vous font frémir de rage; et les hommes noirs, dont vous avez servi la passion en me condamnant, voyent votre honte, et s'en réjouissent.

I I.

M. d'Auxerre rend compte, pag. 12, 13 et suivantes, de la censure de la Sorbonne et du mandement de M. l'archevêque de Paris; puis il ajoute, page 17 : « Nous respectons ces censures ; et
» nous louons le zèle pour la religion qui les a
» dictées. Mais nous croyons qu'elles auroient été
» plus utiles à l'église, et que les fidèles en au-
» roient tiré plus de profit, si on les avoit sou-
» tenues par une instruction qui fît connoître l'im-
» portance et le prix des dogmes attaqués par
» la thèse. Ce seroit peu de chose à un médecin
» d'exposer la grandeur et le danger de la maladie,

» s'il ne prescrivoit les remèdes propres à guérir
» ceux qui en sont atteints, et à en préserver
» les autres. Les fidèles ont besoin d'être conso-
» lés et affermis dans les principes de la foi, dans
» le même temps qu'on les avertit de fuir et d'avoir
» en horreur les productions de l'incrédulité. La
» beauté des vérités chrétiennes n'est jamais si
» ravissante, que *quand on la met en regard*
» avec les ombres noires et les ténèbres infernales
» que l'impiété a voulu substituer au grand jour
» de la religion ».

Rien n'est plus vrai que ces maximes : mais ne sont-elles pas bien déplacées ? Ne suffisoit-il pas à M. l'évêque d'Auxerre de faire son devoir, sans accuser la faculté et M. l'archevêque de Paris d'avoir manqué au leur ? Mon accusateur n'a-t-il pas ici l'air d'un homme qui craint qu'on ne remarque pas assez le mérite de son zèle et de sa vigilance, et qui, pour le faire sortir davantage, *le met en regard* avec l'indolence de M. l'archevêque ? On diroit presque que cette instruction soit autant faite contre les défenseurs de la bulle, que contre les prétendus adversaires de la religion. Eh ! monsieur, qu'a de commun ma thèse avec le jansénisme ? Je serois cent fois plus impie que vous ne le croyez, qu'on n'en croira pas les appelans plus catholiques. Ce sont des raisons qu'on attend de vous, et non pas de l'*ostentation* et des personnalités.

III.

On lit, page 13 de l'instruction de M. d'Auxerre, ces mots extraits de la censure de la faculté: « L'impiété ne s'est plus bornée à pénétrer dans
» les maisons particulières; elle a essayé de se
» glisser dans le sanctuaire même de la religion,
» dont elle a cru se venger, si elle pouvoit y ré-
» pandre quelque goutte de son venin »..... Même instruction, page 16, dans l'extrait du mandement de M. l'archevêque de Paris : « D'audacieux
» écrivains ont consacré, comme de concert, leurs
» talens et leurs veilles à préparer ces poisons;
» et peut-être ont-ils réussi au-delà de leur espé-
» rance à fasciner les esprits et à corrompre les
» cœurs »..... Dans le mandement de M. de Montauban, page 5: « Un de nos diocésains a trahi
» son Dieu, sa religion, sa patrie, son pasteur;
» s'est livré aux ouvriers d'iniquité, et leur a servi
» d'organe »..... Dans l'instruction pastorale de M. d'Auxerre, page 78: « La thèse du Sr. de
» Prades se rend suspecte, non-seulement par la
» manière dont elle s'exprime, mais encore par
» les liaisons très-connues du soutenant avec les
» auteurs de l'Encyclopédie, dont il a tiré un
» grand nombre de ses propositions ». Et page 152:
« Nous suivrons ici la thèse, non comme la pro-
» duction d'un simple particulier, mais comme
» nous donnant une occasion de dévoiler les er-

» reurs des incrédules de nos jours, à qui le Sr.
» de Prades a prêté son nom ».

Voilà donc la faculté de théologie, M. l'archevêque de Paris, M. l'évêque de Montauban, M. l'évêque d'Auxerre, et une infinité d'autres personnes entraînées par leurs témoignages, et convaincues que ma thèse est l'ouvrage d'un complot. Je suis annoncé dès ce moment à toute la chrétienneté, et je serai transmis à tous les siècles à venir, comme un malheureux qui a livré le sanctuaire de son Dieu, et vendu ses talens et ses veilles aux ouvriers de l'iniquité. Cette accusation me couvre à jamais de tout le déshonneur de la trahison et de l'apostasie : elle suffit pour compromettre l'honneur, l'état, la fortune, la liberté, le repos, et peut-être la vie de ceux qui pourront être soupçonnés de complicité. C'est un corps d'hommes recommandables par la sainteté de leur caractère, et par la présomption de leur prudence et de leurs lumières, qui a le premier découvert cette conspiration, et qui en a allarmé le monde chrétien ; le témoignage de leur bouche et de leur écrit, est confirmé par celui du premier archevêque de France, de deux autres prélats et d'un grand nombre d'écrivains ; tous déposent que ma thèse est la production d'une cabale acharnée à renverser la religion. Qui ne croiroit, à juger du fait par son importance et par l'appareil de ses circonstances, qu'il est appuyé sur les preuves

les plus évidentes ? Cependant il n'y en a aucune ; et il est inconcevable comment la fiction la plus ridicule, le mensonge le plus absurde, la fausseté la plus avérée pour mes connoissances, pour mes amis et pour une multitude d'indifférens, a pu prendre un corps, et, pour ainsi dire, se réaliser. Il faut ici reconnoître l'adresse malheureuse de ces gens qui ont pour principe, *qu'on peut calomnier son ennemi en sûreté de conscience ;* ce sont eux certainement qui ont tramé toute cette iniquité. Mais quoi donc ! me rendrai-je par mon silence le complice de leur noirceur ? Non, sans-doute. Je n'ai qu'une voix, mais je l'éleverai ; et je dirai à toute la faculté de théologie, à M. l'archevêque de Paris, à M. l'évêque de Montauban, à M. l'évêque d'Auxerre, et à tous ceux qui peuvent être dans le même préjugé qu'eux, « que ma thèse soit bonne ou mau-
» vaise, qu'elle renferme un système abominable
» d'impiété, ou que ce soit un plan sublime de
» la religion chrétienne, c'est moi seul qui l'ai
» faite ; il n'en faut blâmer ou louer que moi.
» Hâtez-vous donc d'arrêter les progrès d'une
» calomnie, que vous n'avez que trop accréditée,
» qui fait tort à votre jugement, et qui couvre
» de honte la Sorbonne. En effet, à quel point
» d'ignorance et d'avilissement ce corps ne seroit-
» il pas descendu, si une société d'impies avoit
» pu former, avec quelque vraisemblance de suc-

» cès, le projet de lui faire approuver ses erreurs,
» et qu'elle eût consommé ce projet !

» Mais je me sens ici pressé par un intérêt
» beaucoup plus vif que celui que je dois prendre
» à l'honneur de la faculté de théologie ; c'est
» l'intérêt que j'ai, et que j'aurai toujours à la
» propagation du nom chrétien. Si, parmi ceux
» qui sont instruits de la fausseté du complot sup-
» posé par la Sorbonne et par les prélats, il
» s'en trouvoit quelques-uns qui eussent mal-
» heureusement du penchant à l'incrédulité, ne
» pouvant s'imaginer que vous n'ayez fait aucun
» usage des règles par lesquelles vous jugez de
» la certitude des faits, ne seroient-ils pas tentés
» de croire que ces règles sont mauvaises ? Qui
» les empêcheroit de dire : Il en est de la plupart
» de ces faits qu'on nous oppose, comme du com-
» plot du bachelier de Prades ? Y a-t-il, dans
» l'antiquité, quelque transaction dont il fût plus
» aisé de découvrir la fausseté ? Qu'on vienne après
» cela nous citer le témoignage des contempo-
» rains, et les ouvrages des hommes les plus sages
» et les plus éclairés ! Nous savons tous combien
» la conspiration dont on l'accuse est chimérique :
» la voilà cependant constatée par les autorités
» les plus graves, scellée des témoignages les plus
» authentiques, consignée dans les fastes d'un
» corps illustre, attestée par des écrivains du temps
» même et du rang le plus distingué, et trans-

» mise à la postérité avec un cortége de preuves
» et de circonstances auxquelles il ne sera guère
» possible de résister, sans encourir le reproche
» de pyrrhonisme. En effet, qui de nos neveux
» osera donner un démenti à la Sorbonne, à un
» archevêque de Paris, à deux autres prélats, et
» à une foule d'écrivains qui ne manqueront pas
» de répéter le même mensonge ? Je vous con-
» jure donc, par l'amour que vous avez sans-doute
» pour la vérité, par le respect que vous vous
» devez à vous-même, par le zèle que vous
» montrez pour la religion et pour le salut de
» vos frères, par les premiers principes de la jus-
» tice et de l'humanité, qui ne permettent pas
» de disposer de l'honneur, de la fortune, du re-
» pos et de la vie des hommes, de vous rétracter
» incessamment, de rendre gloire à votre carac-
» tère, et de ne pas emporter avec vous l'ini-
» quité au pied du trône du Dieu vivant qui nous
» jugera tous ».

IV,

« La grande maladie de notre siècle, dit M.
» d'Auxerre, page 20 de son instruction, c'est de
» vouloir appeler du tribunal de la foi à celui de
» la raison ;.... comme si la raison, souveraine
» et incapable d'ignorance et d'erreur, ne méritoit
» pas le sacrifice de la nôtre, dont les bornes
» étroites nous arrêtent si souvent...... Cet es-
» prit, où l'incrédulité prend sa source, se montre

» à découvert dès l'entrée de la thèse dont nous
» parlons ».

Je ne connois rien de si indécent et de si injurieux à la religion, que ces déclamations vagues de quelques théologiens contre la raison. On diroit, à les entendre, que les hommes ne puissent entrer dans le sein du christianisme, que comme un troupeau de bêtes entre dans une étable; et qu'il faille renoncer au sens commun, soit pour embrasser notre religion, soit pour y persister. Etablir de pareils principes, je le répète, c'est rabaisser l'homme au niveau de la brute, et placer le mensonge et la vérité sur une même ligne. La religion chrétienne est fondée sur un si grand nombre de preuves; et ces preuves sont si solides, que, s'il y a quelque chose à redouter pour elles, ce n'est pas qu'elles soient discutées; c'est qu'on les ignore. Il me semble donc que quelqu'un, qui se proposeroit une instruction solide sur cette matière, distingueroit bien les vérités qui forment l'objet de notre foi, des démonstrations qui servent de base à notre culte. Les démonstrations évangéliques ne peuvent être examinées avec trop de rigueur; et ce seroit un blasphême que de les supposer incapables de soutenir la critique des hommes. Mais cet examen et cette critique appartiennent également au théologien et au philosophe. Ce n'est, à parler exactement, qu'une application de la dialectique aux preuves de la religion, des règles d'Aristote à la divinité de Jésus-Christ ; et cette application ne peut être trop sévère ; l'objet en est trop important. C'est être chrétien comme on eût été musulman, que de ne pas consacrer à cette étude une partie considérable de sa vie.

Le seul effet qui puisse en résulter, lorsque les passions ne s'en mêlent point, c'est d'affermir le chrétien dans la pratique des préceptes de sa religion, et de l'éclairer sur le sacrifice qu'il a fait de sa raison et de ses lumières à l'incompréhensibilité des vérités révélées. Ce seroit être bien mauvais théologien, que de confondre la certitude de la révélation avec les vérités révélées. Ce sont des objets tout-à-fait différens. Pour que l'entendement se soumette parfaitement à l'un, il faut qu'il ait été pleinement satisfait sur l'autre : mais, d'où lui viendra cette satisfaction, si-non d'un exercice libre et sincère de ses facultés ? Voilà ce que j'avois en vue lorsque j'ai commencé ma thèse ; et je n'ai, ce me semble, aucun reproche à me faire, parce qu'il est arrivé à M. l'évêque d'Auxerre de méconnoître mon but, de mésinterpréter mes sentimens, et de m'accuser d'incrédulité.

V.

Je vais parcourir le plus rapidement qu'il me sera possible les pages 21, 22, 23 et les suivantes. Si je m'étendois sur tout ce que j'y remarque de dangereux, d'inexact, de faux, je risquerois de faire une apologie aussi longue que l'instruction. M. d'Auxerre commence l'énumération de mes attentats par ces mots : « On traite de l'homme » dans la thèse : et après avoir dit que Dieu ré- » pandit sur son visage un souffle de vie, on ne » lui donne que des idées brutes et informes, qui » naissent des premières sensations, ou qui ne se » développent que par les sensations ». Il est vrai que l'expression *produnt* dont je me suis servi, convient également à ces deux sentimens ; mais quel inconvénient y a-t-il à cette ambiguité, s'il est tout-à-fait indifférent pour la religion, que les idées naissent des sensations ou ne se développent que par elles ? « Le soutenant n'a pas clairement » parlé là-dessus. On doute, après l'avoir lu, si » l'homme qu'il imagine est sans idées, et comme » une table rase sur laquelle il n'y a rien d'écrit ; » ou s'il a quelques idées, mais informes, enve- » loppées, confuses ». Je laisse le choix à M. d'Auxerre. Veut-il que l'homme de ma thèse soit sans idées, comme une table rase sur laquelle il n'y a rien d'écrit ? A-la-bonne-heure. Lui convien-droit-il mieux qu'il eût quelques idées, mais informes, enveloppées, confuses ? Je consens qu'il les ait. Je serai peut-être mauvais philosophe en embrassant la dernière de ces opinions; mais je n'en serai pas moins bon chrétien. « La première » réflexion qui se présente, c'est que ce n'est » point là l'homme, dont la création nous est décrite

» dans la Genèse ». Non, ce n'est point d'Adam que j'ai parlé : et quelle hérésie y a-t-il à cela ? Dans le dessein où j'étois de développer la génération successive de nos connoissances, il eût été bien ridicule de choisir le premier homme, à qui Dieu les avoit toutes accordées par infusion. « On ne » dit point dans la thèse d'où vient l'homme dont » on y parle, ni qui lui a formé un corps ». Il y a beaucoup d'autres choses qu'on n'y dit point: mais après y avoir exprimé clairement que l'ame étoit un don de Dieu, je ne me serois jamais imaginé qu'on eût quelque doute de mon orthodoxie sur la formation du corps. « On conserve l'expres- » sion de l'écriture, que Dieu répandit un souffle » de vie sur son visage (on lui donna une ame » raisonnable); mais on veut après cela qu'il ait » été laissé sans connoissances, sans réflexions, » sans idées distinctes, à-peu-près comme une » bête brute, un automate, une machine mise en » mouvement. Où a-t-on pris l'idée fantastique » d'un tel homme » ? Dans la nature ; oui, monseigneur ; je pense très-sincèrement, et sans m'en croire moins chrétien, que l'homme n'apporte en naissant ni connoissances, ni réflexions, ni idées. Je suis sûr qu'il resteroit comme une bête brute, un automate, une machine en mouvement, si l'usage de ses sens matériels ne mettoit en exercice les facultés de son ame. C'est le sentiment de Locke ; c'est celui de l'expérience et de la vé-

rité ; il m'est commun avec le grand nombre des théologiens et des philosophes modernes : sur trente professeurs ou environ qui remplissent les chaires de philosophie dans l'université, il y en a vingt qui rejettent l'hypothèse contraire; et ce sont les plus estimés. Ils auroient, certes, l'inattention la plus méprisante sur ce qu'il plaît à M. l'évêque d'Auxerre de penser et d'écrire, s'ils souffroient tranquillement que ce prélat les accusât de matérialisme, pour avoir prétendu, avec le philosophe anglais, que nous passons de la notion positive du fini, à la notion négative de l'infini ; que sans les sensations nous n'aurions ni la connoissance de Dieu, ni celle du bien et du mal moral ; en un mot, qu'il n'y a aucun principe, soit de spéculation, soit de pratique, inné. « Quel égarement d'esprit,
» de former un homme factice et imaginaire, qui
» n'a jamais été, pour chercher ensuite dans des
» spéculations métaphysiques, l'origine et la pro-
» gression de ses connoissances, tandis qu'on laisse
» à l'écart l'homme réel et effectif, qui a Dieu
» pour auteur »! L'homme factice et imaginaire, c'est celui à qui l'on accorde des notions antérieures à l'usage de ses sens. Ce fut la chimère de Platon, de Saint Augustin et de Descartes. Ce dernier a été le restaurateur de ce système parmi nous ; et l'on se souvient encore que sa preuve de l'existence de Dieu, tirée des idées innées, le fit accuser d'athéisme. Quel jugement eût-il fallu

porter alors de ceux qui lioient indivisiblement la croyance de Dieu avec le sentiment d'Aristote? et que devons-nous penser aujourd'hui de ceux qui traitent d'impie le vieil axiome, *nihil est in intellectu, quod non priùs fuerit in sensu*, et qui semblent faire dépendre la vérité de la religion, des idées innées ; si-non, que plus ces théologiens se portent avec véhémence et avec fureur à condamner les autres, plus, ainsi que je l'ai déjà dit avec M. Bossuet, ils montrent clairement, non que le sentiment qu'ils proscrivent est hérétique ou erroné, mais qu'eux-mêmes ont beaucoup d'ignorance et de témérité ? Je n'ai garde d'appliquer ce passage à M. d'Auxerre ; mais il faut avouer qu'il peint bien quelques théologiens qui pensent comme lui. « La thèse ne nous montre
» l'homme que comme une bête.... qu'il s'agit
» d'apprivoiser.... à qui il faut apprendre qu'elle
» est capable de penser et de raisonner, mais qui
» ne pense pas encore, et qui ne pensera qu'après
» que les objets corporels auront frappé ses organes
» et produit en elle des sensations ». J'ai montré dans ma thèse, non l'homme qui n'a été qu'une fois, mais l'homme de tous les jours ; je l'ai montré tel que l'expérience me l'a fait connoître, composé de substances *essentiellement* différentes, mais dont l'une n'exerce ses facultés qu'en vertu de l'autre ; n'acquérant de connoissances que par le moyen de ses sens; au-dessous de la bête dans la

passion (et le faux zèle en est une), dans l'ivresse et dans la folie ; semblable à la bête dans l'imbécillité, dans l'enfance et dans la caducité ; et semblable à la bête farouche dans les déserts, dans les forêts, chez le Cannibale et chez le Hottentot. Il est très-permis à M. d'Auxerre de s'en former des idées plus sublimes et moins vraies : mais qu'il prenne garde de ne pas attacher à sa belle chimère plus d'existence et de valeur qu'elle n'en mérite. « Nous » cherchons les motifs d'une conduite si bizarre » et si indécente dans une thèse de théologie ; et » voici ce que nous avons lieu de penser ». Voici des conjectures qui feront beaucoup d'honneur à la pénétration et à la charité de M. l'évêque d'Auxerre. Voici une façon nouvelle de damner les hommes, dont les jansénistes ne s'étoient point encore avisés ; c'est de supposer qu'on ne croit pas ce dont on n'a point occasion de parler. « En » parlant de la création de l'homme d'après les » livres saints, et selon la doctrine orthodoxe, on » ne pouvoit s'empêcher d'énoncer les avantages » de la nature... le don de la grace ... la justice » et l'amour de Dieu.... la désobéissance de » l'homme, ses suites, le remède, la matière de » l'incarnation.... quel est le chrétien qui ne » doive désirer qu'on lui rappelle ces vérités fon- » damentales » ? Ce chrétien-là, c'eût été M. d'Auxerre, s'il se fût rappelé que toute la théologie a été distribuée en plusieurs thèses que les

bacheliers soutiennent dans le cours de leur licence; que chaque thèse a son objet ; que la vérité de la religion est celui de la majeure ; que les mystères de la grace, de l'incarnation, de la rédemption y seroient déplacés ; et qu'un bachelier s'exposeroit à quelque réprimande désagréable et juste, s'il faisoit rentrer dans un acte les matières qu'il a dû soutenir dans un autre, au-delà de ce que les liaisons le demandent. « Dira-t-on qu'il a
» considéré l'homme en philosophe, et non en
» théologien ? Quelle défaite ! Est-ce-là le temps
» de déposer le personnage de théologien, pour
» faire celui de philosophe ? et d'ailleurs, est-il
» permis à un philosophe chrétien de raisonner sur
» des hypothèses arbitraires qui contredisent les
» principes de la foi » ? L'hypothèse sur laquelle j'ai raisonné ne contredit en rien les principes de la foi ; il y auroit de la témérité à l'avancer ; et il y a une indiscrétion inexcusable à entreprendre la censure d'une thèse, sans en avoir seulement démêlé la marche et le dessein. J'avois la vérité de la religion à démontrer aux sceptiques, qui n'accordent ni ne nient rien; aux pyrrhoniens, qui nient tout ; aux athées, qui nient l'existence de Dieu; aux déistes, qui croient en Dieu, mais qui rejettent la révélation ; aux théistes, qui admettent la première de ces vérités, mais qui sont sceptiques sur la seconde; aux juifs, aux mahométans, aux chinois, aux idolâtres, qui ont leurs religions. Je de-

mande maintenant à M. d'Auxerre même, quel personnage il me convenoit de faire avec la plupart de ces incrédules : quel étoit l'homme que j'avois à leur présenter, ou celui de la création, qui leur est inconnu, ou celui de la nature qu'ils ne peuvent s'empêcher de reconnoître en eux-mêmes ? Etoit-ce à la religion ou à la philosophie à faire les premiers pas ? De quelles armes avois-je à me servir dans ce premier choc ? Falloit-il employer la raison ou l'autorité ? la dialectique ou la révélation ? ou l'une et l'autre alternativement ? Le missionnaire évangélique est philosophe et théologien, selon le besoin, *personam fert non inconcinnus utramque*. N'est-ce pas même le rôle que M. d'Auxerre a pris avec moi ? Ne me prouve-t-il pas, par la raison, la nécessité des idées innées, quand il me croit mauvais philosophe ? N'entasse-t-il pas les autorités de l'écriture et des pères, *conatus imponere Pelio Ossam*, quand il m'attaque en théologien ? Cette méthode excellente est plus en usage que jamais sur les bancs. Là, les argumentans représentent les différens adversaires de la religion ; le soutenant fait face à tous. Il est arrivé dans les écoles de théologie une grande révolution, depuis que M. d'Auxerre en est sorti ; et s'il vouloit prendre la peine de comparer les thèses de son temps avec celles d'aujourd'hui, peut-être reviendroit-il un peu de ce *mépris souverain* qu'il a conçu pour la Faculté moderne. Elle doit sa supériorité sur l'ancienne aux ennemis qui se sont élevés de toutes parts contre la religion : la variété de leurs attaques et la nécessité de les repousser ont rempli les thèses nouvelles d'une infinité de questions, dont on n'avoit pas la moindre notion il y a cinquante ans. « Le silence de la thèse sur le » péché originel forme seul un soupçon grave » contre le soutenant ». La matière du péché originel, introduite dans ma thèse, y auroit formé un grave soupçon d'ignorer celle dont elle auroit occupé la place ; et le reproche de l'avoir omise, que M. d'Auxerre me fait, nous donne le soupçon de l'oubli, très-pardonnable à son âge, de ce qui doit composer la majeure ». Ce n'est point ici une » simple inattention, une pure omission ; c'est » un silence affecté ». Rien n'est plus vrai. « Il est » visible que c'est d'Adam, tel que Dieu l'a formé, » que le sieur de Prades a entrepris de parler, » puisqu'il lui applique, dès l'entrée, ce qui n'est » dit que d'Adam, que Dieu répandit sur lui un » souffle de vie ». Ce souffle de vie figurant, selon M. d'Auxerre, l'ame raisonnable, il s'ensuit qu'il est applicable à tout autre homme ; et je ne serois pas embarrassé de trouver dans les auteurs sacrés et profanes mille exemples de cette application. Mais il est étonnant que M. d'Auxerre finisse l'examen de mon premier attentat par où il auroit dû le commencer. Il me semble qu'avant de m'accuser d'avoir substitué à l'homme de la Genèse un être fantastique, il eut été très-à-propos d'examiner s'il étoit question dans ma thèse du premier homme ou d'un de ses descendans; de l'homme placé dans le paradis terrestre, ou de l'homme errant sur la surface de la terre; de l'homme innocent, éclairé et favorisé des dons du ciel les plus extraordinaires, ou de l'homme corrompu, proscrit, et sortant avec peine des ténèbres de l'ignorance. Si M. d'Auxerre s'étoit donné cette peine, il se seroit apperçu que, l'homme d'aujourd'hui étant le seul qui fût connu et admis des adversaires que j'avois à combattre, c'étoit le seul que je pusse leur présenter: car, dans toute discussion, il faut partir de quelque point convenu; et il ne peut y avoir deux sentimens raisonnables sur la condition actuelle de la nature humaine, considérée relativement à ses facultés intellectuelles et à l'origine de ses connoissances. Il se seroit apperçu que, ayant à déduire leurs progrès successifs, et à conduire l'homme depuis l'instant où il n'a pas d'idées, jusqu'à ce dégré de perfection où il est instruit des profondeurs même de la religion; de ce point de nature imbécille où il est en apparence au-dessous de plusieurs animaux, jusqu'à cet état de dignité où il a, pour ainsi dire, la tête dans les cieux, et où il est élevé par la révélation jusqu'au rang des intelligences célestes; je n'ai pu choisir pour modèle l'homme qui sortit parfait des mains de son créateur, et qui posséda lui seul, en un instant, plus de lumières, que toute sa postérité réunie n'en acquerra dans tous les siècles à venir. Si M. d'Auxerre eût daigné faire cette observation, il m'en eût épargné beaucoup d'autres : et sa longue instruction pastorale se seroit abrégée d'une vingtaine de pages de lieux communs sur les prérogatives d'Adam, et sur les avantages de *l'état de pure nature*, où l'on voit évidemment que l'objet de ma thèse lui a échappé ; qu'il n'a rien compris à ce que les philosophes modernes entendent par *l'état de nature*; et qu'on pourroit aisément avoir des idées plus catholiques que les siennes, sur ce que les théologiens doivent entendre par *l'état de pure nature.*

En attendant que la Sorbonne lui donne quelque leçon sur ce dernier point, je vais lui dire ce que c'est que le précédent dans la nouvelle philosophie. *L'état de nature* n'est point celui d'Adam avant sa chûte ; cet état momentané doit être l'objet de notre foi, et non celui de notre raisonnement. Il s'agit, entre les philosophes, de la condition actuelle de ses descendans, considérés *en troupeau*, et non *en société ;* condition, non-seulement possible, mais subsistante ; sous laquelle vivent presque tous les sauvages, dont il est très-permis de partir, quand on se propose de découvrir philosophiquement, non la grandeur éclipsée de la nature humaine, mais l'origine et la chaîne de ses connoissances ; dans laquelle on reconnoît à l'homme des qualités spéciales qui l'élèvent au-dessus de la bête ; d'autres qui lui sont communes avec elle, et qui le retiennent sur la même ligne ; enfin, des défauts, ou, si l'on aime mieux, des qualités moins énergiques qui l'abaissent au-dessous ; condition qui dure plus ou moins, selon les occasions que les hommes peuvent avoir de se policer, et de passer, de l'état de *troupeau*, à l'état de *société*. J'entends par l'*état de troupeau*, celui sous lequel les hommes rapprochés par l'instigation simple de la nature, comme les singes, les cerfs, les corneilles, etc., n'ont formé aucunes conventions qui les assujettissent à des devoirs, ni constitué d'autorité qui contraigne à l'accomplissement des conventions ; et où le ressentiment, cette passion que la nature, qui veille à la conservation des êtres, a placée dans chaque individu pour le rendre redoutable à ses semblables, est l'unique frein de l'injustice.

Je vais maintenant examiner un endroit de l'instruction de M. d'Auxerre, qui ne me concerne en rien, non plus que beaucoup d'autres, mais qui montre à merveille combien ce prélat est prodigue des noms d'incrédules, d'impies, de pyrrhoniens, de matérialistes, etc., et combien il est malheureux quelquefois dans l'usage qu'il en fait.

V I.

M. d'Auxerre, après avoir cité, page 39, un

endroit de Saint Augustin, où ce Père dit : *Que la raison et la vérité des nombres n'appartiennent point aux sens, et qu'elles demeurent invariables et inébranlables*, s'avise d'accuser d'incrédulité l'auteur de l'histoire naturelle, pour avoir prétendu *que les vérités mathématiques ne sont que des abstractions de l'esprit, qui n'ont rien de réel.* Il semble cependant que tout ce qu'on en pouvoit conclure, c'est que M. de Buffon n'est pas de l'avis de Saint Augustin sur les vérités mathématiques. M. d'Auxerre accorderoit-il à Saint Augustin la même autorité en métaphysique que dans les matières de la grace; et voudroit-il nous contraindre, sous peine d'impiété, d'adopter toute la philosophie de ce père ?

Après la manière dont j'ai traité M. de Buffon dans ma thèse, j'espère que M. d'Auxerre ne me fera point un crime de prendre ici sa défense. J'oserai donc lui répéter que l'accusation d'incrédulité est si grave, que celui qui l'intente mal-à-propos, quel que soit son nom, sa dignité, son caractère, se rend coupable d'une témérité inexcusable : et pour que ce prélat juge lui-même s'il doit ou non s'appliquer cette maxime, je lui ferai considérer que s'il n'y a pas un point, une ligne, une surface, un solide dans la nature, tels que la géométrie les suppose, les vérités démontrées sur ces objets hypothétiques ne peuvent exister que dans l'entendement de celui qui les a supposés tels qu'ils ne sont nulle part hors de lui ; et que, puisqu'il n'est point question, dans l'ouvrage de M. de Buffon, des combinaisons numériques qui s'exécutent de toute éternité dans l'entendement divin, mais de ces abstractions considérées dans un homme qui réfléchit, et relativement aux opérations de la nature et aux phénomènes de l'univers ; il a eu raison de dire qu'elles n'avoient de réalité que dans l'esprit de celui qui les avoit faites, et qu'il n'y avoit rien au-delà à quoi elles fussent applicables avec quelque exactitude. Ce sont des précisions dans le géomètre, mais ce ne sont que des approximations dans la nature ; et ces approximations sont communément d'autant plus éloignées du résultat de la nature, que les précisions ont été plus rigoureuses dans l'esprit du géomètre.

Si M. d'Auxerre n'a point entendu M. de Buffon, il ne peut s'en prendre qu'à lui-même d'avoir donné à cet auteur l'épithète odieuse d'incrédule, comme s'il eût été très-assuré qu'il la méritoit. Il me semble que ce prélat a prononcé bien légèrement sur des matières, qu'à-la-vérité il n'est pas obligé de savoir, mais sur lesquelles il est bien moins obligé de parler, et infiniment moins obligé d'injurier ceux qui les entendent. Poursuivons ; et voyons si cette fois sera la dernière, que j'aurai lieu de faire la même observation.

VII.

On lit, page 91 de son instruction, que « par

» un renversement d'esprit aussi singulier que celui
» des métaphysiciens, qui déduisent du vice les
» notions que nous avons de la vertu, l'auteur de
» l'Esprit des Loix fait naître la diversité des reli-
» gions de la variété des climats, de la nature du
» gouvernement ; et le zèle plus ou moins ardent
» pour le culte, du chaud ou du froid de la zone
» qu'on habite ; et l'auteur de l'Histoire Naturelle,
» mettant à l'écart le récit si simple et si sublime
» en apparence de la création du monde, selon la
» Genèse, engendre notre système planétaire par
» le choc d'une comète qui va heurter le soleil,
» et en dissiper dans l'espace quelques portions
» détachées ».

Je crois avoir rendu justice à ces deux hommes célèbres, et n'avoir pas montré dans ma thèse moins d'éloignement pour leurs systèmes, que M. d'Auxerre n'en a montré dans son instruction. Pourquoi donc me trouvai-je impliqué avec eux dans la même censure ? Pourquoi partageai-je avec ceux que j'ai combattus, les mêmes qualifications odieuses ? Quelle analogie si étroite y a-t-il entre la diversité des religions et les intensités du zèle expliquées par la variété des climats ; le monde engendré par le choc d'une comète ; et la notion de la vertu déduite de la connoissance du vice ; pour que M. de Montesquieu, M. de Buffon et moi, nous nous soyons rendus coupables de la même impiété ? Seroit-ce la difficulté de trouver une meilleure transition qui m'auroit attiré cette injure ?

Si je consultois mon amour-propre, et non celui que je porte à ma religion, je remercierois M. d'Auxerre de cette association ; mais quelque honorable qu'elle soit, avec quelque injustice que l'épithète d'incrédules nous ait été donnée, il ne me convient pas de la souffrir. Je dis *avec quelque injustice que l'épithète d'incrédules nous ait été donnée*, parce que je suis bien éloigné de croire qu'on ne puisse abandonner la physique de Moïse sans renoncer à sa religion. Quoi donc ! parce que Josué aura dit au soleil de s'arrêter, il faudra nier, sous peine d'anathême, que la terre se meut ? Si, à la première découverte qui se fera, soit en astronomie, soit en physique, soit en histoire naturelle, nous devons renouveler, dans la personne de l'inventeur, l'injure faite autrefois à la philosophie dans la personne de Galilée ; allons, brisons les microscopes, foulons aux pieds les télescopes, et soyons les apôtres de la barbarie ; ou plûtôt demeurons en repos, suivons paisiblement notre objet, et permettons aux physiciens d'atteindre le leur. Notre devoir est de les éclairer sur l'auteur de la nature ; le leur, de nous dévoiler son grand ouvrage. Gardons-nous bien d'attacher la vérité de notre culte, et la divinité de nos écritures, à des faits qui n'y ont aucun rapport, et qui peuvent être démentis par le temps et par les expériences. Occupons-nous sans-cesse de causes finales ; mais n'assujettissons point à cette voie stérile l'académie dans ses recherches. Nous perdrons la théologie et la philosophie, si nous nous avisons une fois de faire les physiciens dans nos écoles, et si les philosophes se mettent à faire les théologiens dans leurs assemblées. Ce renversement d'ordre, dit le chancelier Bacon, que M. d'Auxerre me reprochera peut-être de citer, quoiqu'il se permette sans-cesse de citer Cicéron, ce renversement d'ordre n'a déjà que trop retardé le progrès des sciences, *Effecitque ut homines in istiusmodi speciosis et umbratilibus causis acquiescerent, nec inquisitionem causarum realium et verè physicarum urgerent, ingenti scientiarum detrimento.* Quelles exclamations ne feroit point M. d'Auxerre, lui qui m'accuse d'irréligion, pour avoir suivi la méthode de Descartes dans la disposition des preuves du christianisme, si j'avois osé avancer, avec le chancelier Bacon, que le physicien doit faire, dans ses recherches, une entière abstraction de l'existence de Dieu, poursuivre son travail en bon athée, et laisser aux prêtres le soin d'appliquer ses découvertes à la démonstration d'une providence et à l'édification des peuples ? Que diroit-il de moi, lui qui prétend que le philosophe ait sans cesse les yeux attachés sur les écrits de Moïse et sur les opinions des Pères, si je lui soutenois, avec le même auteur, que les pas que Démocrite et les autres antagonistes de la providence faisoient dans l'investigation des effets de la nature, étoient et plus rapides et plus fermes, par la raison même qu'en bannissant de l'univers toute cause intelligente, et qu'en ne rapportant les phénomènes qu'à des causes mécaniques, leur philosophie n'en pouvoit devenir que plus rationelle. *Philosophia naturalis Democriti, et aliorum qui Deum et mentem à fabricâ rerum amoverunt et structuram universi infinitis naturæ præclusionibus et tentamentis (quas uno nomine fatum et fortunam vocabant) attribuerunt; et rerum particularium causas materiæ necessitati, sine intermixtione causarum finalium, assignarunt; nobis videtur, quantùm ad causas physicas, solidior fuisse et altiùs in naturam penetrasse.*

Ces principes sont faits pour effrayer les petits génies; tout les allarme, parce qu'ils n'apperçoivent clairement les conséquences de rien; ils établissent des liaisons entre des choses qui n'en ont point; ils trouvent du danger à toute méthode de raisonner qui leur est inconnue; ils flottent à l'aventure entre des vérités et des préjugés qu'ils ne discernent point, et auxquels ils sont également attachés; et toute leur vie se passe à crier ou au miracle ou à l'impiété.

VIII.

J'ai dit dans ma thèse, pag. 1 : « La multipli-
» cité des sensations qui nous assiègent de toutes
» parts, qui, trouvant toutes les portes de notre
» ame ouvertes, y entrent sans résistance et sans
» effort; cet effet puissant et continu qu'elles pro-

» duisent sur nous; ces nuances que nous y obser-
» vons; ces affections involontaires qu'elles nous
» font éprouver; tout cela forme en nous un pen-
» chant insurmontable à assurer l'existence des
» objets auxquels nous rapportons nos sensations,
» et qui nous paroissent en être la cause. Ce pen-
» chant est l'ouvrage d'un Etre suprême, et en
» même-temps l'argument le plus convainquant
» de l'existence des objets. Il n'y a aucun rapport
» entre chaque sensation et l'objet qui l'occasionne;
» et par conséquent il ne paroît pas qu'on puisse
» trouver, par le raisonnement, de passage possi-
» ble de l'un à l'autre. Il n'y a donc qu'une espèce
» d'instinct supérieur à notre raison, qui puisse
» nous forcer à franchir un si grand intervalle.
» L'univers n'est donc point une vaste scène d'il-
» lusions, etc. » (*).

(*) Illa sensationum turma, quæ, velut agmine facto, qua data porta, constanter et uniformiter irruunt in animam; illi quos patitur invitùs, affectus; hæc omnia cæco ac mechanico quodam impetu rapiunt ejus assensum ad realem objectorum existentiam, quibus suâs refert sensationes quæque profluere ex illis videntur. Talis instinctus est ipsummet opus Entis supremi, realisque objectorum existentiæ monumentum stat inconcussum. Quælibet sensatio nil habet germanum cum objecto ex quo nascitur; ergò ratio sibi relicta, filo, quod utrumque consociat, impar erit assequendo; ergò solus instinctus à numine

Voici les observations critiques de M. d'Auxerre sur ce morceau. Je les rapporterai, moins pour le réfuter, que pour me convaincre moi-même et les autres, qu'il n'y a rien qui ne puisse être mal entendu, et que pour consoler *le philosophe*, en lui montrant combien la vue courte du peuple est loin d'atteindre à la sublimité de ses pensées, « la thèse, dit M. d'Auxerre, pro-
» nonce clairement ici, que la sensation n'a aucune
» affinité avec l'objet qui l'occasionne ». Donc elle ne favorise point le matérialisme; elle conclud, de l'étérogénéité de l'objet et de la sensation, l'impossibilité de trouver par le raisonnement un passage de la conscience de l'une à l'existence de l'autre : et M. d'Auxerre convient de l'exactitude de cette conséquence ; mais il désireroit que le bachelier eût eu recours *aux causes occasionnelles*, pour expliquer comment et par quelle force nous sommes portés à sortir hors de nous, et à réaliser, dans l'espace, des modèles de nos impressions ; c'est-à-dire, que je me fusse amusé à tournoyer dans un cercle vicieux ; car ce passage immense dont il s'agit, et qui n'est pourtant que de la distance de notre ame à notre corps; cet intervalle que nous franchissons presque sans nous en appercevoir, c'est celui de *l'impression à la*

---

impressus intervallum adeò immensum trajicere poterit; ergò non nos larvæ tangunt, sed objecta, etc.

cause occasionnelle; c'est la supposition de cette cause, qui, par une espèce de création ou d'anéantissement, va concentrer tout l'univers dans mon entendement, et le resserrer dans un point indivisible qui m'appartient; ou l'en faire sortir, le développer et étendre ses limites dans l'immensité, loin de la portée de mes sens, au-delà même de ma pensée. Et ce que le philosophe ambitionneroit, ce seroit de se justifier à lui-même, par le raisonnement, le choix qu'il est contraint de faire entre ces deux partis : mais, avec quelque attention qu'il soit rentré en lui-même, il n'y a découvert qu'un instinct, imprimé sans doute par la Divinité, qui le tire fortement de sa perplexité, et le convainc de l'existence d'une infinité d'êtres, quoique ce ne soit jamais que lui-même qu'il apperçoive. « Qu'est-ce que cet ins- » tinct ; quelle est sa nature ? La thèse, continue » M. d'Auxerre, ne donne là-dessus aucun éclair- » cissement ». La thèse a dit là-dessus tout ce que la raison, l'expérience et la religion lui ont appris, en assurant que cet instinct étoit une suite de l'effet puissant et continu des objets extérieurs sur nos sens ; des nuances instantanées que nous y observons, et des affections involontaires qu'elles nous font éprouver ; et elle a écarté toute obscurité de son expression, en le définissant un penchant de notre ame, l'ouvrage d'un Être suprême, et l'un des argumens les plus convainquans de son existence et de celle des objets. Après cela, que penser de M. d'Auxerre, lorsqu'il avance, à la fin de sa critique, avec une confiance très-singulière, que ce mot *instinct* est, dans ma thèse, vide de sens ; que c'est un jargon inintelligible ; qu'il n'a été imaginé que pour donner le change au lecteur, et se ménager un faux-fuyant. La conjecture la plus favorable qu'on puisse former sur ce procédé de M. d'Auxerre, c'est que les matières philosophiques lui sont étrangères ; et qu'il se bat contre moi, frappant à tort et à travers, sans savoir où portent ses coups, comme un homme attaqué dans les ténèbres.

IX.

Voici ce qu'on lit dans ma thèse, page 3 :
« De tous les objets qui nous affectent le plus par
» leur présence, notre propre corps est celui dont
» l'existence nous frappe le plus ; sujet à mille
» besoins, et sensible au dernier point à l'action
» des corps extérieurs, il seroit bientôt détruit,
» si le soin de sa conservation ne nous occupoit,
» et si la nature ne nous faisoit une loi d'exa-
» miner, parmi ces objets, ceux qui peuvent nous
» être utiles (*) ».

(*) Inter hæc innumera, quæ nos undiquè circumstant, objecta, omnium maximè nostrum corpus, suopte motu nos afficit ; sex centis opportunum

Je supplie le lecteur de revenir sur cet endroit, sans partialité, et d'examiner par lui-même s'il y apperçoit autre chose qu'une simple exposition de l'état de l'homme, lorsqu'il a acquis le sentiment de son existence, de ses besoins corporels, et des moyens d'y pourvoir ; autre chose que les fondemens naturels de la loi de conservation. Cependant M. d'Auxerre y a découvert mille monstres divers ; il en est de si mauvaise humeur, qu'il n'y a pas un mot du passage que je viens de citer, sur lequel il ne me cherche querelle. « Comment, s'écrie-t-il page 53 et
» suivantes, notre conservation mérite donc le
» premier de nos soins ? Saint Augustin pensoit
» bien différemment..... Encore si l'on ne par-
» loit ici que de l'homme dans l'enfance ; mais
» l'homme de la thèse est un adulte..... On
» diroit que le soutenant se propose de nous con-
» duire à l'école d'Epicure, en tournant nos pre-
» mières pensées sur les besoins de notre corps »....
Risum teneatis, amici. Quel galimatias ! Qu'il faut de courage pour répondre à ces puérilités ; et de modération, pour y répondre sérieusement !

---

malis actione et reactione cæterorum in se corporum, citò dissolveretur, nisi vigiles arrectique ejus saluti provideremus. Hinc nobis incumbit ea necessitas seligendi potissimùm objecta quæ in nostram vergant utilitatem.

Eh quoi, monsieur ! vous n'avez pas vu que j'ai pris l'homme au berceau ; et qu'après avoir expliqué l'origine de ses idées par la sensation réitérée des objets qui l'environnent, je remarque qu'entre ces objets son propre au corps est celui qui l'affecte le plus. Quelle hérésie y a-t-il à cela ; et que fait ici le témoignage de Saint Augustin ? l'Ecriture, et tous les Pères ensemble ne changeront point l'ordre de la nature, et ne feront jamais que la connoissance de Dieu, et la notion du bien et du mal moral, précèdent dans l'homme le sentiment de son existence, et celui de ses besoins corporels. En vérité, monseigneur, on dira que vous voyez dans Saint Augustin tout, excepté la soumission aux décrets de l'Eglise, et que vous êtes meilleur appelant que bon logicien.

X.

« A-peine commençons-nous à parcourir les
» objets qui nous environnent, continuai-je page 5,
» que nous découvrons parmi eux un grand nom-
» bre d'êtres qui nous paroissent entièrement
» semblables à nous ; tout nous porte donc à
» penser qu'ils ont les mêmes besoins que nous
» éprouvons, et par conséquent le même intérêt
» à les satisfaire : d'où il résulte que nous devons
» trouver beaucoup d'avantages à nous unir à eux.
» De-là l'origine de la société, dont il nous im-
» porte de plus en plus de resserrer les nœuds,

» afin de la rendre pour nous le plus utile qu'il
» est possible (*) ».

Que M. d'Auxerre trouve-t-il à répondre là-dedans ? Qu'y a-t-il là qui puisse offenser son oreille chrétienne ? Cela ne se devine pas ; écoutons-le donc. « Chaque homme, dit-il, se bornant
» à chercher sa propre utilité, et celle de l'un
» ne pouvant manquer de se trouver souvent con-
» traire à celle de l'autre, c'est les armer les uns
» contre les autres, que de proposer pour fin à
» chacun sa propre utilité. Qui ne sait et ne sent
» pas que l'utilité commune doit être principa-
» lement envisagée dans une société, et que l'utilité
» particulière n'en est qu'une suite ? Qui n'admi-
» rera la bizarrerie d'un homme qui nous donne
» pour base et pour lien de la société, ce qui
» n'est propre qu'à en causer la ruine et la des-
» truction ?.... Qu'est-ce, en effet, qu'une société
» dans laquelle chacun ne cherche que sa propre
» utilité, n'a en vue que son intérêt particulier ?

(*) Vix ea circumspeximus, cum plura nobis obversantur objecta nos in omnibus referentia. Hinc meritò conjicimus sua illis æquè ac nobis innata esse desideria, nec minoris eorum interesse illis facere satis ; nobis ergò conducit fœdus cum illis initum. Hinc origo societatis, cujus vincula magis stringere debemus, ut ex ea quam plurimam in nos derivemus utilitatem.

» N'est-ce pas là une source intarissable de que-
» relles, de divisions, d'envies, de haines, de
» guerres, de violences, et un plus grand mal
» que si les hommes étoient isolés?.... Mais
» Dieu a fait l'homme pour la société. C'est dans
» l'institution divine, qu'un théologien, et même
» un philosophe, en doit chercher l'origine, au-
» lieu de se fatiguer l'esprit, comme fait le sieur
» de Prades (homme bizarre), pour la trouver
» dans l'utilité corporelle qui en peut revenir à
» chacun, ou dans la crainte qu'ont les hommes
» les uns des autres, et de tout ce qui peut leur
» nuire, selon l'idée d'un philosophe de nos jours
» (M. de Montesquieu, autre homme bizarre).
» C'est un égarement inconcevable de l'esprit de
» s'épuiser en raisonnemens, pour chercher ce
» qui est trouvé, et d'aimer mieux s'en rapporter à
» une philosophie toujours incertaine, et souvent
» fausse, qu'à l'autorité infaillible des livres saints.
» Ouvrons la Genèse; et nous y trouverons, dès le
» second chapitre, l'origine de la société humaine,
» et les raisons de son institution dans ces paroles
» de Dieu même: Il n'est pas bon que l'homme
» demeure seul; faisons-lui une aide semblable
» à lui ».

Que répondre à cela? Et comment dépouiller
ce chaos où tout est fondu; les fondemens de
la société avec ses inconvéniens; les besoins des
hommes qui les rapprochent, et leurs passions qui

les éloignent ; la raison de leur société, et la nécessité des loix pour la rendre sûre et tranquille, etc. ? Essayons pourtant, et rendons au caractère respectable de notre adversaire un hommage, dont sa façon de raisonner sembleroit nous dispenser. Mais observons auparavant, que M. d'Auxerre ne se tourmente si fort à multiplier mes prétendus attentats contre la religion, que pour aggraver de plus en plus l'*opprobre* de la Faculté. Plus j'avance, mieux je découvre que le but de son instruction est moins de précautionner ses ouailles contre le venin d'une doctrine qui n'est pas à leur portée, que d'avilir la Sorbonne, et que de montrer combien elle est déchue de son ancienne splendeur, depuis qu'elle a chassé de son sein les docteurs appellans. Mais le dessein prémédité de déshonorer une société d'hommes consacrés à l'étude et à la défense de la religion, est-il bien digne d'un chrétien, d'un prêtre de Jésus-Christ, d'un pontife de son église ? Après avoir décélé le but de M. d'Auxerre, répondons à ses raisonnemens.

Autant qu'il m'a été possible de les analyser, ils tendent, ce me semble, à prouver, 1.° que mes principes ne suffisent pas pour former la société ; 2.° qu'ils suffisent moins encore pour exprimer sa durée ; 3.° qu'ils diffèrent de ceux que l'Ecriture nous a révélés, et auxquels il convenoit à un théologien, et même à un philosophe, de recourir. Voyons ce qui en est.

Q*

Dieu, après avoir formé le premier homme, vit qu'il n'étoit pas bon qu'il demeurât seul ; et il dit : *Faisons-lui une aide semblable à lui.* Voilà, selon M. d'Auxerre, l'origine de la société ; en voilà la raison et les motifs. Qu'on pèse bien ces mots : *Faisons-lui une aide ;* faisons-lui une aide *semblable à lui.*

Qu'ai-je dit dans ma thèse ? Après avoir conduit un des neveux d'Adam à la connoissance des objets qui l'environnent, j'ajoute, qu'entre ces objets, il en découvre un grand nombre qui lui paroissent entièrement semblables à lui (*Faisons-lui une aide semblable à lui*) ; qu'il est porté à croire qu'ils ont les mêmes besoins, et qu'il doit trouver beaucoup d'avantage à s'unir à eux, (*Faisons-lui une aide*). Ma proposition n'est donc qu'une paraphrase du passage de la Genèse, que M. d'Auxerre m'objecte le plus mal-adroitement qu'il soit possible. L'écriture ne donne d'autre fondement à l'attachement futur d'Adam pour Eve, que l'identité des besoins, et l'espérance des secours. *Faisons-lui une aide :* identité et espérance présumées sur la ressemblance extérieure et l'analogie des formes. *Faisons-lui une aide semblable à lui :* expressions qui ne signifient rien, ou qui réunissent deux motifs d'*utilité propre.* Donc la seule différence qu'il y ait entre le passage de la Genèse et celui de ma thèse, c'est que les mêmes principes s'étant trouvés vrais, et dans l'*état de nature*, et dans l'*état de pure nature*, ils ont été appliqués d'un côté à nos premiers parens ; de l'autre, à un de leurs descendans ; que l'historien explique l'origine de l'intimité qu'Adam contractera avec la compagne utile que Dieu va placer à ses côtés, et que j'explique dans ma thèse l'origine de la société d'un homme en général avec ses semblables qu'il apperçoit autour de lui. Encore une fois, il ne m'a pas été libre de donner la préférence à Adam sur un de ses neveux, parce qu'Adam est un personnage instantané, individuel et historique, dont il eût été ridicule d'entretenir des sceptiques, des pyrrhoniens, etc., avant que de leur avoir démontré l'authenticité des anciennes écritures ; et ce n'étoit pas encore le lieu. Le plan de mon ouvrage demandoit que je leur proposâsse d'abord un homme en général, dans la condition duquel ils reconnussent la leur propre. La seule attention qu'on pût exiger de moi, c'est que je ne supposâsse point cette condition autre qu'elle n'est, et que l'historien sacré ne nous la représente ; et c'est ce que j'ai observé avec le dernier scrupule.

Mais, si les fondemens que j'ai assignés à la société sont les mêmes que ceux qui nous ont été révélés ; lorsque M. d'Auxerre les prétend insuffisans, soit à la formation de la société, soit à sa durée, ce n'est plus ma thèse, ce sont les saintes écritures qu'il attaque ; ce n'est plus à moi qu'il en veut, c'est à Moïse. Je me garderai bien de défendre le législateur des Hébreux contre le patriarche des jansénistes. Il me suffit d'avoir une cause commune avec le premier.

Il y a, dans le morceau de M. d'Auxerre, beaucoup d'autres inexactitudes à relever; mais j'espère que la Sorbonne prendra ce soin pour moi, et que le seul qui me reste, c'est d'abréger.

XI.

On lit, dans ma thèse, page 3 : « Chaque membre
» de la société cherchant ainsi à augmenter pour
» lui-même l'utilité qu'il en retire, et ayant à
» combattre dans chacun des autres, un empres-
» sement égal au sien ; tous ne peuvent pas avoir
» la même part aux avantages, quoique tous y
» aient le même droit. Un droit si légitime est donc
» bientôt enfreint par ce droit barbare d'inégalité,
» appelé la loi du plus juste, parce qu'elle est la
» loi du plus fort. Le système qui donne droit à
» tous contre tous, et qui les arme les uns contre
» les autres, est, par ses conséquences dange-
» reuses, digne de l'exécration publique. Pour en
» réprimer les terribles effets, on a vu sortir du
» sein de l'anarchie même, les loix civiles, les
» loix politiques, etc. (*) ».

(*) Cum autem quodlibet societatis membrum omnem ac totam utilitatem publicam in se velit con-

Je ne transcrirai point tout ce que M. d'Auxerre a découvert d'épouvantable dans ce petit nombre de lignes ; il me suffira de dissiper les fantômes de son imagination, par quelques remarques que la moindre attention de sa part m'auroit épargnées, et de le renvoyer, pour sa plus ample satisfaction, à mon apologie.

Voilà les hommes arrêtés les uns à côté des autres, plutôt en *troupeau* qu'en *société*, par l'attrait de leur utilité propre, et par l'analogie de leur conformation, *faisons-lui une aide, faisons-lui une aide semblable à lui* : qu'arrivera-t-il ? C'est que, n'étant encore enchaînés par aucune loi, animés tous par des passions violentes, cherchant tous à s'approprier les avantages communs de la réunion, selon les talens, la force, la sagacité, etc, que la nature leur a distribués en mesure inégale, les foibles seront les victimes des plus forts ; les plus forts pourront à leur tour être surpris et

---

vertere, æmulis hinc et inde certatim illam ad se trahentibus, omnes ac singuli nati cum eodem jure, non idem sortientur commodum. Jus ergò rationi consonum obmutescet antè jus illud inæqualitatis barbarum, quod vocant æquius, quia validius. Nefarium sanè systema, deinquè omnibus diris devovendum, ex quo nascitur jus omnium in omnia et bellum omnium in omnes. Hinc origo legum civilium, à quibus imprimantur motus interni quibus orietur respublica; hinc origo legum politicarum, etc....

immolés par les foibles ; et que bientôt cette inégalité de talens, de forces, etc., détruira entre les hommes, le commencement de lien que leur utilité propre et leur ressemblance extérieure leur avoient suggéré pour leur conservation réciproque. Mais comment remédieront-ils à ce terrible inconvénient ? Après s'être approchés, après s'être arrêtés à côté les uns des autres, après s'être tendu la main en signe d'amitié, finiront-ils par se dévorer comme des bêtes féroces, et par s'exterminer ? Non ; ils sentiront le péril et la barbarie de ce droit fondé sur l'inégalité des talens ; de ce droit indistinctement funeste au foible qu'il opprimoit, au fort dont il entraînoit nécessairement la ruine, digne récompense de ses injustices et de sa tyrannie ; et ils feront entre eux des conventions qui répareront l'inégalité naturelle, ou qui en préviendront les suites fâcheuses : quelque autorité sera chargée de veiller à l'accomplissement des conventions et à leur durée ; alors les hommes ne seront plus un *troupeau*, mais une *société policée ;* ce ne seront plus des sauvages indisciplinés et vagabonds, ce seront des hommes, ainsi que nous les voyons, renfermés dans des villes, et soumis à des gouvernemens. On voit, de plus, qu'il en a été des sociétés entre elles, comme des hommes entre eux ; et que, pour subsister, elles ont dû se soumettre à des conventions, ainsi que les hommes avoient fait pour former une société ;

d'où il s'ensuit qu'une puissance, qui enfreint ces conventions de sociétés à sociétés, joue le personnage du voleur de grand chemin, ou de tel autre brigand qui enfreint les conventions de la société dont il est membre. Pour avoir des idées justes sur ces grands objets, il faut concevoir une société de souverains, comme on conçoit une société d'hommes. Si, dans la société d'hommes, il se trouve un citoyen assez déraisonnable pour ne pas sentir les inconvéniens de *l'anarchie originelle*, pour secouer le joug des conventions établies, et pour revendiquer *l'ancien droit d'inégalité*, ce droit barbare qui donnoit à tous droit à tout, armoit les hommes les uns contre les autres, ce citoyen sera un *Hobbiste*, et se chargera de l'exécration de ses concitoyens. La puissance qui tendroit à la monarchie universelle, faisant entre les sociétés le même rôle que l'*Hobbiste* entre ses concitoyens, mériteroit l'exécration générale des sociétés.

Je demande maintenant au lecteur s'il y a dans ma thèse d'autres principes que ceux que je viens d'établir; si l'on en peut tirer d'autres conséquences, et s'il a remarqué, soit dans les conséquences, soit dans les principes, quelque chose dont la religion et le gouvernement aient lieu de s'allarmer. J'en abandonne le jugement à M. d'Auxerre même, quoique je ne sois pas disposé à me promettre de lui toute la justice possible. Qu'il revienne à un nouvel examen ; c'est toute la grace que je lui demande : car je n'oserois exiger qu'il déclarât publiquement mon innocence, s'il venoit par hasard à la reconnoître ; il ne pourroit m'absoudre, sans faire amende-honorable à la Sorbonne.

Quant à la proposition que j'ai exprimée dans ma thèse, par *Vis licita tantùm ubi nullus judex, legesque proculcantur*, et que j'ai rendue dans la traduction en ces mots : « Dans le systême où les » loix gouvernent les sociétés, ceux-là seuls qui » ne reconnoissent point de juges qui les dominent, » peuvent employer la force pour venger leurs » droits blessés, lorsqu'ils réclament en-vain les » loix que foule impunément à ses pieds l'indé- » pendance de leurs égaux ; d'où il résulte que » les puissances souveraines jouissent seules du » droit de se faire la guerre, etc. » Quant à cette proposition, dis-je, je renverrai à mon apologie. J'observerai seulement ici que M. d'Auxerre ne la reprend, que parce qu'elle lui paroît exposée d'une manière trop générale ; mais je le supplie de considérer que l'emploi que j'en fais la restreint sur-le-champ, et qu'elle se réduit à ceci : Comme il n'y a personne qui fasse entre toutes les sociétés, le rôle de la puissance à qui le dépôt, la conservation et l'accomplissement des conventions ont été confiés dans une seule, et que par conséquent les souverains n'ont point de juge sur la terre, il leur est donc permis de recourir à la force, lorsqu'on foule aux pieds, à leur égard, les conventions générales des sociétés entre elles : *Vis licita tantùm, ubi nullus judex, legesque proculcantur; hinc soli principes jus habent belligerandi.*

Quoi donc! ai-je trop exigé de l'intelligence de mes lecteurs, lorsque j'ai attendu d'eux qu'ils m'interpréteroient favorablement ? Serai-je le seul privé du droit commun à tous ceux qui écrivent et qui parlent, et sans lequel on n'oseroit presque ni parler ni écrire, le droit d'être écouté avec bienveillance ? Demandai-je en cela une indulgence, dont M. d'Auxerre lui-même n'ait besoin en cent endroits de son instruction, et que la Sorbonne ne le mette bientôt, peut-être, dans le cas de réclamer ? Il semble que ma malheureuse affaire ait été le moment critique du bon sens et de la probité d'une infinité de personnes; et qu'elle ne soit arrivée, que pour faire renoncer les hommes les plus pieux à toute charité, et pour ôter toute lumière aux hommes les plus éclairés. Je pose un principe qui assure aux souverains seuls le droit de faire la guerre; et le voilà métamorphosé tout-à-coup en une maxime contraire aux droits de la royauté. Pour donner quelque vraisemblance à cette imposture, on rapproche malicieusement ce principe de quelques autres répandus dans l'Encyclopédie, qu'assurément je n'entreprendrai pas de justifier; mais je ne puis m'empêcher de faire sentir à M. d'Auxerre qu'il eût été plus à-propos de passer sous silence ces principes, que de les attaquer si mal. D'ailleurs, il est très-douteux que le parlement soit content qu'on ait traité les maximes suivantes de séditieuses; savoir : « Que les loix de la nature et » de l'état sont les conditions sous lesquelles les » sujets se sont soumis, ou sont censés s'être sou- » mis au gouvernement de leur prince.... Qu'un » prince ne peut jamais employer l'autorité qu'il » tient d'eux, pour casser le contrat par lequel elle » lui a été déférée »..... Car, qu'est-ce qu'un *parlement*, si-non un corps chargé du dépôt sacré du *contrat* réel ou supposé, par lequel les peuples se sont soumis ou sont censés s'être soumis au gouvernement de leur prince? Si M. d'Auxerre regarde ce *contrat* comme une chimère; je le défie de l'écrire publiquement. Je ne crois pas que le parlement de Paris se vît dépouiller tranquillement de sa prérogative la plus auguste, de cette prérogative sans laquelle il perdroit le nom de *parlement*, pour être réduit au nom ordinaire de *corps de judicature*. Si M. d'Auxerre ne répond point au défi que j'ose lui faire; j'atteste toute la France qu'il a proscrit, avec la dernière bassesse, des maximes qu'il croit vraies, et tendu des embûches à d'honnêtes citoyens.

XII.

Enfin, nous sommes parvenus à la seconde partie de l'instruction pastorale de M. d'Auxerre. Quoiqu'elle soit presque aussi longue que la première, j'espère que mon examen en sera beaucoup plus court. La gravité, avec laquelle je combats un adversaire si suspect dans l'église en qualité de théologien, et si peu important d'ailleurs en qualité de philosophe, me pèse à moi-même. La seule chose qui me soutienne sur le ton que j'ai pris, c'est le caractère auguste dont M. d'Auxerre est revêtu. Je sens toute-fois qu'il me seroit beaucoup plus doux d'avoir affaire à un antagoniste plus raisonneur et moins illustre. Le danger de manquer au respect dû à un supérieur, ôte aux facultés de l'ame leur énergie; et la vérité s'amortit par la crainte de la rendre offensante.

M. d'Auxerre s'occupe dans cette seconde partie à démontrer qu'il y a de l'absurdité dans le rang que je donne à la loi naturelle; que la notion de la vertu ne nous vient point du vice; que c'est l'idée de l'infini qui nous conduit à celle du fini; que les premières règles de l'équité et de la justice nous sont connues par une lumière intérieure; qu'elles ne sont point acquises, et que nous les apportons gravées en naissant dans nos cœurs; que je puis être justement soupçonné de rejeter la loi éternelle; et que ma façon de m'exprimer sur la nature de l'ame favorise le matérialisme. De ces différens points, parcourons ceux sur lesquels M. d'Auxerre me donnera occasion d'ajouter quelque chose à ce qu'on trouvera dans mon apologie.

1.° Il n'y a rien de démontré en métaphysique ; et nous ne saurons jamais rien, ni sur nos facultés intellectuelles, ni sur l'origine et le progrès de nos connoissances, si le principe ancien, *nihil est in intellectu, quod non fuerit priùs in sensu*, n'a pas l'évidence d'un premier axiome. Mais, si ce principe est si conforme à la raison et à l'expérience, il ne peut être contraire à la religion. On peut donc assurer sans danger qu'il n'y a aucune notion morale qui soit innée, et que la connoissance du bien et du mal découle, ainsi que toutes les autres, de l'exercice de nos facultés corporelles. « Mais, comment et en quel temps cette connoissance se forme-t-elle en nous » ? Quant à la date, elle varie selon la diversité des caractères. Il y a des hommes, qui, réfléchissant plus-tôt que d'autres, commencent plus-tôt à être bons ou méchans, à mettre de la vertu ou de la malice dans leurs actions. Quant à la manière dont elle se forme, je crois que c'est une induction assez immédiate *du bien et du mal physique*. L'homme ne peut être susceptible de sensations agréables et fâcheuses, et converser long-temps avec des êtres semblables à lui, pensans, et libres de lui procurer les unes ou les autres, sans les avoir éprouvées, sans avoir réfléchi sur les *circonstances* de ses expériences, et sans passer assez rapidement de l'examen de ces *circonstances* à la notion abstraite *d'injure* et de *bienfait* ; notion qu'on peut regarder comme les élémens de la loi naturelle, dont les premières traces s'impriment dans l'ame de très-bonne heure, deviennent de jour en jour plus profondes, se rendent ineffaçables, tourmentent le méchant au-dedans de lui-même, consolent l'homme vertueux, et servent d'exemplaire aux législateurs.

2.° M. l'évêque d'Auxerre ne veut pas que la notion de la vertu nous vienne du vice, et dans le système des idées innées ; je crois qu'il a raison : mais dans le système opposé, tout aussi catholique et plus vrai, il est inconcevable qu'un homme sans besoin, sans passion, sans sensations agréables et pénibles, sans aucun soupçon de bien ou de mal physique, pût jamais parvenir à la connoissance du bien ou du mal moral. Au-reste, je ne blâme personne de penser autrement, ni ne me crois répréhensible de penser ainsi.

5.° Il est si faux que la notion de l'infini soit l'ancienne et la génératrice de celle du fini, que nous n'avons aucune idée positive de l'infini. Pour n'avoir pas fait cette attention, M. d'Auxerre a prouvé précisément le contraire de sa thèse, quand il a dit, page 95 : « Tout ce que nous concevons
» des objets créés, laisse un vide. Il y a près de
» six mille ans que le monde a été créé ; il auroit
» pu l'être plus-tôt. L'étendue de l'univers est pro-
» digieuse ; elle pourroit être plus grande. Il n'y
» a point de nombre auquel on ne puisse ajouter,
» point de science qui ne puisse être poussée plus

» loin, etc. ». Toutes ces propositions sont des résultats de comparaisons, à l'aide desquels on a passé de l'existant au possible, et où le *fini* étoit toujours la chose donnée et connue, de laquelle on s'élevoit *à l'infini*, la chose cherchée et inconnue.

4.° L'auteur de l'Instruction prétend que les premières règles de l'équité et de la justice nous sont connues par une lumière intérieure ; qu'elles ne sont point acquises ; et que nous les apportons en naissant gravées dans nos cœurs : mais toutes ces prétentions sont renversées par l'axiome, *nihil est in intellectu, quod non fuerit priùs in sensu*; axiome qu'il nous sera libre de soutenir jusqu'à ce que quelque autorité supérieure à celle de M. d'Auxerre proscrive et l'expérience et la raison avec lui, ce qui n'arrivera pas si-tôt.

5.° Je puis être justement soupçonné de rejeter la loi éternelle, parce que je n'en parle point, dit-on. Encore une fois, voilà une façon bien singulière de convaincre les hommes d'incrédulité : les journalistes des savans en ont fait usage contre M. d'Alembert, quand ils ont rendu compte au public du discours préliminaire de l'Encyclopédie ; ainsi ils sont en droit de disputer l'honneur de cette invention à M. d'Auxerre. Si cette espèce d'inquisition s'établit ; un auteur sera jugé, et par ce qu'il dit, et par ce qu'il ne dit point. Au-reste, cet expédient, si commode pour la méchanceté, manquera dans cette occasion à M. d'Auxerre. Il rapporte lui-même un passage de Saint Thomas, où ce docteur définit la loi éternelle : « La raison qui » gouverne l'univers, et qui a son existence dans » la divine intelligence ». Et on lit, page 7 de ma thèse, « que le commerce admirable de l'ame » et du corps, et le repli de notre réflexion sur » nous-mêmes, nous élèvent à la contemplation » d'une intelligence toute puissante qui gouverne » cet univers par des loix sages et invariables ». Au-reste, M. d'Auxerre, qui n'est pas disposé à me faire grace, ou plutôt à la Sorbonne; qui, après m'avoir fait payer pour ses fautes, par un retour équitable paie ici pour les miennes; M. d'Auxerre, dis-je, s'abstient de m'attribuer l'espèce d'athéisme dont il s'agit. Il est donc bien décidé que je n'en suis pas coupable; mais cela supposé, dira-t-on : Pourquoi ce prélat a-t-il employé cinquante pages de son Instruction sur un objet qui n'a qu'un rapport indirect à mes prétendus attentats ? A quoi tendent toutes ses longues discussions sur la loi éternelle? A quoi elles tendent ? au but réel et secret de son écrit; car, je l'ai déjà dit, et je vais le prouver encore ; ce n'est pas tant aux ennemis de la religion qu'il en veut, qu'aux amis de la bulle. M. d'Auxerre ne s'est occupé si long-temps à déclamer contre les impies qui méconnoissent la loi éternelle, que pour tomber ensuite sur ceux qui dispensent de l'accomplir. Il falloit bien en venir au jésuite Casnedi, qui introduit Jésus-Christ au jugement dernier, s'adressant au menteur, en ces mots : « Venez, le béni de mon père ; possédez le » royaume qu'il a promis à ses saints, parce que » vous avez menti, invinciblement persuadé que, » dans la circonstance où vous étiez, c'est moi qui » vous l'ordonnois ». Cette prosopopée étoit trop scandaleuse et trop plaisante, pour n'en pas faire usage dans une instruction pastorale.

XIII.

J'ai dit, page 7 de ma thèse : « L'union de » l'ame avec le corps, cet esclavage si indépen- » dant de nous, joint aux réflexions que nous som- » mes forcés de faire sur la nature des deux prin- » cipes qui composent notre être, et sur leurs » imperfections, nous élève à la contemplation » d'une intelligence toute puissante qui gouverne » cet univers par des loix sages et invariables. Il y » a donc un Dieu, *hinc Deus*, et son existence » s'insinue dans nos esprits, si naturellement, *tàm* » *molli lapsu*, qu'elle n'auroit besoin, pour être » reconnue, que de notre sentiment intérieur, » quand même le témoignage des autres hommes » ne s'y joindroit pas ».

La première observation de M. d'Auxerre sur cet endroit, c'est que les expressions latines que j'ai employées, sont d'une bassesse et d'une indécence qu'on ne peut rendre en français. Je n'ai rien à répondre à ce que je n'ose pas entendre..... mais aussi ce n'est peut-être qu'une affaire de grammaire et de goût (*).

La seconde, c'est qu'il est inconcevable que Dieu ait créé l'homme pour le connoître, l'aimer et le servir; et qu'il l'ait abandonné plongé dans ses sens, et tout occupé de son corps, jusqu'à ce que, par des réflexions sur la dépendance mutuelle du corps et de l'ame, il se soit donné à lui-même l'idée de son créateur. Je ne vois pour moi ni danger, ni hérésie, ni incompréhensibilité à ce que la créature se donne à elle-même l'idée de son créateur; et il ne s'agit point, dans ma thèse, de savoir si, pour atteindre à cette notion importante, il lui faudra beaucoup ou peu de temps. Je me suis chargé de conduire le sceptique pas à pas jusqu'aux pieds de nos autels; et j'ai cru que le moment, où il avoit été contraint de reconnoître en lui-même deux substances, étoit celui où je devois lui annoncer la même distinction dans la nature; et qu'après avoir admis une substance spirituelle finie, je le trouverois disposé à admettre une substance spi-

―――――――

(*) Le lecteur en jugera; voici ce passage si indécent. Servitium illud, *junctum* simul cum utriusque imperfectionibus, nos *erigit* ad mentem cuncta summæ consilio providentiæ moventem ac temperantem. *Hinc Deus*, cujus existentia *tàm molli lapsu* subit animos nostros, ut eam *constanter retineremus*, vel si cæteri homines in hanc rem unanimi sensu non conspirarent.

rituelle infinie. « Mais, n'est-ce pas Dieu qui a gravé » dans nos cœurs cette connoissance »?..... Nullement. « Son universalité ne prouve-t-elle pas la » divinité de son origine »? Point du tout. Il ne s'ensuit autre chose de ce fait, si-non que Dieu a parlé si fortement à travers tous les êtres de la nature, que sa voix s'est fait entendre par toute la terre. « Cependant cette voix si forte n'a frappé » l'oreille de l'homme qu'après que l'usage de ses » sens lui a procuré d'autres connoissances »?..... Assurément..... « Comment l'homme n'a-t-il pas » compris qu'il ne s'étoit pas fait lui-même »? Question absurde de la part de celui qui croit la notion de Dieu innée. L'homme a connu Dieu du moment qu'il a compris qu'il ne s'étoit pas fait lui-même; mais la connoissance de Dieu, acquise par cette voie, est une suite de ses sensations et de ses réflexions. D'ailleurs, ce Dieu pouvoit être celui de Spinosa. La voie proposée par M. d'Auxerre, pour arriver à la connoissance du vrai Dieu, y conduit, il n'en faut pas douter; mais elle n'est pas aussi simple qu'elle le paroît d'abord. Il faut remonter de soi-même jusqu'à un premier homme qui ait été créé; se démontrer que le monde n'est pas éternel; que la matière est contingente; et retomber dans une autre preuve. Le coup-d'œil sur l'univers est plus prompt et plus sûr.

XIV.

On lit, pag. 6 de ma thèse: *Tempore quo hæc*

inerat philosophis persuasio, mundum esse opus fortuitum et incogitatum quod naturæ exciderat, aut omnia nasci ex corruptione, ipsa quidem providentia pessum dabatur. Et page. 7 de la traduction : « Au temps où les philosophes regar-
» doient le monde comme un ouvrage échappé à
» l'aveugle nature, et croyoient que tout naissoit
» de la corruption, la providence étoit foulée aux
» pieds ».

« Auroit-on pu croire, s'écrie M. d'Auxerre,
» que l'égarement et la dépravation de l'esprit au-
» roient pu être portés jusqu'au point d'attribuer
» à quelques nouveaux philosophes l'hommage
» qu'on rend à-présent à la providence »? Auroit-on pu croire que quelqu'un eût l'esprit assez faux, pour appercevoir, dans le passage que je viens de citer, une prétention aussi extravagante? Qu'ai-je dit dans ce passage ? Que la providence a été foulée aux pieds ? et cela est vrai. Que cet attentat a été commis par la plupart des anciens philosophes ? et cela est vrai. Que ce fut une suite de leur hypothèse sur l'origine du monde et sur la génération des êtres ? et cela est vrai. Que, quand les expériences nouvelles eurent renversé ce système dangereux, on commença à adorer où les anciens avoient blasphémé ? et cela est encore vrai. « Mais
» vous avez dit plus haut, que le commerce de
» l'ame avec le corps élevoit l'homme jusqu'à la
» notion de l'Être suprême: quel besoin aviez-vous

» donc des découvertes de ces philosophes »? Je n'en avois aucun besoin pour me convaincre de l'existence de Dieu, mais bien pour résoudre une objection assez forte des athées contre la providence. « Quelle objection ! Après que Dieu eut dit
» à l'homme et à la femme : croissez, multipliez ;
» je vous donne pour nourriture toutes les plantes
» et tous les fruits qui contiennent en eux leurs
» semences ; que restoit-il à découvrir ? la même
» propriété dans quelques petits insectes, dans
» quelques herbes. Celui qui n'appuie sa foi en la
» providence, que sur une découverte qui n'a donné
» qu'un peu plus d'étendue à ce que tout le monde
» savoit déjà, ne peut-il pas être justement soup-
» çonné de n'y pas croire » ? Loin de donner pour base à la providence la découverte des germes préexistans, j'ai traité de blasphémateurs les phisophes anciens qui contrebalançoient la multitude infinie des merveilles de la nature par les phénomènes prétendus de la putréfaction. Cela ne m'a pas empêché de faire cas de cette découverte ; parce qu'aux yeux du philosophe, le puceron n'est pas moins admirable que l'éléphant ; que la production de l'un, attribuée à un mouvement intestin et fortuit des particules de la matière, sembloit affoiblir la démonstration tirée du méchanisme de l'autre ; qu'il y a plus d'animaux au-dessous de la mouche qu'il n'y en a au-dessus ; et que la bonne physique apperçoit les grands corps dans les pe-

tits, et non les petits dans les grands. M. d'Auxerre est fort le maître de penser autrement; mais celui qui méprise ce que tous les autres ont estimé, et qui compte pour rien une observation d'histoire naturelle; qui anéantit une des principales objections des athées, en faisant rentrer dans la loi générale de la nature une multitude d'espèces d'êtres qui sembloient s'en écarter; celui-là, dis-je, ne peut-il pas être justement soupçonné de quelque vice dans le cœur, ou du-moins de quelque travers dans l'esprit? « Il est visible que le sieur de Prades » s'est gâté l'esprit en se familiarisant avec les phi-» losophes modernes, ou plutôt avec leurs secta-» teurs, les auteurs de l'Encyclopédie ». Il est visible que M. d'Auxerre n'est pas mieux instruit des faits que de beaucoup d'autres choses; qu'il se croit en droit de disposer de tout ce que les hommes ont de plus précieux; et qu'il hasarde des conjectures calomnieuses, avec une témérité que la morale la plus relâchée proscriroit, et que la sévérité des loix a quelquefois poursuivie. S'il persiste à croire et à publier que ma thèse est l'ouvrage d'une société d'incrédules; que leur façon de penser, quelle qu'elle soit, ait eu la moindre influence sur la mienne; que j'aie jamais souffert que la religion fût blessée en ma présence, soit par des actions, soit par des propos; je l'inviterai, pour toute réponse, à la lecture de la quinzième Provinciale, et à s'appliquer du discours d'un certain père

Valerien, capucin, tout ce qu'il croira lui convenir. J'en dis autant à tous ceux qui seront dans le même préjugé, « ou produisez vos titres, *aut de mendacio ineruditionis tuœ confutaberis* ».

M. d'Auxerre continue : « Le premier article, » dit-il, de la thèse qui nous a occupés jusqu'à » présent, est tiré mot pour mot du discours » préliminaire de l'Encyclopédie, ouvrage perni- » cieux ». Travaillez bien, auteurs de ce pénible et grand ouvrage ; éditeurs, consumez-vous de fatigues et de veilles, afin qu'un jour, le chef isolé de quelque secte expirante vous anathématise dans sa mauvaise humeur, et se ligue avec ses plus cruels ennemis, pour se venger sur les lettres du mal que ses adhérens ne pourront plus faire à l'église. » Le bachelier a cité Bayle avec éloge... il a outragé » et calomnié Descartes et Mallebranche, dont » nous abandonnons la vengeance à d'autres ». J'ai loué Bayle le sceptique, de la sagacité avec laquelle il a dissipé les formes plastiques de Cudworth ; je ne m'en repens pas, et je suis tout prêt à louer le premier appelant qui rendra quelque service à la religion. Si je trouve que Descartes, Clarck et Mallebranche n'ont guère lancé que des traits impuissans contre les matérialistes, cela ne m'empêche pas de les regarder comme des génies rares, et de rendre, à d'autres égards, toute la justice que je dois à leurs connoissances et à leurs travaux. Ils n'ont aucun besoin de vengeurs, parce que je ne les ai point outragés ; je n'ai point de réparation à leur faire, parce que je ne les ai point calomniés ; j'ai seulement donné la préférence aux découvertes de la physique expérimentale, sur leurs méditations abstraites ; j'ai cru qu'une aile de papillon, bien décrite, m'approchoit plus de la divinité qu'un volume de métaphysique ; et ce sentiment m'est commun avec beaucoup de personnes qui n'ont aucun dessein d'outrager Descartes, ni de calomnier Mallebranche. Pour Clarck, c'est un hérétique que M. d'Auxerre m'abandonne apparemment. Finissons cet article, en observant que M. l'évêque d'Auxerre n'a pas des notions bien précises de l'injure et de la calomnie, s'il croit qu'il soit permis de calomnier qui que ce soit, et s'il prend pour un outrage le jugement qu'on porte d'un auteur.

X V.

Je me suis servi, en plusieurs endroits, d'un tour de phrase conditionnel ; j'ai dit : « Si Dieu existe » : ailleurs, « Si Dieu a créé la nature » : dans un autre endroit, « Si les miracles de Moïse et de J. C. sont vrais ». « Quelle expression, reprend
» M. d'Auxerre ! que signifie un langage si visible-
» ment affecté ? On diroit, en recueillant toutes
» ces propositions conditionnelles, que le but du
» soutenant étoit de répandre des nuages sur
» tout ».

Je né sais par quelle fatalité pour M. d'Auxerre, et pour moi, les manières de s'exprimer les plus innocentes et les plus simples dans tous les auteurs, né lui présentent jamais, dans ma thèse, qu'un sens criminel ou suspect. La préposition *si* ne se met à la tête d'un membre de période ni comme le signe du doute, ni comme le signe de la certitude ; mais comme celui d'une condition qui peut être accordée ou niée ; et sans laquelle, dans l'un ou l'autre cas, la proposition qui forme le second membre de la période ne pourroit avoir la force d'une conséquence. Exemple : « Si la bulle
» *Unigenitus* est une décision de l'église et une
» règle de l'état, celui qui persiste dans l'appel
» qu'il en a interjeté au futur concile, est mauvais
» catholique et mauvais citoyen ». L'appelant et le constitutionnaire peuvent également accorder cette proposition ; l'appelant, parce que la préposition *si* ne marque aucune certitude que la bulle soit une décision de l'église et une règle de l'état ; le constitutionnaire, parce que la préposition *si* ne marque pas le moindre doute que la constitution n'ait été acceptée par le corps des pasteurs, et que ce ne soit l'intention du monarque que tous ses sujets s'y soumettent. Ainsi, les membres de propositions conditionnelles, si Dieu existe, si Dieu a créé la nature, *si les miracles de Moïse et de J. C. sont vrais,* ne répandent, par eux-mêmes, ni clarté ni ténèbres, ne marquent ni certitude ni doute : pour

en juger, il faut les considérer relativement à ce qui précède et à ce qui suit : voilà les premières règles de la logique. Si M. d'Auxerre eût daigné s'y soumettre en ma faveur, il auroit vu que toutes ces demi-phrases, qu'il a soupçonnées de pyrrhonisme, étoient autant de propositions qui contenoient un premier aveu, et dans lesquelles la préposition *si* désignoit l'avantage de cet aveu pour en obtenir un second; et que, quand j'ai dit, S'il existe un Dieu, il exige notre culte, c'étoit précisément comme si j'avois dit au sceptique ou à l'athée, tiré d'une première erreur : « Vous convenez à-présent qu'il existe un Dieu ; il faut donc que vous conveniez encore d'une autre vérité, c'est qu'il exige un culte ». Il n'y a de différence entre ces deux périodes, si-non que le tour de la première est syllogistique, et que le tour de la seconde est oratoire.

X V I.

Je ne répondrai point aux reproches qu'on peut voir dans l'instruction, page 163 et 169. M. d'Auxerre trouvera, dans mon apologie, des éclaircissemens sur les expressions de *religion révélée* et de *religion surnaturelle*; et sur la liberté qu'il étoit très-à-propos d'accorder aux bacheliers, de disposer, dans leurs thèses, les preuves de la vérité de la religion, selon l'ordre qui leur paroîtroit le plus démonstratif. J'insisterai d'autant moins sur ce dernier article, que j'ai déjà pris la liberté de lui représenter que, par cette conduite, la faculté de théologie s'étoit sagement accommodée aux besoins de l'église divisée par les hérétiques et attaquée par les impies ; que la diversité des adversaires, qui se sont élevés contre la religion, avoit introduit sur les bancs une infinité de questions inconnues il y a cinquante ans ; et qu'on avoit été contraint d'adopter des expressions peu communes, et de distinguer des objets qu'on avoit souvent confondus. Ainsi, dans le nouvel usage, on n'attache point au *théisme* la même idée qu'au *déisme*. Le *théiste* est celui qui est déjà convaincu de l'existence de Dieu, de la réalité du bien et du mal moral, de l'immortalité de l'ame, des peines et des récompenses à venir, mais qui attend, pour admettre la révélation, qu'on la lui démontre ; il ne l'accorde ni ne la nie. Le *déiste*, au contraire, d'accord avec le *théiste*, seulement sur l'existence de Dieu et la réalité du bien et du mal moral, nie la révélation, doute de l'immortalité de l'ame, et des peines et des récompenses à venir. La dénomination de *déiste* se prend toujours en mauvaise part ; celle de *théiste* peut se prendre en bonne. Le *théisme*, considéré par rapport à la personne, c'est l'état d'un homme qui cherche la vérité par rapport à la religion ; c'en est le fondement. C'est par cette voie qu'il faut passer, pour arriver méthodiquement aux pieds de nos autels ; telles sont les idées qu'on en a dans l'école ; telles sont celles que j'en avois, lorsque j'en fis dans ma thèse un éloge que M. d'Auxerre auroit peut-être approuvé, s'il n'avoit eu besoin d'un prétexte pour rappeler la censure des mémoires de la Chine d'un certain père le Comte. C'est au jésuite Casnedi, que les ouailles de M. d'Auxerre ont l'obligation des belles choses qu'il a débitées sur la loi éternelle, et que je dois le reproche qu'il m'a fait d'en avoir sappé les fondemens. C'est au jésuite le Comte, qu'elles doivent ce qu'il leur enseigne ici sur le théisme, et que j'ai l'obligation de ce qu'il m'impute de mal, sur le bien que j'ai dit de ce système ; nous sommes heureux en jésuites. Quoique M. d'Auxerre ait toujours la vocation de jeter du ridicule sur ces bons pères, il faut convenir que cette grace lui manque quelquefois ; sans cela, il n'auroit pas négligé quelques traits assez singuliers du jésuite le Comte. On lit, par exemple, dans un endroit de ses mémoires ; » que les Chinois lui proposèrent, sur notre re- » ligion, des difficultés très-fortes, auxquelles » il répondit, comme tout le monde sait »; et dans un autre, « que ses compagnons et lui eurent » envie de faire quelques miracles en débarquant ; » mais qu'après y avoir sérieusement pensé, ils » renoncèrent à ce projet ».

Je renverrai pareillement à mon apologie, les reproches des pages 174, 8, 234, 5, 6, 7, 8, 9, 241, 2 de l'instruction de M. d'Auxerre.

On y verra si toutes les conjectures de ce prélat impitoyable sont aussi bien fondées qu'elles sont cruelles ; si j'ai anéanti les mystères, en bornant le christianisme à la loi naturelle plus développée ; si j'ai confondu la sainteté de notre culte avec les abominations de l'idolatrie et du mahométisme, en mettant d'abord toutes les religions sur une même ligne ; si je n'ai pu dire absolument sans blasphême que tous les *religionnaires* produisoient avec trop d'ostentation leurs oracles, leurs miracles, et leurs martyrs ; s'il est vrai que j'aie obscurci les principaux caractères du christianisme ; si Dom la Taste, évêque de Béthléem, M. le Rouge, docteur de Sorbonne, et moi, nous avons dégradé les guérisons de Jésus-Christ en les comparant avec celles d'Esculape ; si nous avons affoibli la preuve de sa divinité, en faisant dépendre la force démonstrative de quelques-uns de ses prodiges, de leur concert avec les prophéties qui les ont annoncées ; et si j'ai ruiné l'autorité du Pentateuque et des livres saints, en rejetant comme interpolées des chronologies qu'on regarde toutes comme corrompues.

Nous avons eu, M. l'évêque d'Auxerre et moi, des procédés entièrement opposés; lui, dans son instruction pastorale ; moi, dans mon apologie. J'ai regardé ces dernières accusations comme les plus importantes ; et je n'ai rien épargné pour m'en disculper : M. d'Auxerre au contraire, soit qu'il ne les ait pas cru assez bien fondées, soit qu'il ait porté de leur objet un autre jugement que moi, glisse légèrement sur elles, les renferme toutes en cinq ou six pages d'un écrit qui en a plus de 250, et ne fait aucun effort pour me convaincre de les avoir méritées. On diroit presque que M. l'évêque d'Auxerre, sans aucun égard pour le plus ou moins d'importance des vérités attaquées, a pensé qu'il étoit moins à-propos d'insister sur des torts dont la faculté de théologie convenoit, que de lui en chercher d'autres en me supposant de nouveaux attentats. Il m'en reproche une infinité, auxquels la Sorbonne n'a fait aucune attention, et dont je n'imagine pas qu'elle eût grande peine à m'absoudre : d'un autre côté, M. d'Auxerre m'absoud presque de tous ceux que la Sorbonne m'a reprochés ; en sorte qu'en ajoutant foi également à ces autorités qui semblent s'être réunies pour me perdre, il paroîtroit que le prélat fait assez peu de cas des griefs de la faculté, et que la faculté n'en a fait aucun des siens.

XVII.

M. d'Auxerre termine son instruction pastorale par une péroraison très-pathétique, dans laquelle il exhorte les pasteurs de son diocèse à s'opposer de toute leur force à l'incrédulité et à ses progrès. Je n'ai garde de blâmer ce zèle. Je voudrois que la voix en retentît dans toutes les parties de l'église, suspendît la fureur des hérétiques qui la déchirent, et réunît les efforts des fidèles contre le torrent de l'impiété. Mais comment un bonheur si grand, si long-temps attendu, pourra-t-il arriver ? l'appelant reconnoîtra-t-il enfin que son inflexible opposition aux décrets de l'église, que les troubles qu'il a fomentés de toutes parts, et que les disputes qu'il nourrit depuis quarante ans et davantage, ont fait plus d'indifférens, plus d'incrédules que toutes les productions de la philosophie ? Se soumettra-t-il ? mettra-t-il son front indocile dans la poussière, et se repentira-t-il (*) ? O cruels ennemis de Jésus-Christ, ne vous lasserez-vous point de troubler la paix de son église ? N'aurez-vous aucune pitié de l'état où vous l'avez réduite ? C'est vous qui avez encouragé les peuples à lever un œil curieux sur les objets devant lesquels ils se prosternoient avec humilité ; à raisonner, quand ils devoient croire ; à discuter, quand ils devoient adorer. C'est l'incroyable audace avec laquelle vos fanatiques ont affronté la persécution, qui a presque anéanti la preuve des martyrs.

(*) M. de Buffon regardoit cette espèce de péroraison comme un des morceaux les plus véritablement éloquens qu'il y eût dans notre langue. C'est ce que je lui ai entendu dire ; et je suis convaincu qu'il avoit raison.

NOTE DE L'ÉDITEUR.

L'impie les a vus se réjouir des châtimens que l'autorité publique leur infligeoit, et il a dit : *Un martyr ne prouve rien ; il ne suppose qu'un insensé qui veut mourir, et que des inhumains qui le tuent.* C'est le spectacle abominable de vos convulsions, qui a ébranlé le témoignage des miracles. L'impie a vu dans la capitale du royaume, au milieu d'un peuple éclairé, dans un temps où le préjugé n'aveugloit pas, vos tours de force érigés en prodiges divins, vos prestiges regardés, crus et attestés comme des actes du Tout-Puissant ; et il a dit : *Un miracle ne prouve rien ; il ne suppose que des fourbes adroits et des témoins imbéciles.* Malgré l'atteinte que le protestant avoit donnée aux choses saintes et à leurs ministres, il restoit encore de la vénération pour les unes, du respect pour les autres : mais vos déclamations contre les souverains pontifes, contre les évêques, contre tous les ordres de l'hiérarchie ecclésiastique, ont presque achevé d'avilir cette puissance. Si l'impie foule aux pieds la tiare, les mitres et les crosses ; c'est vous qui l'avez enhardi. Quelle pouvoit être la fin de tant de libelles, de satyres ; de nouvelles scandaleuses, d'estampes outrageantes, de vaudevilles impies, de pièces où les mystères de la grace et la matière des sacremens sont travestis en un langage burlesque, si-non de couvrir d'opprobre le Dieu, le prêtre et l'autel, aux yeux même de la plus vile populace ? Malheureux ! vous avez réussi au-delà de votre espérance. Si le pape, les évêques, les prêtres, les religieux, les simples fidèles, toute l'église; si ses mystères, ses sacremens, ses temples, ses cérémonies, toute la religion est descendue dans le mépris; c'est votre ouvrage.

Mes yeux ne seront plus témoins de ces maux; mais mon cœur ne cessera pas d'en gémir : éloigné de l'église par la distance des lieux, j'y serai toujours présent en esprit; et tous les momens de ma vie seront consacrés à la pratique de ses préceptes et à la défense de ses dogmes. J'habite une contrée où la vérité peut *aussi* s'exprimer sans contrainte, et où il me sera permis, sans danger pour ma liberté, pour mon repos et pour ma vie, d'employer, en faveur de ma religion les armes que je croirai les plus redoutables à ses ennemis. Qu'on soit donc satisfait ou non de mon apologie; qu'on y réponde, ou qu'on n'y réponde pas, je ne perdrai plus de temps à me justifier d'une faute que je n'ai point commise. J'en ai trop fait pour moi-même, qui me suis témoin de mon innocence; j'en ai fait assez pour mes amis, à qui mes sentimens sont connus, et qui ont été cent fois les témoins de mon attachement au christianisme et à ses devoirs; je ne dois rien aux indifférens; je n'estime pas assez mes ennemis, pour espérer quelque chose des raisons qui me resteroient à leur dire. J'aurois beau faire; la Sorbonne ne reviendra jamais de ses injustices ; M. l'archevêque de Paris ne rétractera pas son mandement ; le parlement ne rougira pas de son décret ; M. l'évêque d'Auxerre mourra dans ses préjugés; aucun de ces fougueux ecclésiastiques qui ont porté l'allarme et le scandale de toutes parts ne confessera son ignorance et son indiscrétion ; et ces jésuites, qui n'ont été si ardens à montrer leur zèle, que parce qu'ils n'ont vraiment point de zèle, et qui n'ont crié les premiers et si haut, que parce que n'étant point offensés, ils devoient d'autant plus se hâter de le paroître, quitteront-ils pour moi ce masque de fer qu'ils portent depuis si long-tems, qu'il s'est pour ainsi dire identifié avec leur visage ? J'ai vu que l'état de tous ces gens étoit désespéré, et j'ai dit : Je les oublierai donc ; c'est le conseil de ma religion et de mon intérêt ; je me livrerai sans relâche au grand ouvrage que j'ai projeté ; et je le finirai, si la bonté de Dieu me le permet, d'une manière à faire rougir, un jour, tous mes persécuteurs. C'est à la tête d'un pareil ouvrage, que ma défense aura bonne grace : c'est au-devant d'un traité sur la vérité de la religion, qu'il sera beau de placer l'histoire des injustices criantes que j'ai souffertes, des calomnies atroces dont on m'a noirci, des noms odieux qu'on m'a prodigués, des complots impies dont on m'a diffamé, de tous les maux dont on m'a accusé, et de tous ceux qu'on m'a faits. On l'y trouvera donc, cette histoire; et mes ennemis seront confondus; et les gens de bien béniront la Providence qui m'a pris par la main, dans le temps où mes pas incertains erroient à l'aventure, et qui m'a conduit dans cette terre où la persécution ne me suivra pas.

LETTRE A MON FRÈRE.

LETTRE A MON FRÈRE.

Du 29 décembre 1760 *.

Humani juris et naturalis potestatis est unicuique quod putaverit, colere, nec alii obest aut prodest alterius religio. Sed nec religionis est cogere religionem, quæ sponte suscipi debeat, non vi; cum et hostiæ ab animo lubenti expostulentur.

TERTUL. *Apolog. Ad scapul.*

Voila, cher frère, ce que les chrétiens foibles et persécutés disoient aux idolâtres qui les traînoient aux pieds de leurs autels.

Il est impie d'exposer la religion aux imputations odieuses de tyrannie, de dureté, d'injustice, d'insociabilité, même dans le dessein d'y ramener ceux qui s'en seroient malheureusement écartés.

L'esprit ne peut acquiescer qu'à ce qui lui paroît vrai; le cœur ne peut aimer que ce qui lui semble

---

* Diderot a employé une partie de ces matériaux dans son article INTOLÉRANCE. Voyez le huitième volume de l'Encyclopédie, première édition.

NOTE DE L'ÉDITEUR.

bon. La contrainte fera de l'homme un hypocrite, s'il est foible ; un martyr, s'il est courageux. Foible ou courageux, il sentira l'injustice de la persécution ; et il s'en indignera.

L'instruction, la persuasion et la prière, voilà les seuls moyens d'étendre la religion.

Tout moyen qui excite la haîne, l'indignation et le mépris, est impie.

Tout moyen qui réveille les passions et qui tient à des vues intéressées, est impie.

Tout moyen qui relâche les liens naturels, et éloigne les pères des enfans, les frères des frères, et les sœurs des sœurs, est impie.

Tout moyen qui tendroit à soulever les hommes, à armer les nations, et à tremper la terre de sang, est impie.

Il est impie de vouloir imposer des loix à la conscience, règle universelle des actions. Il faut l'éclairer, et non la contraindre.

Les hommes qui se trompent de bonne foi sont à plaindre ; jamais à punir.

Il ne faut tourmenter ni les hommes de bonne foi ni les hommes de mauvaise foi, mais en abandonner le jugement à Dieu.

Si l'on rompt le lien avec celui qu'on appelle impie, on rompra le lien avec celui qu'on appelle vicieux. On conseillera cette rupture aux autres, et trois ou quatre saints personnages suffiront pour déchirer la société.

Si l'on peut arracher un cheveu à celui qui pense autrement que nous, on pourra disposer de sa tête, parce qu'il n'y a point de limites à l'injustice. Ce sera ou l'intérêt, ou le fanatisme, ou le moment, ou la circonstance qui décidera du plus ou du moins.

Si un prince infidèle demandoit aux missionnaires d'une religion intolérante, comment elle en use avec ceux qui n'y croient point, il faudroit ou qu'ils avouâssent une chose odieuse, ou qu'ils mentissent, ou qu'ils gardâssent un honteux silence.

Qu'est-ce que le Christ a recommandé à ses disciples, en les envoyant chez les nations ? est-ce de mourir, ou de tuer; est-ce de persécuter, ou de souffrir ?

Saint Paul écrivoit aux Thessaloniciens : « Si » quelqu'un vient vous annoncer un autre Christ, » vous proposer un autre esprit, vous prêcher » un autre évangile, vous le souffrirez ». Est-ce-là ce que vous faites avec celui qui n'annonce rien, ne propose rien, ne prêche rien ?

Il écrivoit encore : « Ne traitez point en en» nemi celui qui n'a pas les mêmes sentimens » que vous; mais avertissez-le en frère ». Est-ce-là ce que vous faites avec moi ?

Si vos opinions vous autorisent à me haïr, pourquoi mes opinions ne m'autoriseroient-elles pas à vous haïr aussi ?

Si vous criez: C'est moi qui ai la vérité de

mon côté ; je crierai aussi haut que vous : C'est moi qui ai la vérité de mon côté ; mais j'ajouterai : Eh ! qu'importe qui se trompe ou de vous ou de moi, pourvu que la paix soit entre nous ? Si je suis aveugle, faut-il que vous frappiez un aveugle au visage ?

Si un intolérant s'expliquoit nettement sur ce qu'il est, quel est le coin de la terre qui ne lui fût fermé ?

On lit dans Origène, dans Minucius-Félix, dans les Pères des trois premiers siècles : « La » religion se persuade et ne se commande pas. » L'homme doit être libre dans le choix de son » culte. Le persécuteur fait haïr son Dieu ; le » persécuteur calomnie sa religion ». Dites-moi si c'est l'ignorance ou l'imposture qui a fait ces maximes ?

Dans un état intolérant, le prince ne seroit qu'un bourreau aux gages du prêtre.

S'il suffisoit de publier une loi pour être en droit de sévir, il n'y auroit point de tyran.

Il y a des circonstances où l'on est aussi fortement persuadé de l'erreur que de la vérité. Cela ne peut être contesté que par celui qui n'a jamais été sincèrement dans l'erreur.

Si votre vérité me proscrit, mon erreur, que je prends pour la vérité, vous proscrira.

Cessez d'être violent, ou cessez de reprocher la violence aux payens et aux musulmans.

Lorsque vous haïssez votre frère, et que vous prêchez la haine à votre sœur, est-ce l'esprit de Dieu qui vous inspire?

Le Christ a dit : « Mon royaume n'est pas » de ce monde »; et vous, son disciple, vous voulez tyranniser ce monde.

Il a dit : « Je suis doux et humble de cœur ». Etes-vous doux et humble de cœur?

Il a dit : « Heureux les débonnaires, les pa- » cifiques et les miséricordieux »! En conscience, méritez-vous cette bénédiction? êtes-vous débonnaire, pacifique et miséricordieux?

Il a dit : « Je suis l'agneau qui a été mené à » la boucherie sans se plaindre ». Et vous êtes tout prêt à prendre le couteau du boucher, et à égorger celui pour qui le sang de l'agneau a été versé.

Il a dit : « Si l'on vous persécute, fuyez ». Et vous chassez ceux qui vous laissent dire, et qui ne demandent pas mieux que de paître doucement à côté de vous.

Il a dit : « Vous voudriez que je fisse tomber » le feu du ciel sur vos ennemis »! Vous savez quel esprit vous anime.

Ecoutez Saint Jean : « Mes petits enfans, aimez-vous les uns les autres ».

Saint Athanase : « S'ils persécutent, cela seul » est une preuve manifeste qu'ils n'ont ni piété » ni crainte de Dieu. C'est le propre de la piété,

» non de contraindre, mais persuader à l'imi-
» tation du Sauveur, qui laissoit à chacun la
» liberté de le suivre. Pour le diable, comme il
» n'a pas la vérité, il vient avec des haches et
» des coignées.

Saint Jean Chrysostôme : « Jésus-Christ de-
» mande à ses disciples s'ils veulent s'en aller aussi,
» parce que ce doivent être les paroles de celui
» qui ne fait point de violence ».

Salvien : « Ces hommes sont dans l'erreur ;
» mais ils y sont sans le savoir. Ils se trompent
» parmi nous ; mais ils ne se trompent pas parmi
» eux. Ils s'estiment si bons catholiques, qu'ils nous
» appellent hérétiques. Ce qu'ils sont à notre
» égard, nous le sommes au leur. Ils errent, mais
» à bonne intention. Quel sera leur sort à venir ?
» Il n'y a que le juge qui le sache ; en atten-
» dant, il les tolère ».

Saint Augustin : « Que ceux-là vous maltraitent,
» qui ignorent avec quelle peine on trouve la vé-
» rité, et combien il est difficile de se garantir
» de l'erreur ! Que ceux-là vous maltraitent, qui
» ne savent pas combien il est rare et pénible de
» surmonter les fantômes de la chair ! Que ceux-là
» vous maltraitent, qui ne savent pas combien il
« faut gémir et soupirer, pour comprendre quel-
» que chose de Dieu ! Que ceux-là vous mal-
» traitent, qui ne sont point tombés dans l'erreur »!

Saint Hilaire : « Vous vous servez de la con-

» trainte, dans une cause où il ne faut que la
» raison. Vous employez la force, où il ne faut
» que la lumière ».

Les constitutions du pape Saint Clément : « Le
« Sauveur a laissé aux hommes l'usage de leur
» libre arbitre, ne les punissant pas d'une mort
» temporelle, mais les assignant en l'autre monde
» pour y rendre compte de leurs actions.

Les Pères d'un concile de Tolède : « Ne faites
» à personne aucune sorte de violence pour l'a-
» mener à la foi ; car Dieu fait miséricorde à
» qui il veut, et il endurcit qui il lui plaît ».

On rempliroit des volumes de ces citations oubliées.

Saint Martin se repentit toute sa vie d'avoir communiqué avec des persécuteurs d'hérétiques.

Les hommes sages ont tous désapprouvé la violence que l'empereur Justinien fit aux Samaritains.

Les écrivains qui ont conseillé les loix pénales contre l'incrédulité, ont été détestés.

Dans ces derniers temps, l'apologiste de la révocation de l'édit de Nantes a passé pour un homme de sang, avec lequel il ne falloit pas partager le même toit.

Quelle est la voix de l'humanité ? Est-ce celle du persécuteur qui frappe, ou celle du persécuté qui se plaint ?

Si un prince infidèle a un droit incontestable à l'obéissance de son sujet, un sujet mécroyant a un droit incontestable à la protection de son prince : c'est une obligation réciproque.

Si l'autorité sévit contre un particulier dont la conduite obscure ne signifie rien, que le fanatisme n'entreprendra-t-il pas contre un souverain dont l'exemple est si puissant ?

La charité ordonne-t-elle de tourmenter les petits et d'épargner les grands ?

Si le prince dit que le sujet mécroyant est indigne de vivre, n'est-il pas à craindre que le sujet ne dise que le prince mécroyant est indigne de régner ?

Voyez les suites de vos principes; et frémissez-en.

Voilà, cher frère, quelques idées que j'ai recueillies, et que je vous envoie pour vos étrennes. Méditez-les; et vous abdiquerez un système atroce qui ne convient ni à la droiture de votre esprit, ni à la bonté de votre cœur.

Opérez votre salut, priez pour le mien; et croyez que tout ce que vous vous permettez au-delà, est d'une injustice abominable aux yeux de Dieu et des hommes.

ENTRÉTIEN
D'UN PHILOSOPHE
AVEC LA MARÉCHALE DE***

J'avois je ne sais quelle affaire à traiter avec le maréchal de ***; j'allai à son hôtel, un matin; il étoit absent : je me fis annoncer à madame la maréchale. C'est une femme charmante; elle est belle et dévote comme un ange; elle a la douceur peinte sur son visage; et puis, un son de voix et une naïveté de discours tout-à-fait avenans à sa physionomie. Elle étoit à sa toilette. On m'approche un fauteuil; je m'assieds, et nous causons. Sur quelques propos de ma part, qui l'édifièrent et qui la surprirent (car elle étoit dans l'opinion que celui qui nie la très-sainte Trinité est un homme de sac et de corde, qui finira par être pendu) elle me dit :

N'êtes-vous pas monsieur Crudeli?

CRUDELI.

Oui, madame.

LA MARÉCHALE.

C'est donc vous qui ne croyez rien?

ENTRETIEN
D'UN PHILOSOPHE
AVEC LA MARÉCHALE DE***

CRUDELI.

Moi-même.

LA MARÉCHALE.

Cependant votre morale est d'un croyant.

CRUDELI.

Pourquoi non, quand il est honnête homme ?

LA MARÉCHALE.

Et cette morale-là, vous la pratiquez ?

CRUDELI.

De mon mieux.

LA MARÉCHALE.

Quoi ! vous ne volez point, vous ne tuez point, vous ne pillez point ?

CRUDELI.

Très-rarement.

LA MARÉCHALE.

Que gagnez-vous donc à ne pas croire ?

CRUDELI.

Rien du-tout, madame la maréchale. Est-ce qu'on croit, parce qu'il y a quelque chose à gagner?

LA MARÉCHALE.

Je ne sais ; mais la raison d'intérêt ne gâte rien aux affaires de ce monde ni de l'autre. J'en suis un peu fâchée pour notre pauvre espèce humaine : nous n'en valons pas mieux. Mais quoi ! vous ne volez point ?

CRUDELI.

Non, d'honneur.

LA MARÉCHALE.

Si vous n'êtes ni voleur, ni assassin, convenez du-moins que vous n'êtes pas conséquent.

CRUDELI.

Pourquoi donc?

LA MARÉCHALE.

C'est qu'il me semble que si je n'avois rien à espérer, ni à craindre, quand je n'y serai plus, il y a bien de petites douceurs dont je ne me priverois pas, à-présent que j'y suis. J'avoue que je prête à Dieu à la petite semaine.

CRUDELI.

Vous l'imaginez.

LA MARÉCHALE.

Ce n'est point une imagination, c'est un fait.

CRUDELI.

Et pourroit-on vous demander quelles sont ces choses que vous vous permettriez, si vous étiez incrédule?

LA MARÉCHALE.

Non pas, s'il vous plaît; c'est un article de ma confession.

CRUDELI.

Pour moi, je mets à fonds perdu.

LA MARÉCHALE.

C'est la ressource des gueux.

CRUDELI.

M'aimeriez-vous mieux usurier?

LA MARÉCHALE.

Mais oui : on peut faire l'usure avec Dieu tant qu'on veut; on ne le ruine pas. Je sais bien que cela n'est pas délicat; mais qu'importe? Comme le point est d'attraper le ciel, ou d'adresse ou de force, il faut tout porter en ligne de compte, ne négliger aucun profit. Hélas! nous aurons beau faire, notre mise sera toujours bien mesquine en comparaison de la rentrée que nous attendons. Et vous n'attendez rien, vous?

CRUDELI.

Rien.

LA MARÉCHALE.

Cela est triste. Convenez donc que vous êtes bien méchant, ou bien fou!

CRUDELI.

En vérité, je ne saurois, madame la maréchale.

LA MARÉCHALE.

Quel motif peut avoir un incrédule d'être bon, s'il n'est pas fou? Je voudrois bien le savoir.

CRUDELI.

Et je vais vous le dire.

LA MARÉCHALE.

Vous m'obligerez.

CRUDELI.

Ne pensez-vous pas qu'on peut être si heureusement né, qu'on trouve un grand plaisir à faire le bien ?

LA MARÉCHALE.

Je le pense.

CRUDELI.

Qu'on peut avoir reçu une excellente éducation, qui fortifie le penchant naturel à la bienfaisance ?

LA MARÉCHALE.

Assurément.

CRUDELI.

Et que, dans un âge plus avancé, l'expérience nous ait convaincus, qu'à tout prendre, il vaut mieux, pour son bonheur dans ce monde, être un honnête homme qu'un coquin ?

LA MARÉCHALE.

Oui-dà; mais comment est-on honnête homme, lorsque de mauvais principes se joignent aux passions pour entraîner au mal ?

CRUDELI.

On est inconséquent : et y a-t-il rien de plus commun que d'être inconséquent ?

LA MARÉCHALE.

Hélas ! malheureusement, non : on croit, et tous les jours on se conduit comme si l'on ne croyoit pas.

CRUDELI.

Et sans croire, on se conduit à-peu-près comme si l'on croyoit.

LA MARÉCHALE.

A-la-bonne-heure ; mais quel inconvénient y auroit-il à avoir une raison de plus, la religion, pour faire le bien, et une raison de moins, l'incrédulité, pour mal faire ?

CRUDELI.

Aucun, si la religion étoit un motif de faire le bien, et l'incrédulité un motif de faire le mal.

LA MARÉCHALE.

Est-ce qu'il y a quelque doute là-dessus ? Est-ce que l'esprit de la religion n'est pas de contrarier sans-cesse cette vilaine nature corrompue ; et celui de l'incrédulité, de l'abandonner à sa malice, en l'affranchissant de la crainte ?

CRUDELI.

Ceci, madame la maréchale, va nous jeter dans une longue discussion.

LA MARÉCHALE.

Qu'est-ce que cela fait ? Le maréchal ne rentrera

pas si-tôt; et il vaut mieux que nous parlions raison, que de médire de notre prochain.

CRUDELI.

Il faudra que je reprenne les choses d'un peu haut.

LA MARÉCHALE.

De si haut que vous voudrez, pourvu que je vous entende.

CRUDELI.

Si vous ne m'entendiez pas, ce seroit bien ma faute.

LA MARÉCHALE.

Cela est poli ; mais il faut que vous sachiez que je n'ai jamais lu que mes heures, et que je ne me suis guère occupée qu'à pratiquer l'évangile et à faire des enfans.

CRUDELI.

Ce sont deux devoirs dont vous vous êtes bien acquittée.

LA MARÉCHALE.

Oui, pour les enfans; vous en avez trouvé six autour de moi, et dans quelques jours vous en pourriez voir un de plus sur mes genoux : mais commencez.

CRUDELI.

Madame la maréchale, y a-t-il quelque bien dans ce monde-ci, qui soit sans inconvénient ?

LA MARÉCHALE.

Aucun.

CRUDELI.

Et quelque mal, qui soit sans avantage ?

LA MARÉCHALE.

Aucun.

CRUDELI.

Qu'appelez-vous donc mal ou bien ?

LA MARÉCHALE.

Le mal, ce sera ce qui a plus d'inconvéniens que d'avantages ; et le bien, au contraire, ce qui a plus d'avantages que d'inconvéniens.

CRUDELI.

Madame la maréchale aura-t-elle la bonté de se souvenir de sa définition du bien et du mal ?

LA MARÉCHALE.

Je m'en souviendrai. Vous appelez cela une définition ?

CRUDELI.

Oui.

LA MARÉCHALE.

C'est donc de la philosophie ?

CRUDELI.

Excellente.

LA MARÉCHALE.

Et j'ai fait de la philosophie !

CRUDELI.

Ainsi, vous êtes persuadée que la religion a plus d'avantages que d'inconvéniens ; et c'est pour cela que vous l'appelez un bien ?

LA MARÉCHALE.

Oui.

CRUDELI.

Pour moi, je ne doute point que votre intendant ne vous vole un peu moins la veille de Pâques que le lendemain des fêtes ; et que de temps-en-temps la religion n'empêche nombre de petits maux et ne produise nombre de petits biens.

LA MARÉCHALE.

Petit à petit, cela fait somme.

CRUDELI.

Mais croyez-vous que les terribles ravages qu'elle a causés dans les temps passés, et qu'elle causera dans les temps à venir, soient suffisamment compensés par ces guenilleux avantages-là ? Songez qu'elle a créé et qu'elle perpétue la plus violente antipathie entre les nations. Il n'y a pas un musulman qui n'imaginât faire une action agréable à Dieu et au saint prophète, en exterminant tous les chrétiens, qui, de leur côté, ne sont guère plus tolérans. Songez qu'elle a créé et qu'elle perpétue dans une même contrée, des divisions qui se sont rarement éteintes sans effusion de sang. Notre histoire ne nous en offre que de trop récens et trop funestes exemples. Songez qu'elle a créé et qu'elle perpétue dans la société, entre les citoyens, et dans les familles, entre les proches, les haines les plus fortes et les plus constantes. Le Christ a dit, qu'il étoit venu pour séparer l'époux de la femme, la mère de ses enfans, le frère de la sœur, l'ami de l'ami; et sa prédiction ne s'est que trop fidèlement accomplie.

LA MARÉCHALE.

Voilà bien les abus; mais ce n'est pas la chose.

CRUDELI.

C'est la chose, si les abus en sont inséparables.

LA MARÉCHALE.

Et comment me montrerez-vous que les abus de la religion sont inséparables de la religion ?

CRUDELI.

Très-aisément : dites-moi, si un misanthrope s'étoit proposé de faire le malheur du genre humain, qu'auroit-il pu inventer de mieux que la croyance en un être incompréhensible sur lequel les hommes n'auroient jamais pu s'entendre, et auquel ils auroient attaché plus d'importance qu'à leur vie ? Or, est-il possible de séparer de la notion d'une divinité, l'incompréhensibilité la plus profonde et l'importance la plus grande ?

LA MARÉCHALE.

Non.

CRUDELI.

Concluez donc.

LA MARÉCHALE.

Je conclus que c'est une idée qui n'est pas sans conséquence dans la tête des foux.

CRUDELI.

Et ajoutez que les foux ont toujours été et seront toujours le plus grand nombre; et que les plus dangereux sont ceux que la religion fait, et dont les perturbateurs de la société savent tirer bon parti dans l'occasion.

LA MARÉCHALE.

Mais il faut quelque chose, qui effraie les hommes sur les mauvaises actions qui échappent à la sévérité des loix; et si vous détruisez la religion, que lui substituerez-vous ?

CRUDELI.

Quand je n'aurois rien à mettre à la place, ce seroit toujours un terrible préjugé de moins; sans compter que, dans aucun siècle et chez aucune nation, les opinions religieuses n'ont servi de base aux mœurs nationales. Les dieux qu'adoroient ces vieux Grecs et ces vieux Romains, les plus honnêtes gens de la terre, étoient la canaille la plus dissolue: un Jupiter, à brûler tout vif; une Vénus, à enfermer à l'hôpital; un Mercure, à mettre à Bicêtre.

LA MARÉCHALE.

Et vous pensez qu'il est tout-à-fait indifférent que nous soyons chrétiens ou païens ; que païens, nous n'en vaudrions pas moins ; et que chrétiens, nous n'en valons pas mieux.

CRUDELI.

Ma foi, j'en suis convaincu, à cela près que nous serions un peu plus gais.

LA MARÉCHALE.

Cela ne se peut.

CRUDELI.

Mais, madame la maréchale, est-ce qu'il y a des chrétiens ? Je n'en ai jamais vu.

LA MARÉCHALE.

Et c'est à moi que vous dites cela, à moi ?

CRUDELI.

Non, madame, ce n'est pas a vous ; c'est à une de mes voisines qui est honnête et pieuse comme vous l'êtes, et qui se croyoit chrétienne de la meilleure foi du monde, comme vous le croyez.

LA MARÉCHALE.

Et vous lui fîtes voir qu'elle avoit tort.

CRUDELI.

Et en un instant.

LA MARÉCHALE,

Comment vous y prîtes-vous ?

CRUDELI.

J'ouvris un nouveau testament, dont elle s'étoit beaucoup servie ; car il étoit fort usé. Je lui lus le sermon sur la montagne, et à chaque article je lui demandai : Faites-vous cela ? et cela donc ? et cela encore ? J'allai plus loin. Elle est belle, et quoiqu'elle soit très-dévote, elle ne l'ignore pas ; elle a la peau très-blanche, et quoiqu'elle n'attache pas un grand prix à ce frêle avantage, elle n'est pas fâchée qu'on en fasse l'éloge ; elle a la gorge aussi bien qu'il soit possible de l'avoir, et, quoiqu'elle soit très-modeste, elle trouve bon qu'on s'en apperçoive.

LA MARÉCHALE.

Pourvu qu'il n'y ait qu'elle et son mari qui le sachent.

CRUDELI.

Je crois que son mari le sait mieux qu'un autre ; mais pour une femme qui se pique de grand christianisme, cela ne suffit pas. Je lui dis : N'est-il pas écrit dans l'évangile, que celui qui a convoité la femme de son prochain, a commis l'adultère dans son cœur ?

LA MARÉCHALE.

Elle vous répondit qu'oui ?

CRUDELI.

Je lui dis : Et l'adultère commis dans le cœur

ne damne-t-il pas aussi sûrement qu'un adultère mieux conditionné ?

LA MARÉCHALE.

Elle vous répondit qu'oui ?

CRUDELI.

Je lui dis : Et si l'homme est damné pour l'adultère qu'il a commis dans le cœur, quel sera le sort de la femme qui invite tous ceux qui l'approchent à commettre ce crime ? Cette dernière question l'embarrassa.

LA MARÉCHALE.

Je comprends ; c'est qu'elle ne voiloit pas fort exactement cette gorge, qu'elle avoit aussi bien qu'il est possible de l'avoir.

CRUDELI.

Il est vrai. Elle me répondit que c'étoit une chose d'usage ; comme si rien n'étoit plus d'usage, que de s'appeler chrétien, et de ne l'être pas ; qu'il ne falloit pas se vêtir ridiculement, comme s'il y avoit quelque comparaison à faire entre un misérable petit ridicule, sa damnation éternelle et celle de son prochain ; qu'elle se laissoit habiller par sa couturière, comme s'il ne falloit pas mieux changer de couturière, que renoncer à sa religion ; que c'étoit la fantaisie de son mari, comme si un époux étoit assez insensé pour exiger de sa femme l'oubli de la décence et de ses devoirs, et qu'une véritable chrétienne dût pousser l'obéissance pour un époux extravagant, jusqu'au sacrifice de la volonté de son Dieu et au mépris des menaces de son rédempteur !

LA MARÉCHALE.

Je savois d'avance toutes ces puérilités-là ; je vous les aurois peut-être dites comme votre voisine : mais elle et moi nous aurions été toutes deux de mauvaise foi. Mais quel parti prit-elle d'après votre remontrance ?

CRUDELI.

Le lendemain de cette conversation, c'étoit un jour de fête ; je remontois chez moi, et ma dévote et belle voisine descendoit de chez elle pour aller à la messe.

LA MARÉCHALE.

Vêtue comme de coutume.

CRUDELI.

Vêtue comme de coutume. Je souris, elle sourit ; et nous passâmes l'un à côté de l'autre sans nous parler. Madame la maréchale, une honnête femme ! une chrétienne ! une dévote ! Après cet exemple, et cent mille autres de la même espèce, quelle influence réelle puis-je accorder à la religion sur les mœurs ? Presque aucune, et tant mieux.

LA MARÉCHALE.

Comment, tant mieux ?

CRUDELI.

Oui, madame : s'il prenoit en fantaisie à vingt mille habitans de Paris de conformer strictemen leur conduite au sermon sur la montagne.

LA MARÉCHALE.

Eh bien ! il y auroit quelques belles gorges plus couvertes.

CRUDELI.

Et tant de foux, que le lieutenant de police ne sauroit qu'en faire ; car nos petites-maisons n'y suffiroient pas. Il y a dans les livres inspirés deux morales : l'une, générale et commune à toutes les nations, à tous les cultes, et qu'on suit à peu-près ; une autre, propre à chaque nation et à chaque culte, à laquelle on croit, qu'on prêche dans les temples, qu'on préconise dans les maisons, et qu'on ne suit point du tout.

LA MARÉCHALE.

Et d'où vient cette bizarrerie ?

CRUDELI.

De ce qu'il est impossible d'assujettir un peuple à une règle qui ne convient qu'à quelques hommes mélancoliques, qui l'ont calquée sur leur caractère. Il en est des religions comme des institutions monastiques, qui toutes se relâchent avec le temps. Ce sont des folies qui ne peuvent tenir contre l'impulsion constante de la nature, qui nous ramène sous sa loi. Et faites que le bien des particuliers soit si étroitement lié avec le bien général, qu'un citoyen ne puisse presque pas nuire à la société sans se nuire à lui-même ; assurez à la vertu sa récompense, comme vous avez assuré à la méchanceté son châtiment ; que sans aucune distinction de culte, dans quelque condition que le mérite se trouve, il conduise aux grandes places de l'état ; et ne comptez plus sur d'autres méchans que sur un petit nombre d'hommes, qu'une nature perverse que rien ne peut corriger entraîne au vice. Madame la maréchale, la tentation est trop proche ; et l'enfer est trop loin : n'attendez rien qui vaille la peine qu'un sage législateur s'en occupe, d'un système d'opinions bizarres qui n'en impose qu'aux enfans ; qui encourage aux crimes par la commodité des expiations ; qui envoye le coupable demander pardon à Dieu de l'injure faite à l'homme, et qui avilit l'ordre des devoirs naturels et moraux, en le subornant à un ordre de devoirs chimériques.

LA MARECHALE.

Je ne vous comprends pas.

CRUDELI.

Je m'explique : mais il me semble que voilà le carrosse de monsieur le maréchal, qui rentre fort à-propos pour m'empêcher de dire une sottise.

LA MARECHALE.

Dites, dites votre sottise ; je ne l'entendrai pas ;

je me suis accoutumée à n'entendre que ce qui me plaît.

CRUDELI.

Je m'approchai de son oreille, et je lui dis tout bas : Madame la Maréchale, demandez au vicaire de votre paroisse, de ces deux crimes, pisser dans un vase sacré, ou noircir la réputation d'une femme honnête, quel est le plus atroce ? Il frémira d'horreur au premier, criera au sacrilège; et la loi civile, qui prend à-peine connoissance de la calomnie, tandis qu'elle punit le sacrilège par le feu, achèvera de brouiller les idées et de corrompre les esprits.

LA MARÉCHALE.

Je connois plus d'une femme qui se feroit un scrupule de manger gras le vendredi, et qui.... j'allois dire aussi ma sottise. Continuez.

CRUDELI.

Mais, madame, il faut absolument que je parle à M. le maréchal.

LA MARÉCHALE.

Encore un moment; et puis nous l'irons voir ensemble. Je ne sais trop que vous répondre, et cependant vous ne me persuadez pas.

CRUDELI.

Je ne me suis pas proposé de vous persuader. Il en est de la religion, comme du mariage. Le mariage, qui fait le malheur de tant d'autres, a fait votre bonheur et celui de M. le maréchal; vous avez bien fait de vous marier tous deux. La religion, qui a fait, qui fait et qui fera tant de méchans, vous a rendue meilleure encore; vous faites bien de la garder. Il vous est doux d'imaginer à côté de vous, au-dessus de votre tête, un être grand et puissant, qui vous voit marcher sur la terre; et cette idée affermit vos pas. Continuez, madame, à jouir de ce garant auguste de vos pensées, de ce spectateur, de ce modèle sublime de vos actions.

LA MARÉCHALE.

Vous n'avez pas, à ce que je vois, la manie du prosélytisme.

CRUDELI.

Aucunement.

LA MARÉCHALE.

Je vous en estime davantage.

CRUDELI.

Je permets à chacun de penser à sa manière; pourvu qu'on me laisse penser à la mienne : et puis, ceux qui sont faits pour se délivrer de ces préjugés n'ont guère besoin qu'on les catéchise.

LA MARÉCHALE.

Croyez-vous que l'homme puisse se passer de la superstition?

CRUDELI.

Non, tant qu'il restera ignorant et peureux.

LA MARÉCHALE.

Eh bien ! superstition pour superstition, autant la nôtre qu'une autre.

CRUDELI.

Je ne le pense pas.

LA MARÉCHALE.

Parlez-moi vrai, ne vous répugne-t-il point de n'être plus rien après votre mort ?

CRUDELI.

J'aimerois mieux exister, bien que je ne sache pas pourquoi un être, qui a pu me rendre malheureux sans raison, ne s'en amuseroit pas deux fois.

LA MARÉCHALE.

Si, malgré cet inconvénient, l'espoir d'une vie à venir vous paroît consolant et doux, pourquoi nous l'arracher ?

CRUDELI.

Je n'ai pas cet espoir, parce que le désir ne m'en a point donné la vanité ; mais je ne l'ôte à personne. Si l'on peut croire qu'on verra, quand on n'aura plus d'yeux; qu'on entendra, quand on n'aura plus d'oreilles; qu'on pensera, quand on n'aura plus de tête; qu'on aimera, quand on n'aura plus de cœur; qu'on sentira, quand on n'aura plus de sens ; qu'on existera, quand on ne sera nulle part ; qu'on sera quelque chose, sans étendue et sans lieu, j'y consens.

LA MARÉCHALE.

Mais ce monde-ci, qui est-ce qui l'a fait ?

CRUDELI.

Je vous le demande.

LA MARÉCHALE.

C'est Dieu.

CRUDELI.

Et qu'est-ce que Dieu ?

LA MARÉCHALE.

Un esprit.

CRUDELI.

Si un esprit fait de la matière, pourquoi de la matière ne feroit-elle pas un esprit ?

LA MARÉCHALE.

Et pourquoi le feroit-elle ?

CRUDELI.

C'est que je lui en vois faire tous les jours. Croyez-vous que les bêtes aient des ames ?

LA MARÉCHALE.

Certainement, je le crois.

CRUDELI.

Et pourriez-vous me dire ce que devient, par exemple, l'ame du serpent du Pérou, pendant qu'il se dessèche, suspendu dans une cheminée, et exposé à la fumée un ou deux ans de suite ?

LA MARÉCHALE.

Qu'elle devienne ce qu'elle voudra, qu'est-ce que cela me fait ?

CRUDELI.

C'est que madame la maréchale ne sait pas que ce serpent enfumé, desséché, ressuscite et renaît.

LA MARÉCHALE.

Je n'en crois rien.

CRUDELI.

C'est pourtant un habile homme; c'est Bouguer qui l'assure.

LA MARÉCHALE.

Votre habile homme en a menti.

CRUDELI.

S'il avoit dit vrai ?

LA MARÉCHALE.

J'en serois quitte, pour croire que les animaux sont des machines.

CRUDELI.

Et l'homme qui n'est qu'un animal un peu plus parfait qu'un autre.... Mais, M. le maréchal.

LA MARÉCHALE.

Encore une question, et c'est la dernière. Etes-vous bien tranquille dans votre incrédulité ?

CRUDELI.

On ne sauroit davantage.

LA MARÉCHALE.

Pourtant, si vous vous trompiez ?

CRUDELI.

Quand je me tromperois ?

LA MARÉCHALE.

Tout ce que vous croyez faux seroit vrai, et vous seriez damné. M. Crudeli, c'est une terrible chose que d'être damné ; brûler toute une éternité, c'est bien long.

CRUDELI.

La Fontaine croyoit que nous y serions comme le poisson dans l'eau.

LA MARÉCHALE.

Oui, oui ; mais votre La Fontaine devint bien sérieux au dernier moment ; et c'est où je vous attends.

CRUDELI.

Je ne réponds de rien, quand ma tête ne sera plus ; mais si je finis par une de ces maladies qui laissent à l'homme agonisant toute sa raison, je ne serai pas plus troublé au moment où vous m'attendez, qu'au moment où vous me voyez.

LA MARÉCHALE.

Cette intrépidité me confond.

CRUDELI.

J'en trouve bien davantage au moribond, qui croit en un juge sévère qui pèse jusqu'à nos plus secrètes pensées, et dans la balance duquel l'homme le plus juste se perdroit par sa vanité, s'il ne trembloit de se trouver trop léger : si ce moribond avoit alors à son choix, ou d'être anéanti, ou de se présenter à ce tribunal, son intrépidité me confondroit bien autrement s'il balançoit à prendre le premier parti, à-moins qu'il ne fût plus insensé que le compagnon de Saint-Bruno, ou plus ivre de son mérite que Bohola.

LA MARÉCHALE.

J'ai lu l'histoire de l'associé de Saint-Bruno ; mais je n'ai jamais entendu parler de votre Bohola.

CRUDELI.

C'est un jésuite du collège de Pinsk, en Lithuanie, qui laissa en mourant une cassete pleine d'argent, avec un billet écrit et signé de sa main.

LA MARÉCHALE.

Et ce billet ?

CRUDELI.

Étoit conçu en ces termes : « Je prie mon cher
» confrère, dépositaire de cette cassette, de l'ou-
» vrir lorsque j'aurai fait des miracles. L'argent
» qu'elle contient servira aux frais du procès de
» ma béatification. J'y ai ajouté quelques mé-
» moires authentiques pour la confirmation de
» mes vertus, et qui pourront servir utilement à
» ceux qui entreprendront d'écrire ma vie ».

LA MARÉCHALE.

Cela est à mourir de rire.

CRUDELI.

Pour moi, madame la maréchale ; mais pour vous, votre Dieu n'entend pas raillerie.

LA MARÉCHALE.

Vous avez raison.

CRUDELI.

Madame la maréchale, il est bien facile de pécher grièvement contre votre loi.

LA MARÉCHALE.

J'en conviens.

CRUDELI.

La justice qui décidera de votre sort est bien rigoureuse.

LA MARÉCHALE.

Il est vrai.

CRUDELI.

Et si vous en croyez les oracles de votre religion sur le nombre des élus, il est bien petit.

LA MARÉCHALE.

Oh! c'est que je ne suis pas janséniste; je ne vois la médaille que par son revers consolant : le sang de Jésus-Christ couvre un grand espace à mes yeux; et il me sembleroit très-singulier que le Diable, qui n'a pas livré son fils à la mort, eût pourtant la meilleure part.

CRUDELI.

Damnez-vous Socrate, Phocion, Aristide, Caton, Trajan, Marc-Aurèle?

LA MARÉCHALE.

Fi donc! il n'y a que des bêtes féroces, qui puissent le penser. Saint Paul dit que chacun sera jugé par la loi qu'il a connue; et Saint Paul a raison.

CRUDELI.

Et par quelle loi l'incrédule sera-t-il jugé ?

LA MARÉCHALE.

Votre cas est un peu différent. Vous êtes un de ces habitans maudits de Corozaïn et de Betzaïda, qui fermèrent leurs yeux à la lumière qui les éclairoit, et qui étoupèrent leurs oreilles pour ne pas entendre la voix de la vérité qui leur parloit.

CRUDELI.

Madame la maréchale, ces corozaïnois et ces betzaïdains furent des hommes comme il n'y en eut jamais que là, s'ils furent maîtres de croire ou de ne pas croire.

LA MARÉCHALE.

Ils virent des prodiges qui auroient mis l'enchère aux sacs et à la cendre, s'ils avoient été faits à Tyr et à Sidon.

CRUDELI.

C'est que les habitans de Tyr et de Sidon étoient des gens d'esprit, et que ceux de Corozaïn et de Betzaïda n'étoient que des sots. Mais, est-ce que celui qui fit les sots les punira pour avoir été sots ? Je vous ai fait tout-à-l'heure une histoire, et il me prend envie de vous faire un conte. Un jeune Mexicain..... Mais M. le maréchal.

LA MARÉCHALE.

Je vais envoyer savoir s'il est visible. Eh bien ! votre jeune Mexicain.

CRUDELI.

Las de son travail, se promenoit un jour au bord de la mer. Il voit une planche qui trempoit un bout dans les eaux, et qui de l'autre posoit sur le rivage. Il s'assied sur cette planche, et là, prolongeant ses regards sur la vaste étendue qui se déployoit devant lui, il se disoit: Rien n'est plus vrai que ma grand'mère radote avec son histoire de je ne sais quels habitans qui, dans je ne sais quel temps, abordèrent ici de je ne sais où, d'une contrée au-delà de nos mers. Il n'y a pas de sens commun : ne vois-je pas la mer confiner avec le ciel ? Et puis-je croire, contre le témoignage de mes sens, une vieille fable dont on ignore la date, que chacun arrange à sa manière, et qui n'est qu'un tissu de circonstances absurdes, sur lesquelles ils se mangent le cœur et s'arrachent le blanc des yeux ? Tandis qu'il raisonnoit ainsi, les eaux agitées le berçoient sur sa planche, et il s'endormit. Pendant qu'il dort, le vent s'accroît, le flot soulève la planche sur laquelle il est étendu, et voilà notre jeune raisonneur embarqué.

LA MARÉCHALE.

Hélas! c'est bien là notre image : nous sommes chacun sur notre planche; le vent souffle, et le flot nous emporte.

CRUDELI.

Il étoit déjà loin du continent, lorsqu'il s'éveilla. Qui fut bien surpris de se trouver en pleine mer ?

ce fut notre Mexicain. Qui le fut bien davantage ? ce fut encore lui, lorsqu'ayant perdu de vue le rivage sur lequel il se promenoit il n'y a qu'un instant, la mer lui parut confiner avec le ciel de tous côtés. Alors il soupçonna qu'il pourroit bien s'être trompé ; et que, si le vent restoit au même point, peut-être seroit-il porté sur la rive, et parmi ces habitans dont sa grand'mère l'avoit si souvent entretenu.

LA MARÉCHALE.

Et de son souci, vous ne m'en dites mot.

CRUDELI.

Il n'en eut point. Il se dit : Qu'est-ce que cela me fait, pourvu que j'aborde ? J'ai raisonné comme un étourdi, soit ; mais j'ai été sincère avec moi-même ; et c'est tout ce qu'on peut exiger de moi. Si ce n'est pas une vertu que d'avoir de l'esprit, ce n'est pas un crime que d'en manquer. Cependant le vent continuoit, l'homme et la planche voguoient ; et la rive inconnue commençoit à paroître : il y touche, et l'y voilà.

LA MARÉCHALE.

Nous nous y reverrons un jour, monsieur Crudeli.

CRUDELI.

Je le souhaite, madame la maréchale ; en quelqu'endroit que ce soit, je serai toujours très-flatté de vous faire ma cour. A-peine eut-il quitté sa planche, et mis le pied sur le sable, qu'il ap-

perçut un vieillard vénérable, debout à ses côtés.
Il lui demanda où il étoit, et à qui il avoit l'honneur de parler. = Je suis le souverain de la contrée, lui répondit le vieillard. Vous avez nié mon existence ? = Il est vrai. = Et celle de mon empire ? = Il est vrai. = Je vous le pardonne, parce que je suis celui qui voit le fond des cœurs, et que j'ai lu au fond du vôtre que vous étiez de bonne-foi; mais le fond de vos pensées et de vos actions n'est pas également innocent. Alors le vieillard, qui le tenoit par l'oreille, lui rappeloit toutes les erreurs de sa vie; et, à chaque article, le jeune Mexicain s'inclinoit, se frappoit la poitrine, et demandoit pardon. Là, madame la maréchale, mettez-vous pour un moment à la place du vieillard, et dites-moi ce que vous auriez fait ? Auriez-vous pris ce jeune insensé par les cheveux; et vous seriez-vous complu à le traîner à toute éternité sur le rivage ?

LA MARÉCHALE.

En vérité, non.

CRUDELI.

Si un de ces six jolis enfans que vous avez, après s'être échappé de la maison paternelle et avoir fait force sottises, y revenoit bien repentant ?

LA MARÉCHALE.

Moi, je courrois à sa rencontre; je le serrerois entre mes bras, et je l'arroserois de mes larmes;

mais M. le maréchal son père ne prendroit pas la chose si doucement.

CRUDELI.

M. le maréchal n'est pas un tigre.

LA MARÉCHALE.

Il s'en faut bien.

CRUDELI.

Il se feroit peut-être un peu tirailler; mais il pardonneroit.

LA MARÉCHALE.

Certainement.

CRUDELI.

Sur-tout s'il venoit à considérer qu'avant de donner la naissance à cet enfant, il en savoit toute la vie, et que le châtiment de ses fautes seroit sans aucune utilité ni pour lui-même, ni pour le coupable, ni pour ses frères.

LA MARÉCHALE.

Le vieillard et M. le maréchal sont deux.

CRUDELI.

Vous voulez dire que M. le maréchal est meilleur que le vieillard ?

LA MARÉCHALE.

Dieu m'en garde ! Je veux dire que, si ma justice n'est pas celle de M. le maréchal, la justice de M. le maréchal pourroit bien n'être pas celle du vieillard.

CRUDELI.

Ah, madame ! vous ne sentez pas les suites de

cette réponse. Ou la définition générale de la justice convient également à vous, à M. le maréchal, à moi, au jeune Mexicain et au vieillard; ou je ne sais plus ce que c'est, et j'ignore comment on plaît ou l'on déplaît à ce dernier.

Nous en étions là, lorsqu'on nous avertit que M. le maréchal nous attendoit. Je donnai la main à madame la maréchale, qui me disoit : C'est à faire tourner la tête, n'est-ce pas ?

CRUDELI.

Pourquoi donc, quand on l'a bonne ?

LA MARÉCHALE.

Après tout, le plus court est de se conduire comme si le vieillard existoit.

CRUDELI.

Même quand on n'y croit pas.

LA MARÉCHALE.

Et quand on y croiroit, de ne pas compter sur sa bonté.

CRUDELI.

Si ce n'est pas le plus poli, c'est du moins le plus sûr.

LA MARÉCHALE.

A-propos, si vous aviez à rendre compte de vos principes à nos magistrats, les avoueriez-vous ?

CRUDELI.

Je ferois de mon mieux pour leur épargner une action atroce.

LA MARÉCHALE.

Ah le lâche ! Et si vous étiez sur-le-point de mourir, vous soumettriez-vous aux cérémonies de l'église ?

CRUDELI.

Je n'y manquerois pas.

LA MARÉCHALE.

Fi ! le vilain hypocrite.

Ce dialogue, que Diderot avoit d'abord publié en italien et en français, sous le nom de Crudeli, et comme la traduction d'un ouvrage posthume de ce poëte, n'est pas sans profondeur ; mais elle y est partout dérobée par la naïveté et la simplicité du discours. Il seroit à souhaiter que les matières importantes se traitassent toujours avec la même impartialité, et dans le même esprit de tolérance. Le philosophe ne prétend point amener la maréchale à ses opinions ; celle-ci, de son côté, écoute ses raisons sans humeur ; et ils se séparent l'un de l'autre en s'aimant et en s'estimant. En lisant ce dialogue, on croit assister véritablement à leur conversation ; et ce mérite, peu commun dans les ouvrages où l'on introduit un ou deux interlocuteurs, augmente encore le prix de celui-ci.

NOTE DE L'ÉDITEUR.

TABLE DU TOME I.

Préface de l'éditeur. . . . . page v
A mon frère. 1
Discours préliminaire. 5
Essai sur le Mérite et la Vertu. 15
Pensées philosophiques. 201
Addition aux Pensées philosophiques. . . . 247
De la suffisance de la Religion naturelle. . . 263
Avert. de l'éditeur sur les dialogues suivans. . 285
Introduction aux grands principes, ou réception
   d'un philosophe. 291
Avertissement. 335
Observations sur l'instruction pastorale de M.
   l'évêque d'Auxerre. 339
Lettre à mon frère. 413
Entretien d'un philosophe avec la maréchale
   de * * *. 423

FIN DU TOME PREMIER.

www.ingramcontent.com/pod-product-compliance
Lightning Source LLC
Chambersburg PA
CBHW050240230426
43664CB00012B/1774